U0635398

国家社会科学基金教育学重点课题
"中小学生综合素质评价研究"（AHA140004）成果

综合素质评价

政策、理论与实践

董秀华 等◎著

华东师范大学出版社
·上海·

图书在版编目（CIP）数据

综合素质评价：政策、理论与实践/董秀华等著. —上海：华东师范大学出版社，2022
ISBN 978－7－5760－2443－2

Ⅰ.①综… Ⅱ.①董… Ⅲ.①素质教育－教育评估－高中 Ⅳ.①G632.47

中国版本图书馆 CIP 数据核字（2022）第 110298 号

综合素质评价：政策、理论与实践

著　　者　董秀华等
责任编辑　彭呈军
特约审读　王叶梅
责任校对　邱红穗
装帧设计　卢晓红

出版发行　华东师范大学出版社
社　　址　上海市中山北路 3663 号　邮编 200062
网　　址　www.ecnupress.com.cn
电　　话　021－60821666　行政传真 021－62572105
客服电话　021－62865537　门市（邮购）电话 021－62869887
地　　址　上海市中山北路 3663 号华东师范大学校内先锋路口
网　　店　http://hdsdcbs.tmall.com

印 刷 者　上海龙腾印务有限公司
开　　本　787×1092　16 开
印　　张　13
字　　数　297 千字
版　　次　2022 年 8 月第 1 版
印　　次　2022 年 8 月第 1 次
书　　号　ISBN 978－7－5760－2443－2
定　　价　46.00 元

出 版 人　王　焰

（如发现本版图书有印订质量问题，请寄回本社客服中心调换或电话 021－62865537 联系）

课题组

一、课题主持人

董秀华　上海市教育科学研究院高等教育研究所所长、博士、研究员

二、课题组成员

骈茂林　上海市教育科学研究院智力开发研究所副研究员

张会杰　华东师范大学考试与评价研究院副教授、博士

王　洁　上海市教育科学研究院高等教育研究所研究实习员

赵亚君　上海市教育科学研究院高等教育研究所研究实习员

陆　璟　上海市教育科学研究院副院长、研究员

王湖滨　上海市教育科学研究院普通教育研究所助理研究员

董裕华　江苏省海安高级中学副校长、特级教师

周　鸿　上海纽约大学招生办公室主任

王歆妙　上海市教育科学研究院高等教育研究所助理研究员

万　圆　华东政法大学高教所博士

王　薇　上海市教育科学研究院高等教育研究所助理研究员

陈越洋　上海市教育科学研究院助理研究员

陆燕飞　上海市教育科学研究院职业教育研究所助理研究员

杨彦平　上海市教育科学研究院德育研究院副研究员

目　录

前言：关于课题研究工作的说明

虽然冠之以"前言"字样，但作为一个"关于课题研究工作的说明"，所涉及的内容要点都是在研究逐步推进的过程中才陆续开始有雏形，而具体的行文则完全是在研究报告基本完成之后才落笔的。

之所以要有一个这样的说明，一方面考虑是要对课题实际研究工作开展与课题申报时的设定之间的关系和关联有个交代；另一方面，也考虑到研究报告的篇幅，本着对读者负责任的态度，提供一个简单的导读要点线索。

本部分"前言"主要交代四方面的信息：课题研究任务的由来、课题研究过程中的重点关注、研究报告的主要内容，以及课题研究工作的若干局限。

一、课题研究任务的由来

说到本课题研究任务的由来，必然要简单回顾一下课题研究关注的主题——学生综合素质评价的兴起与发展。

综合素质评价在我国的兴起与发展，首先表现为一个政策行动，是由政府行政力量推动的一项教育评价改革实践。20 世纪 90 年代开始，党和国家提出中国教育要从应试教育向素质教育转轨的战略决策，具体落实的一个重要抓手是从基础教育课程改革和教育评价切入。综合素质评价概念的提出和在实践领域的探索，就是新世纪以来伴随着国家推进基础教育课程改革而起步的。

之后，《国家中长期教育改革和发展规划纲要（2010—2020 年）》颁布，尤其是随着国务院《关于深化考试招生制度改革的实施意见》的颁布实施，高中学生综合素质评价被作为新高考改革"两依据一参考"制度设计中重要的"一参考"得以确立，并在首批进行新高考综合改革试点的上海和浙江得以实施和运用。

2016 年 9 月《教育部关于进一步推进高中阶段学校考试招生制度改革的指导意见》提出"到 2020 年左右初步形成基于初中学业水平考试成绩、结合综合素质评价的高中阶段学校考试招生录取模式"，"促进学生全面发展健康成长，维护教育公平"的中考改革目标。从高校招生中的"参考"到高中学校招生中的"结合"，综合素质评价信息在招生考试中的地位和作用被拓展到了整个中等教育阶段。

在国家政策推进的过程中，学术研究的力量持续深度介入，很多理论问题和学术观点反过来又成为政策推进和完善的重要力量。但很显然,分歧持续存在。尤其是随着国务院《关于深化考试招生制度改革的实施意见》的颁布实施,综合素质评价从原本作为课程改革配套的教育评价政策被强化了作为人才选拔重要参考的功能,面临着很多新的问题和挑战。本课题——"中小学生综合素质评价研究",就是在 2014 年 9 月国务院刚刚发布《关于深化考试招生制度改革的实施意见》之后不久,第一时间被列入国家社会科学基金"十二五"规划年度重点课题、全国教育科学"十二五"规划年度教育学重点项目指南。课题题目是给定的,不能修改或调整一个字,是限定性的研究项目。课题研究一个最切近的背景或指向就是要"为《国务院关于深化考试招生制度改革的实施意见》的具体落实提供咨询研究建议",尤其是结合考试评价综合改革试点的推进,进行相应的政策跟踪和成效评估研究。

二、课题研究过程中的重点关注

如上所述,课题"中小学生综合素质评价研究"是国家社会科学基金"十二五"规划教育学年度重点课题指南中列出的既定项目。综合素质评价相关问题的研究,必须放到特定的背景下进行讨论,脱离现实背景,综合素质评价的研究就会陷入无休止的争论中。这是 20 世纪 90 年代以来的事实。素质教育的提法在我国得以确立之后,有关何为素质、何为综合素质、素质本身能不能评价以及如何使用综合素质评价的结果等一直处于争议中,始终难以取得共识。

课题立项评审的专家答辩环节,担任专家组组长的时任教育部基教一司司长王定华教授就曾特别建议,要对初中甚至小学等实施综合素质教育的情况有所关注,要对上海比较好的做法进行总结和梳理。如今回过头去看综合素质评价政策和实践的进展以及课题研究的整个过程和初步成果,高中学生的综合素质评价仍是相对重点,但跟项目申报时关注的重心有些许的调整;对初中学生的综合素质评价有所关注,但篇幅和深度可能都不及对普通高中的关注;小学阶段则几乎没有涉及。这也是为什么本研究报告最后没有完全采用课题项目名称中"中小学生"的字样,而是相对概括地称之为"综合素质评价"的基本考虑。对上海一些好的做法和经验的梳理算是相对充分,但同时也对其他地区的创新实践给予了适当的关注,使之充分体现真正意义上的国家社科基金资助项目的视野。

对普通高中综合素质评价的关注重心发生微调的一个直接原因,是项目立项通知下达时,本人因为单位轮岗的安排,工作岗位已经调整至高等教育研究部门。不同部门工作职能定位和研究聚焦领域的差异,使得本人对该问题的关注也相应出现了重心上的些许微调,加之上海作为首批高考综合改革试点地区,正全力推进高考改革方案的研究和落地,于是相关研究工作开始更多关注与高等教育相关的领域与范畴,更多聚焦于普通高中教育与高等教育的衔接。但即便如此,也还是要强调一点,虽然是在高考综合改革背景之下,必然要更多关注考试评价和人才选拔中的综合素质评价,但也正是这一背景,在时刻提醒我们,需要辩证地考虑和对待综合素质评价的育人功能和选拔功能的有机统一,而非片面地强化其对部分学生的选拔和筛选功能,而忽视了面向全体学生的个性化发展的育人功能。

对初中学生的综合素质评价的关注在研究的后期有所增强。项目推进过程中,初中学生的综合素质评价如何在中考中使用成为国家政策推进的又一重点，为此，项目研究后期所关注的范畴和重点有所延伸和拓展，对初中学生综合素质评价给予了尽可能多的关注，包括对世纪之初作为基础教育课程改革试验配套改革推进时期不同地区的实践探索等。但因为最新改革要求在各省市的具体落实仍在逐步推进，相关政策举措和实践仍在逐步形成过程中，所以总体而言对初中综合素质评价的呈现不及高中。

三、研究报告的主要内容

本报告将着重从高中学生综合素质评价在政策层面的备受关注以及在高中教育阶段和高校招生录取环节的实践应用情况入手，对相关政策规定、政策背后的理念以及上海作为高考综改试点地区的具体实践探索等进行专题分析，以期对其他地区的高考改革方案拟定、实施，以及高中学校招生考试结合初中学生综合素质评价的具体推进提供些许参考和借鉴。

整个研究报告包括五个大块面的内容，根据各部分内容的容量切分为以下九章。

第一章，即本报告的第一部分，主要交代我国综合素质评价政策兴起与发展的背景，内容涵盖从素质教育目标任务的确立，到作为基础教育课程改革配套任务的综合素质评价肇始，再到作为招生考试制度改革重要内容的综合素质评价的发展，直至新时代素质教育和综合素质评价的新要求。

第二章、第三章，构成本报告的第二部分，主要是综合素质评价政策实施和实践进展阶段性特征的梳理。其中，第二章，集中梳理2014年9月国务院《关于深化考试招生制度改革的实施意见》出台之前，综合素质评价更多作为课程改革配套任务推进时期的探索和实践，包括从各省高中学生综合素质评价方案分析政策实施的概况，选取北京、山东潍坊和湖南长沙三地对其初中学生综合评价进展情况进行分析，选取江苏省海安高级中学作为学校层面的案例，对其基于电子平台的学生成长记录与评价机制进行了案例呈现。

第三章，着重对考试招生制度改革试点实施以来中学生综合素质评价政策与实践进展进行分析，包括对前三批14个高考综合改革试点省市高中学生综合素质评价方案要点的比较分析，以上海为例梳理高中学生、初中学生综合素质评价工作的顶层设计和前期准备工作。

第四章、第五章，构成本报告的第三部分，主要是从综合素质评价主要利益相关者视角切入，对当前综合素质评价的阶段性成效、共识、争议和隐忧进行评价与反思。其中，第四章，以上海新高考试点以来高中学生综合素质评价政策的实践推进为例，归纳分析主要利益相关者对政策实施成效的评价，包括政府作为改革政策推动者、高中学校作为综合素质评价信息记录者、高等学校作为高中学生综合素质评价信息参考使用者，以及高考学生作为综合素质评价信息记录和使用的最直接对象，对政策实施基本成效的感受和评价。

第五章，主要是课题组结合课题研究过程中的若干关注，对综合素质评价实施过程中各界的共识、争议和隐忧的梳理和归纳，并指出亟需完善的方向和建议。其中，共识主要表现为综合素质评价对推进素质教育和实现功能定位的积极贡献，分歧仍然聚焦在对综合素质及综合素质评价的基本认识上，担忧的问题主要集中在教育公平问题以及综合素质评价功能的充分发挥方面。

第六章、第七章,构成本报告的第四部分,主要是从理论探讨和比较借鉴的视角,对综合素质评价的若干理论基点问题进行厘定,对可借鉴的国际经验和要素进行比较分析。其中,第六章,是对综合素质和综合素质评价的概念厘定和若干基础理论问题的探究。研究主要从政策话语与学术话语中的综合素质和综合素质评价切入,对综合素质和综合素质评价概念的界定和内涵等进行评述,并对相关和相近概念术语进行辨析。

第七章,重点对以美国、英国为代表的高校招生工作中对申请人进行综合素质考察的做法进行比较分析,提取出若干可借鉴和参考的国际经验和启示,并对上海纽约大学将美国大学招生方式本土化的实践和探索作为案例进行剖析。

第八章、第九章,构成本报告的第五部分,在前面系统梳理我国当前政策实践、理论问题点、国际经验等基础上,本着提取可以借鉴和参考的经验教训的原则,对综合素质评价顺利实施的实现要素进行抽取,进而对综合素质评价体系建设提出若干建议。其中,第八章,着重探讨综合素质评价政策实施的制度体系和保障机制建设,包括综合素质评价核心要素的顶层制度设计、综合素质评价实施的系列保障机制及信息技术支持等。

第九章,则针对实践推进中迫切需要破解的问题点,就综合素质评价体系未来发展提出若干建议,包括:找到能够反映学生综合素质关键要素的巧数据,招生录取工作实质性参考使用综合素质评价信息,基础教育充分发挥综合素质评价工作的育人功能,以及综合素质评价充分兼顾选拔和育人双重功能等要点。

(课题研究工作的具体技术路线图参见图 0 - 1)

四、课题研究的若干局限

对中等教育尤其是普通高中学生的综合素质评价关注相对充分,对小学教育的综合素质评价未过多触及。课题指南发布时,题目为"中小学生综合素质评价研究",立项评审答辩时,时任教育部基教一司司长王定华教授也曾特别提到初中、小学的综合素质评价如何纳入研究视野的问题。目前的研究更多聚焦普通高中学生的综合素质评价,对初中综合素质评价有所关注,但对小学生的综合素质评价基本没有触及。这不是一种无意识的疏忽,而是因为始终没能找到关注小学综合素质评价的切入口。想来,这跟对不同学段教育的主要任务的理解和认知有密切关系。总体而言,小学与中学(包括初中与普通高中)教育的任务和价值定位有较大的不同。小学作为学历教育的起始阶段,更多承担打基础的教育任务,其根本任务就是打好基础,为各级各类学校教育打基础,也为儿童个体身心健康发展打基础,推进素质教育,打好全面发展的基础,为培养高素质的公民和提高全民族文化素质打基础。小学阶段的教育,更多是养成性的教育,强调的是教育的发展性和成长性价值,评价性要素和选拔性要素都相对较弱。但中学教育,开始越来越多地强调人才培养的多样化、差异化等任务,某种程度上与中等教育的人才选拔性相对被强化有一定的关系。为此,我们甚至可以说,小学实施的应该是全方位的综合素质教育和培养,基本不带有高利害的特征,凸显的更多是全面育人的功能,而初中、高中的综合素质评价,因为与中考(高中阶段学校招生分流)、高考(高等学校招生录取)等有着直接的关联,甚至以此作为重中之重的任务和评价导向,所以初高中的综合素质教育和培养,往往在评价性和更加功利化的人才选拔方面被强化,而长远的、基础性的全面育人功能的地位会相对退后。基于这样的理解和判断,本研究没有对小学阶段的综合素质评价给予太多关注。

更多聚焦政策层面的关注,对基础理论的探讨相对欠缺。研究定位于决策咨询研究,因而更多关注政策层面的议题,包括综合素质评价实施和结果使用政策的研究、制定、实施和成效跟踪等,关注政策制定和实施过程中的各方博弈、过程完善等议题,但对基础理论层面的研究篇幅相对较小。这在一定程度上跟综合素质评价最初更多作为政策话语的提出有关,同时也与最近几年对综合素质评价的讨论更多聚焦于改革政策的强力推进有关,当然这些归根结底是与课题负责人和绝大多数课题组成员本身都长期从事政策决策咨询研究所形成的研究范式,以及在本项目研究过程中同时深度参与政府相关政策的研制和实施的跟踪研究等有着密切关系。

对综合素质评价人才选拔功能的关注较多,对其育人功能的关注相对偏弱。虽然课题负责人在最初的课题申报书撰写和答辩陈述时就一再强调,综合素质评价的全面育人功能不能因为对其人才选拔功能的强调而弱化,但由于当前的政策和实践的语境、兴奋点和主要关注点聚焦在综合素质评价如何在考试招生中予以参考使用,更关键的是综合素质评价在人才选拔这个功能维度上的显示度远远显著于育人功能的维度,虽然我们在陈述时努力表示,综合素质评价选拔功能的实现必须是以其育人功能的实现为前提,但由于没有更多地关注中小学教育和人才培养的整体实践,所以最终呈现出来的研究报告还是显得强化了综合素质评价的人才选拔功能,而对其育人功能关注则相对不充分。

对上海实践探索的呈现较为立体充分,对其他地区的系统性关注相对不足。研究对作为高考综合改革高校招生录取"一参考"、中考综合改革高中学校招生录取"一结合"的综合素质评价的关注,更多聚焦以上海为代表的考试招生制度综合改革试点地区的情况,对上海以外的其他省市的系统性关注则相对不足,主要是因为上海的改革探索和制度设计等相对较精细,实施效果也相对较好,课题组成员全程深度参与相关政策研制的前期调研、起草研讨、跟踪评价等工作,熟悉程度相对较高,信息了解比较系统。但的确不能排除上海的做法不一定广泛适用于其他省市,因为毕竟无论是从中等教育的体量,抑或基础教育的发展水平和均衡程度,还是社会教育的资源供给,乃至社会公众对教育的认知和观念等来说,各地区之间都差异巨大,不可同日而语。

尽管课题研究工作存在这样或那样的局限和不足,但课题组在研究工作中还是投注了相当多的精力,尤其是密切配合上海高考综合改革的推进,就综合素质评价的制度设计、调研、跟踪评估、交流分享等做了大量工作,作用和影响已经远远超出本课题最初的设想,很多过程性的工作以及与政策高度关联性的研究成果也远远未能反映在本研究报告中。在课题推进过程中,课题组的多位成员在国内综合素质评价领域积累了较高的影响力和话语权,希望我们的研究能够对其他省市的综合素质评价和高考综合改革产生积极的影响和启发。

以上为本课题研究工作的简单回顾和小结。

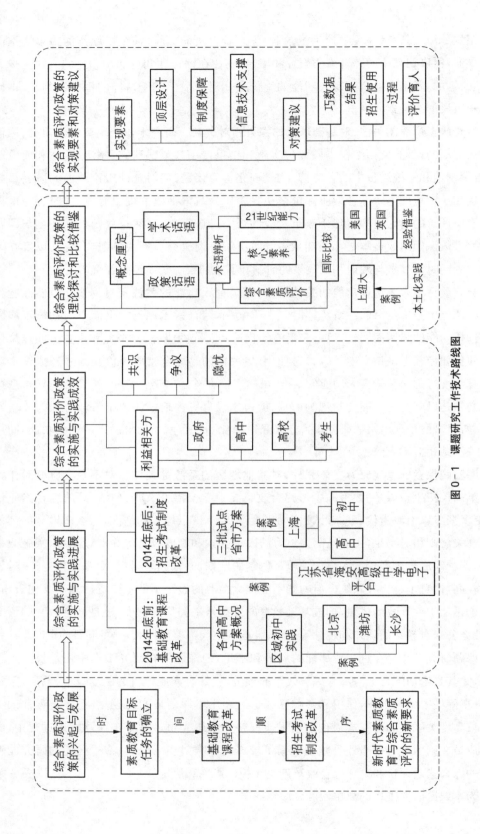

图 0-1　课题研究工作技术路线图

第一章　我国综合素质评价政策的兴起与发展

导语：我国中小学生综合素质评价理念和政策的提出，在实践领域的兴起与发展，是在政府全面推进素质教育、提升学生综合素质的背景下，作为国家推进基础教育课程改革的重要任务、配套制度和保障条件之一予以确立和发展起来的。近年来，随着《国家中长期教育改革和发展规划纲要（2010—2020 年）》颁布及后续一系列有关招生考试制度综合改革具体政策的出台，综合素质评价日益清晰地被作为招生考试制度改革的重要组成部分而被推进。

第一节　素质教育目标任务的确立与综合素质评价政策的萌芽

全面推进素质教育是我国改革开放以后确立起来的教育改革发展的基本路径和核心任务。从 1985 年的《中共中央关于教育体制改革的决定》，到 1993 年的《中国教育改革和发展纲要》，再到 1998 年的《面向 21 世纪教育振兴行动计划》，素质教育的大讨论开始在政策和实践层面形成相对共识。21 世纪之初，2001 年基础教育工作大会启动的基础教育课程改革实验，成为贯彻落实党和国家有关全面推进素质教育战略决策的重要突破口和具体行动，其中有关学生基础性发展目标的培养和评价制度改革成为后来学生综合素质培养和综合素质评价探索的重要基石。

一、全面推进素质教育成为党和国家的战略决策

回顾我国改革开放以来教育改革发展的基本路径，必然会提到我国改革开放和现代化建设的总设计师邓小平和两个里程碑式的文件。这两个文件，一是 1985 年 5 月发布的《中共中央关于教育体制改革的决定》，二是 1993 年 2 月中共中央、国务院印发的《中国教育改革和发展纲要》。前者对新时期的教育发展和改革提出了各项具体要求，开启了我国教育体制改革的大幕，其重要的历史意义在于：明确了教育事业在国家各项事业中的战略性地位，明确了我国教育改革的方向，明确了我国教育体制改革的重点任务。后者，则全面阐述了建国 40 多年来我国教育改革和发展的成就与问题，"为我国 90 年代乃至下世纪初的教育改革和发展，绘制了基本蓝图，提出了行动纲领"，被誉为既是中共中央、国务院在我国"从传统社会向现代社会转型"时期指导我国教育改革和发展的纲领性文件，也是对我国四十多年来教育历史经验的科学总结，和对我国社会转型时

期教育改革和发展问题的辩证思考。

我国素质教育理念的提出和素质教育战略决策的确立与实施,也与邓小平总设计师和上述两个里程碑式的教育改革发展文件密不可分。

1. 素质教育理念的提出

回溯我国素质教育理念和思想的提出,必然要追溯到1985年5月,邓小平在第一次全国教育工作会议上的讲话。在那次讲话中,邓小平从社会主义现代化战略和中华民族根本命运的高度,强调要把我国沉重的人口负担尽快转化为巨大的人力资源优势。他指出:"我们国家,国力的强弱,经济发展后劲的大小,越来越取决于劳动者的素质,取决于知识分子的数量和质量。一个十亿人口的大国,教育搞上去了,人才资源的巨大优势是任何国家比不了的。有了人才优势,再加上先进的社会主义制度,我们的目标就有把握达到。"这一年,还发布了一个影响我国教育发展改革全局的重要文件——《中共中央关于教育体制改革的决定》,《决定》中明确指出:"在整个教育体制改革过程中,必须牢牢记住改革的根本目的是提高民族素质,多出人才,出好人才。"此后,1986年颁布施行的《中华人民共和国义务教育法》和党的十三大报告等重要文件中,都强调"提高整个中华民族的思想道德素质和科学文化素质"的问题。应该说,这是我国提出素质教育发展战略的思想源头。[①]

在邓小平讲话以及中央文件的启发下,理论界关于"素质""民族素质""劳动者素质""国民素质"的研究日益增多。研究主要涉及素质观念、素质与培养目标、素质与社会发展、素质与教育的关系等方面。同时,针对教育实践中出现的片面追求升学率和由此引发的学生课业负担过重等问题,教育界开展了"端正教育思想,明确教育目标"的讨论,从树立正确的人才观和提高民族素质出发,对片面追求升学率的现象作了一些分析和批评。在教育教学一线,一些中小学也大胆尝试,改革创新,涌现出一些体现素质教育思想的教育改革实验模式。这些研究、讨论和实验为素质教育的提出奠定了理论和实践基础。

时任国家教委副主任、后任教育部总督学的柳斌在1987年发表的《努力提高基础教育的质量》一文中最早正式使用了"素质教育"一词。柳主任2018年初就"新时代如何发展素质教育"议题接受《人民教育》记者采访时,回顾介绍了当时素质教育提出的背景。柳主任说:[②]

提出素质教育有三个大背景。第一个背景是20世纪70年代末80年代初,我国进入改革开放新时期,这个时期突出了对人口素质、民族素质的重视。邓小平同志的一些重要思想理论,对发展教育起了非常大的作用。邓小平同志提出教育的发展要"三个面向"(面向现代化,面向世界,面向未来),提出培养"四有新人"(有理想、有道德、有文化、有纪律)[③],非常重要的一个论述就

---

① 本部分内容集中参考:素质教育的提出与推行[N].光明日报,2009-12-05(2).部分表述略有调整.

② 余慧娟,施久铭,董筱婷.新时代如何发展素质教育[N].中国教育报,2018-03-04(4).

③ 人民网资料:1980年5月26日,中共中央副主席邓小平给《中国少年报》和《辅导员》杂志的题词:"希望全国的小朋友,立志做有理想、有道德、有知识、有体力的人,立志为人民作贡献,为祖国作贡献,为人类作贡献。"《人民日报》1982年5月4日发表的社论《当代青年的历史使命》中把邓小平的题词延伸为"培养青年成为有理想、有道德、有文化、(转下页)

是提高国民素质。"素质"被认为是对中国改革开放、民族复兴乃至立足于先进民族之林的非常关键的问题。当时中央出台了很多文件,都强调了提高人民素质、提高民族素质的重要性。在这样的背景下,素质教育呼之欲出。

第二个背景是我们国家开始实施义务教育。1986年,《中华人民共和国义务教育法》颁布,提出要全面贯彻党的教育方针。而素质教育是面向人人的教育,是关系国民素质提高与民族素质提高的一场重大的教育革命。

第三个背景是素质教育是作为与"应试教育"相对立的概念提出的,为了反对应试教育倾向,反对违反教育规律、片面追求升学率的现象。反对片面追求升学率是"破",但只讲"破"不讲"立",校长、教师们无所适从。片面追求升学率不对,那什么是对的? 需要从正面阐述素质教育的主张。

而谈到当时对素质教育内涵的界定,柳主任说:"素质教育是以促进学生身心发展为目的,以全面提高国民的思想道德、科学文化、劳动技术和身体、心理各项素质,培养能力,发展个性为目的的基础教育。当时提出素质教育有三个要义:一是面向全体学生;二是使每个学生德智体美全面发展;三是使每个学生得到主动的、生动活泼的发展。而应试教育则是以考试得分为手段,以把少数人从多数人中选拔出来送上大学为唯一目的、片面追求升学率的基础教育。"

2. 素质教育的实施[①]

1993年2月13日,中共中央、国务院在总结广大教育工作者改革实践经验的基础上发布《中国教育改革和发展纲要》(以下简称《纲要》)中指出:"中小学要从'应试教育'转向全面提高国民素质的轨道,面向全体学生,全面提高学生的思想道德、文化科学、劳动技能和身体心理素质,促进学生生动活泼地发展,办出各自的特色。"《纲要》中提到"素质"一词的表述有20处之多,并提出了"全面提高学生的思想道德、文化科学、劳动技能和身体心理素质"的要求。

为了贯彻和落实《纲要》,中共中央、国务院于1994年召开的第二次全国教育工作会议提出:"基础教育必须从'应试教育'转到素质教育的轨道上来,全面贯彻教育方针,全面提高教育质量。"会议还提出各地要抓素质教育改革试验区建设。素质教育观念逐步转化为各地各部门的积极探索和生动实践,进入了区域性试验与探索阶段。同年8月,中共中央《关于进一步加强和改进学校德育工作的若干意见》明确指出:"增强适应时代发展、社会进步,以及建立社会主义市场经济体制的新要求和迫切需要的素质教育。"这是第一次正式在中央文件中使用素质教育的概念。

1997年10月29日,国家教委颁发《关于当前积极推进中小学实施素质教育的若干意见》(教

(接上页)有纪律、有强健体魄的新一代。这不仅是学校和共青团的责任,而且要靠所有家庭和整个社会的共同努力。"1985年,全国共青团思想政治工作会议上提出:要加强和改进新时期的青年思想政治工作,在四化建设的伟大实践中培养和造就一代有理想、有道德、有文化、有纪律的共产主义新人。从此,做"四有"新人的口号和以此为主题的活动(如1985年"祖国在我们心中,做四有新人"、1991年"学雷锋精神,做四有新人")在全国各行各业开展。"做'四有'新人"——邓小平为全国青少年题词[EB/OL]. [2019 - 01 - 24]. http://www.people.com.cn/GB/shizheng/252/7955/7958/20020422/714335.html.

① 素质教育的提出与推行[N]. 光明日报,2009 - 12 - 05(2). 部分表述略有调整.

办〔1997〕29 号),强调:"在中小学全面贯彻国家的教育方针,积极推进素质教育,已经是摆在我们面前的刻不容缓的重大任务。"由此,掀起素质教育实践的区域性高潮。全国首批建立了十个素质教育实验区,一些省市也建立了省级素质教育实验区。

1999 年初,国务院批转教育部制定的《面向 21 世纪教育振兴行动计划》,明确提出,实施"跨世纪素质教育工程",整体推进素质教育,提高国民素质,拉开了素质教育从典型示范转向整体推进和制度创新的序幕。同年,中共中央、国务院作出了《关于深化教育改革全面推进素质教育的决定》,并召开了以素质教育为主题的第三次全国教育工作会议,进一步强调了实施素质教育的重要性和必要性,明确了素质教育的内涵,以及实施素质教育的具体举措。由此,素质教育开始作为党和国家的战略决策,进入国家推进、重点突破、全面实施的新阶段。

二、基础教育课程改革成为落实素质教育的重要突破口

从 20 世纪 80 年代中期到 90 年代中期,整整 10 年关于素质教育的大讨论,深刻反映了基础教育的时代诉求。素质教育内涵逐渐清晰,但仍不确定;素质教育的核心是什么,见仁见智;素质教育靠什么去实现,没有答案,而体制机制上则困难重重。现实之中,素质教育受"片面追求升学率"的挤压,缺少立足之地。这是一个关乎党的教育方针在新的历史时期能不能落实的关键时刻。第三次全国教育工作大会召开后,推进素质教育的进程进一步加快,2000 年又启动了新一轮的减负。在此推进过程中,虽然素质教育的实施比以往任何时候力度都大,但其成效仍然只体现在部分地区,仅在点上开花,并未在面上结果。究其原因,应该还是没有抓住推进素质教育对全局产生影响的关键环节。

20 世纪的最后几年里,素质教育的理论问题开始逐渐被明确,即面向全体学生、全面发展、个性发展和可持续发展,其核心是"以培养学生的创新精神和实践能力为重点"。同时,素质教育的实施框架也逐步被明确,基础教育课程体系改革被视作推进素质教育的主要载体,从而开启了素质教育的新时代。

2001 年召开的全国基础教育工作会议,把全面推进素质教育的关键环节确定在基础教育的新一轮课程教材改革上,计划用 5 年时间确保改革基本到位,通过课程改革,使素质教育能够取得全面、明显的成效。经国务院同意,教育部颁发了《基础教育课程改革纲要(试行)》,启动了新一轮基础教育课程改革。

根据国家的课程改革进程计划,2001 年秋季,义务教育各学科课程标准及其实验教材在 38 个国家课程改革实验区开展试验;2002 年扩大实验范围,启动省级实验区的工作,义务教育新课程体系全面进入实验阶段,全国实验规模达到同年级学生的 10%—15%;2003 年秋季,全国起始年级使用新课程的学生数达到同年级学生的 35% 左右;2004 年秋季,全国起始年级使用新课程的学生数达到同年级学生的 65%—70% 左右;2005 年秋季,中小学阶段各起始年级的学生原则上都将使用新课程。

到 2009 年秋季,全国义务教育阶段全面实施新课程,普通高中已有 25 个省市进入新课程。

这次课程改革意义十分重大,课程改革不仅仅是换一种教材、改一套计划,而是整个基础教育的核心内容,它带来的是教育思想、教育手段和方法等一系列重大的变革,带动了基础教育观念、人才培养模式、考试评价制度、师资队伍建设、教育管理等方面的配套改革、整体推进。各地注重德育为首,育人为本,开展阳光体育,增进学生体质,加强美育熏陶,塑造高尚情操,努力促进学生全面发展。以人为本的素质教育理念日益深入人心,义务教育均衡发展的局面逐渐形成,以素质教育理念为核心的教育质量保障体系正在逐步形成,中小学素质教育呈现出良好的发展态势。基础教育改革的核心是课程改革,课程改革的归宿是素质教育。基础教育的工作重点放在以素质教育为核心,以课程教材改革为突破口,以全面提高基础教育教学质量为主攻方向,对调整人才培养目标、改变人才培养模式、提高人才培养质量产生了巨大的影响。课程改革在全面实施素质教育中发挥了核心和关键作用。2009 年,教育部召开首次全国基础教育课程改革经验交流会,一锤定音地指出:"改革的方向是正确的。"并进一步明确:"课程改革是实施素质教育的核心问题和关键环节。"

2012 年,党的十八大召开前夕,有一项工作是对党的十六大以来教育改革发展成就进行专题述评,其中"基础教育课改的中国探索"名列其中,中国教育网(http://www.edu-gov.cn)截取了其中部分内容,冠之以"课改 10 年,开启素质教育新时代"的标题。这个材料里列举了基础教育课程改革的重大贡献,被认为是"课程改革以实际行动,回答了什么是素质教育和如何实施素质教育的重大现实问题"。课改 10 年,重新定义了以"提高国民素质"为根本宗旨的基础教育形态,以国民素质的要素为依据重新选择课程内容,改革课程知识的繁、难、偏、旧问题,减轻学生负担;高度重视学生经验,改变内容呈现方式和教学方式……这些改革举措,使基础教育逐步摆脱"精英教育"的历史阴影,开始回归到一个公民必备素质的基础层面上来。课堂教学从单一的"知识技能目标"变成"三维目标",学生学习过程中的重要因素(如过程与方法,情感、态度、价值观等)受到高度关注。人被当作整体的人而不只是学知识的人来看待,深刻凸显人发展的核心价值。学生的学习领域获得重大拓展,人的创新精神和实践能力受到高度关注,人才培养模式发生深刻变革。自主、合作、探究的学习方式大大活跃了课堂,释放出强大的生命活力,研究性学习受到越来越多学校的重视,有影响力的典型案例层出不穷。人们越来越清楚地意识到,自信心、好奇心、兴趣比知识更重要,思想方法比结论更重要。[①]

中国的素质教育,在这里完成了现实教育哲学的重大转向,具备了内生力量。素质教育以育人为根本,把人从不恰当的"工具"角色中解放出来,从高度整齐划一的工业化培养模式中解放出来,人作为目的而发展获得历史性突破。"以学生的发展为本"作为贯穿始终的一条思想主线,深刻地改变着学校教育的内涵。越来越多学校的办学立场,从只关心分数,到关心人的全面发展;从关心统一要求,到关心差异发展;从只关心强化训练,到关心人的创造精神和实践能力。

---

① 本部分内容参考:余慧娟. 课改 10 年,开启素质教育新时代:基础教育课改的中国探索——党的十六大以来教育改革发展成就述评之六[EB/OL]. (2014 - 01 - 21)[2019 - 01 - 24]. http://www.edu-gov.cn/news/484.html.

北京十一学校校长李希贵曾十分中肯地评价道:"如果说课改之前,在应试教育、素质教育上一些模糊争论、错误的言论还有市场的话,那么课改后,大家知道了什么样的教育是好的教育……如果不是新课程,也许我们今天还在黑暗中摸索。"[①]

著名的基础教育课程专家张华教授说:"2001年新课程改革是我国在千年转换时期为实现素质教育理想的又一次努力",这一时期的基础教育课程改革"旨在构建我国素质教育课程体系"。[②] 另一位著名的基础课程专家崔允漷教授说:"就我国而言,'素质教育'一词大概花了10多年才被大多数人艰难地接受。20多年来,特别是以素质教育为旗帜的我国第八次课程改革的实施,使得人们在素质教育的价值层面上达成了最大的共识。"[③]

概述之,这一时期的基础教育课程改革,为我国基础教育改革发展找到了属于自己的历史方位,为素质教育理念的实践落地找到了可实现的路径。全面推进素质教育是基础教育改革和发展的根本任务,在全面推进素质教育的过程中,基础教育课程改革是一个关键的环节,是素质教育的重要突破口。

三、评价制度改革作为素质教育战略落地的基础保障

在国家推进素质教育战略实施的进程中,从一开始就注意到了评价制度、评价方式的引领和指挥棒的作用。1998年12月教育部印发的《面向21世纪教育振兴行动计划》提出,实施"跨世纪素质教育工程",整体推进素质教育,改革课程体系和评价制度,2000年初步形成现代化基础教育课程框架和课程标准……推行新的评价制度;进行高考科目、内容、方法和制度的改革试点,增加对学生能力和综合素质的考核分量,探索适合不同地区和学校特点的高等学校招生、考试、评价的方法和制度。1999年中共中央、国务院《关于深化教育改革全面推进素质教育的决定》明确提出:加快改革招生考试和评价制度,招生考试,尤其是高考科目设置和内容的改革应进一步突出对学生能力和综合素质的考查,加快构建有多种选择、更加科学和公正的高校招生选拔制度,改变"一考定终身"的状况。

而在基础教育课程改革顶层设计酝酿实施最关键的2001年,更是有多个不同层级的文件对课程评价和考试制度进行了更加详尽的规定。5月,国务院《关于基础教育改革和发展的决定》(国发[2001]21号)进一步提出:改革考试评价和招生选拔制度。按照有助于高等学校选拔人才、有助于中学实施素质教育、有助于扩大高等学校办学自主权的原则,加强对学生能力和素质的考察,改革高等学校考试内容,探索多次机会、双向选择的考试和选拔方式,推进高等学校招生考试和选拔制度改革。6月,"教育部关于印发《基础教育课程改革纲要(试行)》的通知"(教基[2001]17号),明确指出"基础教育课程改革的具体目标"之一,是"改变课程评价过分强调甄别与

---

① 余慧娟. 基础教育课改的中国探索[N]. 中国教育报,2012－11－01.
② 张华. 核心素养与我国基础教育课程改革"再出发"[J]. 华东师范大学学报(教育科学版),2016(1).
③ 崔允漷. 素养:一个让人欢喜让人忧的概念[J]. 华东师范大学学报(教育科学版),2016(1).

选拔的功能,发挥评价促进学生发展,教师提高和改进教学实践的功能"。"课程评价"要"建立促进学生全面发展的评价体系。评价不仅要关注学生的学业成绩,而且要发现和发展学生多方面的潜能,了解学生发展中的需求,帮助学生认识自我,建立自信。发挥评价的教育功能,促进学生在原有水平上的发展。"10月,"教育部关于印发《开展基础教育新课程实验推广工作的意见》的通知"(教基〔2001〕24号)则要求:探索中小学评价与考试的改革,尝试构建符合素质教育思想的评价内容和标准,试行评价的新方法,逐步形成促进学生发展的评价体系。

张治教授总结说:2002年之前是素质教育改革的酝酿和形成期,综合素质、综合评价等术语出现在教育政策文件中,对学生能力及其综合素质的评价已经受到重视。此间的各项政策中,"虽然没有完整地提出综合素质评价的概念,但是随着素质成为教育改革的核心,学生能力和综合素质在评价中的重要性开始凸显,评价改革已经提上日程,素质、能力、综合等综合素质评价的关键要词频繁出现在各项政策中。开展综合素质评价的重要性、必要性和可行性,逐渐明晰,为后来综合素质评价的诞生和发展奠定了基础"[1]。

2002年教育部颁发《关于积极推进中小学评价与考试制度改革的通知》(教基〔2002〕26号),明确提出:"建立以促进学生发展为目标的评价体系,包括评价的内容、标准、评价方法和改进计划。"一般认为,综合素质评价体系在国家政策层面系统确立起来,即始于此文件。自此开始,基础教育课程改革进入关键性评价制度改革的攻坚期,这是教育改革最难啃的一块硬骨头。改革一波三折,在争论中艰难行进。如今回过头去看,课改撬动的不仅是等级评价、综合素质评价,还包括高中招生指标分配、高考招生、录取办法等重大制度和观念变革。

2009年在进行基础教育课程改革实验推进素质教育实施的总结时,一个比较有共识的说法是已经"初步建立了学生综合评价体系"。评价的多元化和多样化,促进了学生的发展、教学的改进,提高了教育评价的有效性。但仍要着力推进评价制度改革,提高学生综合素质。要进一步建立和完善学生多元评价机制,注重培养学生独立思考能力、创新能力和实践能力,改变当前学生的培养现状,积极倡导学生主动参与、乐于探究、勤于动手,培养学生搜集和处理信息的能力、获取新知识的能力、分析和解决问题的能力以及交流与合作的能力。进一步完善发展性评价制度和综合素质评价制度,使其更有利于推进教学方式的改进、学习质量的提高,更有利于激发教师和学生主动性、积极性、创造性。

第二节　作为基础教育课程改革配套任务的综合素质评价之肇始

一般认为,教育部2002年颁发的26号文标志着综合素质评价体系在国家层面的系统确立,这个文件中提到的学生基础性发展目标培养和评价的6个方面成为后来讨论综合素质和综合素质评价绕不过的里程碑。但对文件文本的梳理分析也发现,"综合素质评价"术语首次在文件中

---

[1] 张治.大数据背景下普通高中综合素质评价研究[M].上海:上海教育出版社,2017.

使用,则是 2004 年初发布的《国家基础教育课程改革试验区初中毕业考试与普通高中招生制度改革的指导意见》。之后,随着基础教育课程改革实验的扩围和深化,各地初中、高中学校的综合素质评价制度的确立和实践探索快速推进。

一、综合素质评价在国家政策层面得以确立的里程碑

中小学生综合素质评价政策的提出和体系建构,是 21 世纪以来国家推进基础教育课程改革的一项重要任务,是为落实新课程的理念和目标服务而建立的一项基础性制度设计。一般认为,综合素质评价体系在国家政策层面系统确立起来,始于 2002 年 12 月教育部颁发的《关于积极推进中小学评价与考试制度改革的通知》(教基〔2002〕26 号)[①]。

该《通知》明确提出:"建立以促进学生发展为目标的评价体系,包括评价的内容、标准、评价方法和改进计划。评价标准应该用清楚、简明的目标术语表述,主要包括基础性发展目标和学科学习目标。"其中,"基础性发展目标包括:道德品质、公民素养、学习能力、交流与合作能力、运动与健康、审美与表现等"。

在学生评价的措施与方法方面,通知要求:"教师要在教育教学的全过程中采用多样的、开放式的评价方法(如行为观察、情景测验、学生成长记录等)了解每个学生的优点、潜能、不足以及发展的需要。要建立每个学生的成长记录。成长记录应收集能够反映学生学习过程和结果的资料,包括学生的自我评价、最佳作品(成绩记录及各种作品)、社会实践和社会公益活动记录、体育与文艺活动记录,教师、同学的观察和评价,来自家长的信息,考试和测验的信息等。学生是成长记录的主要记录者,成长记录要始终体现诚信的原则,要有教师、同学、家长开放性的参与,使记录的情况典型、客观、真实。"

文件中有关基础性发展目标的内容以及学生评价的措施方法,基本上奠定了我国中小学生综合素质评价的基本框架,之后各省出台的评价办法和学校评价实践活动,在内容和方法上基本沿袭了该文件的基本要求,以该文件中的基础性发展目标作为综合素质评价的主要依据。因此,《关于积极推进中小学评价与考试制度改革的通知》标志着我国中小学生综合素质评价政策的基本确立的表述是比较客观的。

但必须要指出的是,综合素质的最初提出,是作为强化素质培养目标的实现提出来的,作为学科学习目标之外的人的全面发展的基础性发展目标予以关注;但因为从一开始就打上了评价的印记,之后该议题的重心快速发展成为招生考试中如何评价的问题。

二、"综合素质评价"术语的首次使用与初中毕业生综合素质评价

"综合素质评价"术语的使用,最早出现在教育部 2004 年 2 月 25 日印发的《国家基础教育课程改革试验区 2004 年初中毕业考试与普通高中招生制度改革的指导意见》的通知中。该《指导意

---

① 李雁冰. 论综合素质评价的本质[J]. 教育发展研究,2011(24).

见》第二部分专门就"初中毕业生综合素质评价"作了 6 条的规定,第三部分"普通高中招生录取"第 14 条对高中录取环节如何参照使用综合素质评价结果进行了明确,第四部分"组织保障"第 16 条从公示制度、诚信制度、监督制度、培训制度、监控评估制度等方面对综合素质评价的实施和使用进行了规定。

《指导意见》针对"初中毕业生综合素质评价",规定:"为全面反映初中毕业生的发展状况,应对初中毕业生综合素质进行评价,评价结果应作为衡量学生是否达到毕业标准和高中阶段学校招生的重要依据。"综合素质评价的内容应以《教育部关于积极推进中小学评价与考试制度改革通知》中提出的"道德品质、公民素养、学习能力、交流与合作、运动与健康、审美与表现等六个方面的基础性发展目标为基本依据,各地可结合实际情况将其具体化,使综合素质评价的方法具有可行性。"《指导意见》进而指出:"综合素质评价应充分尊重学生的自我评价,并在同学互评和学生成长纪录的基础上,经集体讨论,给予学生客观、公正的评价。评价时应注重对原始资料的分析与概括,避免以偏概全。"初中毕业生综合素质评价的结果包括两部分:(1)综合性评语。对学生的综合素质予以整体描述,尤其应突出学生的特点、特长和潜能。(2)等级。建议采用"优""良""合格""不合格"四档。初中毕业生综合素质评价的内容、方法、程序等应向学生及其家长作出明确的解释并公示。

《指导意见》针对"普通高中招生录取",规定:"普通高中招生要坚持综合评价、择优录取的原则。学业考试成绩和综合素质的评价结果应成为普通高中招生的主要依据。""实验区应根据当地教育行政部门确定的招生计划,参照学业考试成绩和综合素质评价结果,按照差额投档的原则,分批录取。要避免将综合素质评价结果简单转换为权重作为录取依据的做法。"

《指导意见》就综合素质评价改革的"组织保障",特别要求:"初中毕业考试与普通高中招生制度改革应通过制度创新来体现公正、公平、公开,应实行严格的公示制度、诚信制度、监督制度和监控评估制度等",并要求建立"培训制度"——"教育行政部门要采取措施,保证每个参与综合素质评价的人员得到及时有效的培训,提高其职业道德水平和综合素质评定能力,以确保评定结果的可信度。"

三、普通高中综合素质评价在全国范围内陆续展开

普通高中的课程改革是从 2004 年正式开始的,在酝酿和启动的过程中,"高中综合素质评价"的表述一直没有正式提出,大部分相关文件使用的是"综合评价""综合性的评价"等术语,但各种政策与措施都已经开始逐渐接近"综合素质评价"。例如,2003 年 3 月发布的《普通高中课程改革方案(实验)》提出"建立发展性评价制度","实行学生学业成绩与成长记录相结合的综合评价方式"。

一般认为,普通高中综合素质评价在全国范围内陆续展开的标志是 2006 年 2 月"普通高中新课程实验省(区)综合素质评价工作研讨会"在北京的召开。为加强对普通高中新课程实验省(区)综合素质评价工作的指导,增强综合素质评价过程、结果的科学性、操作性,由教育部基础教

育司主办的"普通高中新课程实验省(区)综合素质评价工作研讨会"2月16日至17日在北京召开。广东、山东、宁夏、海南、江苏以及2006年准备进入新课程改革实验的福建、安徽、浙江、辽宁、天津10省(市)教育行政、教研、招生办负责人及部分中考改革实验区代表参加了会议。

此次会议之后,14个省市首先开始了高中综合素质评价的实验,高中综合素质评价实践随之开始在全国范围内逐渐推广开来,但教育部并没有出台专门关于高中综合素质评价的文件。2007年,首批参加高中课程改革的学生即将参加高考之际,教育部发布《关于做好2007年普通高等学校招生工作的通知》,对新课程实验省市提出"要逐步建立并完善高中学业水平考试和综合素质评价制度",这应该是教育部第一次使用"高中综合素质评价"术语的文件。① 2008年1月,教育部发布《关于普通高中新课程省市深化高校招生考试改革的指导意见》(教学〔2008〕4号),要求:"各地要加快建设在国家指导下由各省市组织实施的普通高中学业水平考试和学生综合素质评价制度。"此后每年关于普通高等学校招生工作的通知中,教育部都会提及综合素质评价的问题。

由于与新课程改革、考试评价等相关教育政策直接相关,综合素质评价引起了地方各级教研部门和广大中小学的高度关注。在教育行政部门推动下,各地将建立学生综合素质评价信息系统作为重要工作予以推进,尤其是在高中阶段,各地先后建立了综合素质评价系统。上海市中小学生综合素质评价研究课题组在2014年6月收集到了我国大陆地区28个省市的高中学生综合素质评价方案或实施意见,其中绝大部分都是在2010年之前发布的。②

综合素质评价理念的提出和初步实践,大大拓展了人才培养和教育评价的维度。可以说,"综合素质评价是新一轮课程改革的重要理论实践,也是学生评价改革的核心内容,对学生进行多方位考核,全面反映学生高中阶段发展状况,学业成绩仅是其中一项"。③

但也有学者指出,"综合素质评价在新世纪基础教育课程改革尤其是新课改语境下中高考改革的重要内容。但实施以来,总体上不尽如人意。""政策文本中,综合素质评价概念的内涵和功能尚处在犹豫未决状态","政策层面的综合素质评价理念尚处在愿景形态和初步探索阶段。"④

第三节　作为招生考试制度改革重要内容的综合素质评价之发展

《国家中长期教育改革和发展规划纲要(2010—2020年)》及之后国务院《关于深化考试招生制度改革的实施意见》的陆续发布,将之前更多作为基础教育课程改革配套和保障改革任务的综合素质评价纳入了考试招生制度综合改革的整体框架中,综合素质评价被赋之以高校招生"两依据一参考"政策设计中"一参考"的重要角色,以及高中学校招生"一基于一结合"政策设计中"一

① 程龙.高中综合素质评价十年回顾与反思[J].教育参考,2015(6).
② 王湖滨,等.高中生综合素质评价:国内政策比较与文献研究[R].2014.
③ 张治.大数据背景下普通高中综合素质评价研究[M].上海:上海教育出版社,2017.
④ 杨九诠.综合素质评价的困境与出路[J].华东师范大学学报(教育科学版),2013(2).

结合"的重要定位。由此,低学段的生源供给学校开始承担起为高学段学校招生提供学生综合素质评价信息记录档案的任务。

一、《国家中长期教育改革和发展规划纲要(2010—2020年)》的有力推动

时间到了2009年,作为目标直指2020年我国教育改革发展宏伟蓝图的任务书、路线图、时间表,《国家中长期教育改革和发展规划纲要(2010—2020年)》(以下简称《中长期规划纲要》)正式发布。《中长期规划纲要》文件中,先后有多处出现提高、考察学生"综合素质"的表述,有5处直接出现了"综合素质评价"的文字,对全面提高学生综合素质和完善综合素质评价提出了明确要求,并分别从中考制度和高考制度改革两个方面针对其作为招生录取依据的功能提出了具体要求。例如,"促进德育、智育、体育、美育有机融合,提高学生综合素质,使学生成为德智体美全面发展的社会主义建设者和接班人"(第二章第四条);"全面提高普通高中学生综合素质。建立科学的教育质量评价体系,全面实施高中学业水平考试和综合素质评价"(第五章第十二条:全面提高普通高中学生综合素质);"做好学生成长记录,完善综合素质评价"(第十一章第三十三条:改革教育质量评价和人才评价制度);"完善学业水平考试和综合素质评价,为高中阶段学校招生录取提供更加科学的依据"(第十二章第三十五条:完善中等学校考试招生制度);"深化考试内容和形式改革,着重考查综合素质和能力。普通高等学校本科招生以统一入学考试为基本方式,结合学业水平考试和综合素质评价,择优录取"(第十二章第三十六条:完善高等学校考试招生制度);"完善初中和高中学业水平考试和综合素质评价"(第二十一章第六十七条:考试招生制度改革试点)。

《中长期规划纲要》还将"完善初中和高中学业水平考试和综合素质评价"列为国家教育体制改革重点项目之一,对各地推动综合素质评价实践研究发挥了重要导向作用。

《中长期规划纲要》颁布后,综合素质评价的政策、实践和学术研究重心,从最初将其作为促进素质教育的基础教育课程改革和学生评价制度建设的重要举措,更多转向作为国家考试招生制度改革的重要组成部分进行研究和推进。

二、"两依据一参考"高考综合改革政策设计的"一参考"

(一)国务院《实施意见》将"规范高中学生综合素质评价"作为深化考试招生制度改革的主要任务和措施之一

2014年9月,国务院颁布《关于深化考试招生制度改革的实施意见》(国发〔2014〕35号)(以下简称《实施意见》),明确提出"探索基于统一高考和高中学业水平考试成绩、参考综合素质评价的多元录取机制",指出"综合素质评价主要反映学生德智体美全面发展情况,是学生毕业和升学的重要参考"。此即所谓的"两依据一参考",是高考综合改革中招生录取机制的重大变革。《实施意见》明确提出:推行综合素质评价,"建立规范的学生综合素质档案,客观记录学生成长过程中

的突出表现,注重社会责任感、创新精神和实践能力,主要包括学生思想品德、学业水平、身心健康、兴趣特长、社会实践等内容"。《实施意见》旨在引导学生参加公益服务和社会实践等内容。新华网等官方媒体解读指出,将"兴趣""责任"等综合素质评价计入档案,有利于破除"唯分数论"。[①]

《实施意见》将"规范高中学生综合素质评价"作为深化考试招生制度改革的主要任务和措施之一,指出:"综合素质评价主要反映学生德智体美全面发展情况,是学生毕业和升学的重要参考",要求"建立规范的学生综合素质档案,客观记录学生成长过程中的突出表现,注重社会责任感、创新精神和实践能力,主要包括学生思想品德、学业水平、身心健康、兴趣特长、社会实践等内容",要"严格程序,强化监督,确保公开透明,保证内容真实准确",并明确要求"2014年出台规范高中学生综合素质评价的指导意见","各省(区、市)制定综合素质评价基本要求,学校组织实施";"高校要根据自身办学定位和专业培养目标,研究提出对考生高中学业水平考试科目报考要求和综合素质评价使用办法,提前向社会公布"。

(二)教育部《意见》明确了高中学生综合素质评价的基本内容和做法

2014年12月,教育部出台《关于加强和改进普通高中学生综合素质评价的意见》(教基二〔2014〕11号)(以下简称《意见》),明确提出"加强和改进普通高中学生综合素质评价"具有重要意义:"综合素质评价是对学生全面发展状况的观察、记录、分析,是发现和培育学生良好个性的重要手段,是深入推进素质教育的一项重要制度。全面实施综合素质评价,有利于促进学生认识自我、规划人生,积极主动地发展;有利于促进学校把握学生成长规律,切实转变人才培养模式;有利于促进评价方式改革,转变以考试成绩为唯一标准评价学生的做法,为高校招生录取提供重要参考。"

《意见》提出高中学生综合素质评价的基本原则是坚持方向性、指导性、客观性和公正性,并将评价内容聚焦在"依据党的教育方针,反映学生全面发展情况和个性特长,注重考察学生社会责任感、创新精神和实践能力"上,包括思想品德、学业水平、身心健康、艺术素养和社会实践五个方面。

> 思想品德。主要考察学生在爱党爱国、理想信念、诚实守信、仁爱友善、责任义务、遵纪守法等方面的表现。重点是学生参与党团活动、有关社团活动、公益劳动、志愿服务等的次数、持续时间,例如,为孤寡老人、留守儿童、残疾人等弱势群体提供无偿帮助,到福利院、医院、社会救助机构等公共场所、社会组织做无偿服务,为赛会保障、环境保护等活动做志愿者。

> 学业水平。主要考察学生各门课程基础知识、基本技能掌握情况以及运用知识解决问题的能力等。重点是学业水平考试成绩、选修课程内容和学习成绩、研究性学习与创新成果等,特别是具有优势的学科学习情况。

---

① 丁静. 破"一考定终身",防"见分不见人":37岁高考改革的"四场考试"[EB/OL]. (2014 - 12 - 14)[2019 - 01 - 24]. http://edu.people.com.cn/n/2014/1214/c1053-26204310.html.

身心健康。主要考察学生的健康生活方式、体育锻炼习惯、身体机能、运动技能和心理素质等。重点是《国家学生体质健康标准》测试的主要结果,体育运动特长项目,参加体育运动的效果,应对困难和挫折的表现等。

艺术素养。主要考察学生对艺术的审美感受、理解、鉴赏和表现的能力。重点是在音乐、美术、舞蹈、戏剧、戏曲、影视、书法等方面表现出来的兴趣特长,参加艺术活动的成果等。

社会实践。主要考察学生在社会生活中动手操作、体验经历等情况。重点是学生参加实践活动的次数、持续时间,形成的作品、调查报告等,如与技术课程等有关的实习,生产劳动、勤工俭学、军训,参观学习与社会调查等。

而就高中学生综合素质评价材料的使用,《意见》作了两个方面的规定:一是要求高中教师使用,"高中教师要充分利用写实记录材料,对学生成长过程进行科学分析,引导学生发现自我,建立自信,指导学生发扬优点,克服不足,明确努力方向";二是针对高校招生使用,"高中学校要将学生综合素质档案提供给高校招生使用。高等学校在招生时要根据学校办学特色和人才培养要求,制定科学规范的综合素质评价体系和办法,组织教师等专业人员对档案材料进行研究分析,采取集体评议等方式作出客观评价,作为招生录取的参考"。

当时牵头文件起草工作的基教二司相关负责人在解读该《意见》时,说:实施综合素质评价意义重大。首先,将促进学生认识自我、规划人生,激发潜能,主动发展,走出教室、走向社会,在社团活动中培养兴趣,在社会实践中经受锻炼,全面提升德智体美各方面综合素质。其次,使人才选拔标准更加全面,方式更加科学,有助于扭转单纯用考试分数评价学生的做法,促使人才选拔从只看"冷冰冰的分"到关注"活生生的人",实现知行合一。[①]

由此,"两依据一参考"的高考综合改革基本框架中"一参考"的基调和格局得以确立,接下来就是各地区和高□学校的具体执行和落实了。

三、"一基于一结合"中考改革招生录取机制设计中的"一结合"

2016 年 9 月,教育部印发《关于进一步推进高中阶段学校考试招生制度改革的指导意见》(教基二〔2016〕4 号)(以下简称《指导意见》),提出中考改革目标是"到 2020 年左右初步形成基于初中学业水平考试成绩、结合综合素质评价的高中阶段学校考试招生录取模式和规范有序、监督有力的管理机制,促进学生全面发展健康成长,维护教育公平"。相对于高考综合改革中高等学校招生录取机制"两依据一参考"的概括性表述,中考改革政策要点中关于高中学校招生录取机制的表述可概括看为"一基于一结合"。至此,中学生的综合素质评价在更高学段招生录取中的作用和地位得以全面确立。而且从高校招生中的"参考"到高中招生中的"结合",中学生综合素质

---

① 万玉凤,刘博智.从只看"冷冰冰的分"到关注"活生生的人"——专家解读《关于加强和改进普通高中学生综合素质评价的意见》[N].中国教育报,2014 - 12 - 17.

评价信息与高学段学校招生录取的关系就全面确立了。

《指导意见》提出的五方面主要任务中,有两个方面与综合素质评价相关,包括第二项任务"完善学生综合素质评价"和第三项任务"改革招生录取办法"中的部分任务。

其中,在"完善学生综合素质评价"部分,对初中学生综合素质评价的内涵、重点评价内容、写实记录要求、功能定位、地方教育行政部门的职责等进行了明确界定。文件指出:"综合素质评价是对学生全面发展状况的观察、记录和分析,是培育学生良好品行、发展个性特长的重要手段",要求"根据义务教育的性质、学生年龄特点,结合教育教学实际,细化和完善思想品德、学业水平、身心健康、艺术素养和社会实践五个方面的评价内容和要求,充分反映学生的全面发展情况和个性特长,注重考察学生的日常行为规范养成和突出表现"。综合素质评价写实记录的要求,包括记录主体、程序、要求等。"初中学校和教师要指导学生做好写实记录,整理遴选具有代表性的活动记录和典型事实材料。初中学校要将用于招生使用的活动记录和事实材料进行公示、审核,为每位学生建立综合素质评价档案,提供给高中学校招生使用。档案材料要突出重点,简洁明了,便于在招生中使用。"文件同时提示初中学校和教师在记录、形成学生综合素质评价档案的基础上,还"要充分利用写实记录材料,对学生成长过程进行指导,促进学生发展进步"。而至于地方教育行政部门在此项改革任务中的职责,文件明确规定了省级教育行政部门和地市级教育行政部门分工合作的工作格局,即"综合素质评价由省级教育行政部门制订统一要求,地市级教育行政部门制订科学规范的评价体系"。

在"改革招生录取办法"部分,文件要求"各省(区、市)要选择有条件的地市学习借鉴一些地区改革的成功经验,结合本地实际,积极探索基于初中学业水平考试成绩、结合综合素质评价的招生录取模式","试点地区要将综合素质评价作为招生录取的依据或参考。地市级教育行政部门要明确综合素质评价使用的基本要求,高中学校根据学校办学特色制订具体的使用办法,使综合素质评价在招生录取中真正发挥作用,促进学生全面发展"。

总体来说,《指导意见》对各地经过多年实践初步建立的初中学生综合素质评价制度进行了完善和规范:在评价内容上,要求细化和完善思想品德、学业水平、身心健康、艺术素养和社会实践五个方面的评价内容和要求,努力把党的教育方针落实落细;在评价重点上,强调反映学生的全面发展情况和个性特长,注重考察学生日常行为规范养成和突出表现,充分体现义务教育阶段学生的特点。在评价程序上,强调要做好写实记录、遴选典型事实材料、将用于招生使用的事实材料进行公示、审核、建立综合素质评价档案,做到程序严谨,方便适用;在结果使用上,实行谁使用谁评价,由高中学校根据学校办学特色制定具体的使用办法;同时在严格程序、评用分开的前提下,特别强调要建立责任追究制度,加强对综合素质评价的监督检查,严肃查处违规违纪行为,保障客观真实。①

---

① 推进中考改革 发挥正确导向 促进素质教育实施——教育部有关负责人就《教育部关于进一步推进高中阶段学校考试招生制度改革的指导意见》答记者问[EB/OL].(2016－09－20)[2019－01－24].http://www.gov.cn/jyb_xwfb/s271/201609/t20160920_281636.html.

第四节　新时代素质教育与综合素质评价的新要求

党的十八大以来,素质教育得到进一步强调和重视。国家最高领导人高度关注素质教育的实施,在考察学校、专题座谈会、全国教育大会等多个重要场合发表讲话都反复重申对素质教育的新要求。党和国家机关也组织起草了若干重要的专题文件,如《关于新时代推进普通高中育人方式改革的指导意见》《关于深化教育教学改革全面提高义务教育质量的意见》等,也都进一步明确了对素质教育和综合素质评价的新要求。

一、素质教育是教育的核心,要大力推进素质教育

素质教育实施20多年,逐渐成为我国教育的核心理念和社会各界的广泛共识。新时代,确立了教育价值选择的新坐标系,教育要有新作为,必须以未来为导向,更好地完成立德树人的根本使命。

最近几年,如何进一步开展富有成效的素质教育成为国家最高领导人的关注,对素质教育提出了新的要求。习近平总书记指出,素质教育是教育的核心,要大力推进素质教育。

2016年9月9日教师节前夕,习近平总书记在北京市八一学校考察时强调指出:"中小学生是青少年的主体,是国家的未来和希望。中小学生要立志成才,必须勤奋学习、提高综合素质,努力做到修身立德、志存高远、勤学上进、追求卓越、强健体魄、健康身心、锤炼意志、砥砺坚韧。""素质教育是教育的核心,教育要注重以人为本、因材施教,注重学用相长、知行合一,着力培养学生的创新精神和实践能力,促进学生德智体美全面发展。"[1]总书记在不同场合反复强调:要全面落实党的教育方针,旗帜鲜明地加强思想政治教育、品德教育,加强社会主义核心价值观教育,引导学生自尊自信自立自强;要加强道德养成,从小就让社会主义核心价值观的种子在孩子们心中生根发芽。

2018年3月,习近平总书记在主持召开学校思想政治理论课教师座谈会时强调:"青少年是祖国的未来、民族的希望。我们党立志于中华民族千秋伟业,必须培养一代又一代拥护中国共产党领导和我国社会主义制度、立志为中国特色社会主义事业奋斗终身的有用人才。在这个根本问题上,必须旗帜鲜明、毫不含糊。这就要求我们把下一代教育好、培养好,从学校抓起、从娃娃抓起。在大中小学循序渐进、螺旋上升地开设思想政治理论课非常必要,是培养一代又一代社会主义建设者和接班人的重要保障。""思想政治理论课是落实立德树人根本任务的关键课程。青少年阶段是人生的"拔节孕穗期",最需要精心引导和栽培。我们办中国特色社会主义教育,就是要理直气壮开好思政课,用新时代中国特色社会主义思想铸魂育人,引导学生增强中国特色社会

---

① 教师节,听听习总书记怎么说[EB/OL].(2016-09-10)[2019-01-24].http://www.xinhuanet.com//politics/2016-09/10/c_1119544092.htm.

主义道路自信、理论自信、制度自信、文化自信,厚植爱国主义情怀,把爱国情、强国志、报国行自觉融入坚持和发展中国特色社会主义事业、建设社会主义现代化强国、实现中华民族伟大复兴的奋斗之中。"

2018年9月10日,第34个教师节,全国教育大会在北京召开。中共中央总书记、国家主席习近平出席会议并作重要讲话,进一步明确立德树人是教育的根本任务,人才培养是育人和育才相统一的过程,育人是本。总书记要求"要努力构建德智体美劳全面培养的教育体系"。完善教育体系,要坚持德育为先,德育、智育、体育、美育、劳动教育五育并举、全面发展,重视学生综合素质培养,克服片面追求某一或某几方面教育的现象。"基础教育是提高民族素质的奠基工程",要大力推进素质教育,为青少年成长成才和提高民族素质奠定扎实基础。①

习近平总书记把劳动教育纳入社会主义建设者和接班人的要求之中,明确要求"培养社会主义建设者和接班人,要在坚定理想信念上下功夫,要在厚植爱国主义情怀上下功夫,要在加强品德修养上下功夫,要在增长知识见识上下功夫,要在培养奋斗精神上下功夫,要在增强综合素质上下功夫";提出"德智体美劳"的总体要求,这是党的教育理论的重大创新,需要我们遵循教育规律和人才成长规律,努力构建德智体美劳全面培养的教育体系,把立德树人贯穿于教育工作的各领域、各环节,使素质教育具体化,培养全面发展的时代新人。

素质教育是教育的核心,要从偏重智育向德智体美劳全面发展转变,努力构建德、智、体、美、劳全面培养的教育体系,提高学生的综合素质。要把道德品行、体质健康和运动技能作为评价中小学学生的重要标准。孙春兰副总理要求:要抓紧制订学校美育工作基本标准,让更多孩子获得受益终身的美育。制定各学段劳动教育大纲,通过课程教学、校内劳动、校外劳动、家务劳动等适应当前环境和条件的有效措施,培养学生热爱劳动的习惯。②

二、综合素质培养是育人方式改革和提高教育质量的重中之重

2019年6月、7月,国家层面先后发布两个关于普通高中和义务教育的文件——国务院办公厅《关于新时代推进普通高中育人方式改革的指导意见》(国办发〔2019〕29号)和中共中央、国务院《关于深化教育教学改革全面提高义务教育质量的意见》,"围绕凝聚人心、完善人格、开发人力、培育人才、造福人民的工作目标",提出"发展素质教育","培养德智体美劳全面发展的社会主义建设者和接班人"的指导思想,全方位强化了中小学素质教育的基本定位。

《关于新时代推进普通高中育人方式改革的指导意见》从"巩固义务教育普及成果、增强高等教育发展后劲、进一步提高国民整体素质"的高度,明确定位"办好普通高中教育","推进普通高中育人方式改革"的重要意义。文件在第一部分"指导思想"中明确提出"落实立德树人根本任

① 习近平在全国教育大会上强调 坚持中国特色社会主义教育发展道路 培养德智体美劳全面发展的社会主义建设者和接班人[N]. 人民日报,2018-09-11.
② 孙春兰. 深入学习贯彻习近平总书记关于教育的重要论述奋力开创新时代教育工作新局面[J]. 求是,2018(19).

务,发展素质教育","坚决扭转片面应试教育倾向","为学生适应社会生活、接受高等教育和未来职业发展打好基础,努力培养德智体美劳全面发展的社会主义建设者和接班人"。文件第二部分"构建全面培养体系"的四个要点中,在首先"突出德育时代性"之后,分别强调了"强化综合素质培养"、"拓展综合实践渠道"。前者强调了科学文化教育、体育锻炼、美育工作、劳动教育的原则性要求,后者则阐述了"健全社会教育资源有效开发配置"、"打造学生社会实践大课堂"的指导意见要点。

> 强化综合素质培养。改进科学文化教育,统筹课堂学习和课外实践,强化实验操作,建设书香校园,培养学生创新思维和实践能力,提升人文素养和科学素养。强化体育锻炼,修订学生体质健康标准及评价办法,丰富运动项目和校园体育活动,培养体育兴趣和运动习惯,使学生掌握1—3项体育技能。加强美育工作,积极开展舞蹈、戏剧、影视与数字媒体艺术等活动,培养学生艺术感知、创意表达、审美能力和文化理解素养。重视劳动教育,制定劳动教育指导纲要,统筹开展好生产性、服务性和创造性劳动,使学生养成劳动习惯、掌握劳动本领、树立热爱劳动的品质。
>
> 拓宽综合实践渠道。健全社会教育资源有效开发配置的政策体系,因地制宜打造学生社会实践大课堂,建设一批稳定的学生社会实践基地。充分发挥爱国主义、优秀传统文化、军事国防等教育基地,以及高等学校、科研机构、现代企业、美丽乡村、国家公园等方面资源的重要育人作用,按规定免费或优惠向学生开放图书馆、博物馆、科技馆、文化馆、纪念馆、展览馆、运动场等公共设施。定期组织学生深入社区、医院、福利院、社会救助机构等开展志愿服务,走进军营、深入农村开展体验活动。

《关于深化教育教学改革全面提高义务教育质量的意见》提出了"构建德智体美劳全面培养的教育体系,健全立德树人落实机制,着力在坚定理想信念、厚植爱国主义情怀、加强品德修养、增长知识见识、培养奋斗精神、增强综合素质上下功夫"的基本要求,"坚持五育并举,全面发展素质教育"的具体要求,强调"突出德育实效""提升智育水平""强化体育锻炼""增强美育熏陶""加强劳动教育","提升校长实施素质教育能力","建立以发展素质教育为导向的科学评价体系","学校办学质量评价突出考察学校坚持全面培养、提高学生综合素质"等。

三、综合素质评价是构建全面培养体系的重要组成部分

国务院办公厅印发的《关于新时代推进普通高中育人方式改革的指导意见》,将"综合素质评价"作为一个独立的要点放在第二部分"构建全面培养体系",应该是明确强调了综合素质评价的育人优先功能。文件强化对学生爱国情怀、遵纪守法、创新思维、体质达标、审美能力、劳动实践等方面的评价,我们理解:"德"最关键的是爱国和遵纪守法;"智"最关键的是创新思维,而不是复现知识或考试成绩;"体"最关键的是体质达标,并不是要学生都去追求比赛获奖;"美"最关键的

是审美能力，并不要人人都有艺术特长；"劳"最关键是劳动实践的经历。当然，文件同时对综合素质评价记录提出了要客观真实、简洁有效、突出重点的要求。

完善综合素质评价。把综合素质评价作为发展素质教育、转变育人方式的重要制度，强化其对促进学生全面发展的重要导向作用。强化对学生爱国情怀、遵纪守法、创新思维、体质达标、审美能力、劳动实践等方面的评价。要从城乡学校实际出发，完善综合素质评价实施办法，以省为单位建立学生综合素质评价信息管理系统，统一评价档案样式，建立健全信息确认、公示投诉、申诉复议、记录审核等监督保障与诚信责任追究制度。要客观真实、简洁有效记录学生突出表现，对在学生综合素质评价中造假的，要依规依纪严肃追究相关人员责任。

文件第六部分"完善考试和招生制度"中，也强调了"稳步推进高校招生改革"的要求，既有"进一步健全分类考试、综合评价、多元录取的高校招生机制，逐步改变单纯以考试成绩评价录取学生的倾向，引导高中学校转变育人方式、发展素质教育"的原则性要求，也有"把综合素质评价作为招生录取的重要参考，并充分考虑城乡差异和不同群体学生特点，研究制订高中学生综合素质评价使用办法，提前向社会公布"的具体要求。

另外，8月14日中共中央办公厅、国务院办公厅最新印发《关于深化新时代学校思想政治理论课改革创新的若干意见》，其中也特别强调了综合素质评价的要求，即"强化中考、高考、研究生招生考试对学生学习思政课的指挥棒作用，将思政课学习实践情况等作为重要内容纳入综合素质评价体系，探索记入本人档案，作为学生评奖评优重要标准"。

应该说，党的十八大以来，素质教育得到进一步强调和重视。尤其是党的十九大报告首次提出"发展素质教育"，令人振奋，也引发思考。素质教育的内涵是否有变化，有哪些新的内涵，怎么从理论上去解读，怎么从实践上去落实……这些问题都值得进行持续深入的探讨。

附：

表1-1 综合素质评价政策的演进——部分文件内容要点一览

文件名	发文时间	相关内容要点
教育部关于积极推进中小学评价与考试制度改革的通知	2002	要求初中升高中的考试与招生要综合评价进行录取,并且提出学生评价主要包括基础性发展目标和学科学习目标,基础性发展目标有道德品质、公民素养、学习能力、交流与合作、运动与健康、审美与表现等六个方面。
普通高中课程改革方案(实验)	2003	提出建立发展性评价制度,具体内容是实行学生学业成绩与成长记录相结合的综合评价方式。
国家基础教育课程改革实验区2004年初中毕业考试与普通高中招生制度改革的指导意见	2004	要在17个首批初中毕业生的过家基础教育课程改革实验区,开展初中毕业生综合素质评价的尝试,评价的内容应以2002年26号文中基础性发展目标的六个方面为基本依据。
教育部关于基础教育课程改革实验区初中毕业考试与普通高中招生制度改革的指导意见	2005	初中毕业考试与普通高中招生制度改革要改变以升学考试科目分数简单相加作为唯一录取标准的做法,力求在初中毕业生学业考试、综合素质评价、高中招生录取三方面予以突破。
关于做好2007年普通高等学校招生工作的通知	2007	要逐步建立并完善高中学业水平考试和综合素质评价制度。
教育部关于普通高中新课程改革省市深化高校招生考试改革的指导意见	2008	各地要加快建设在国家指导下由各省市组织实施的普通高中学业水平考试和学生综合素质评价制度。
教育部关于深入推进和进一步完善中考改革的意见	2008	开展对学生综合素质的评价是中小学评价与考试制度改革的突破性环节,应贯穿在学生接受教育的全过程。普通高中招生要切实改变将分数简单相加作为高中录取唯一标准的做法。必须坚持综合评价、择优录取的原则,应将初中学业考试成绩和综合素质评价结果作为普通高中招生的主要依据。
教育部关于深化基础教育课程改革进一步推进素质教育的意见	2010	进一步完善综合素质评价的科学方法和基本程序,强化综合素质评价结果在高中招生录取中的作用,逐步把高中学生综合素质评价和学业水平考试的结果作为高校招生录取的重要依据。
国家中长期教育改革和发展规划纲要(2010—2020年)	2010	普通高等学校本科招生以统一入学考试为基本方式,结合学业水平考试和综合素质评价,择优录取。
教育部关于推进中小学教育质量综合评价改革的意见	2013	把学生的品德发展水平、学业发展水平、身心发展水平、兴趣特长养成、学业负担状况等方面作为评价学校教育质量的主要内容。
教育部关于全面深化课程改革落实立德树人根本任务的意见	2014	规范高中学生综合素质评价。综合素质评价主要反映学生德智体美全面发展情况,是学生毕业和升学的重要参考。
国务院关于深化考试招生制度改革的实施意见	2014	综合素质评价主要反映学生德智体美全面发展情况,是学生毕业和升学的重要参考。

文件名	发文时间	相关内容要点
教育部关于加强和改进普通高中学生综合素质评价的意见	2014	综合素质评价是对学生全面发展状况的观察、记录、分析,是发现和培育学生良好个性的重要手段,是深入推进素质教育的一项重要制度。
教育部关于进一步推进高中阶段学校考试招生制度改革的指导意见	2016	到 2020 年左右初步形成基于初中学业水平考试成绩、结合综合素质评价的高中阶段学校考试招生录取模式和规范有序、监督有力的管理机制,促进学生全面发展、健康成长,维护教育公平。
关于新时代推进普通高中育人方式改革的指导意见	2019	把综合素质评价作为发展素质教育、转变育人方式的重要制度,强化其对促进学生全面发展的重要导向作用。强化对学生爱国情怀、遵纪守法、创新思维、体质达标、审美能力、劳动实践等方面的评价。要从城乡学校实际出发,完善综合素质评价实施办法,以省为单位建立学生综合素质评价信息管理系统,统一评价档案样式,建立健全信息确认、公示投诉、申诉复议、记录审核等监督保障与诚信责任追究制度。要客观真实、简洁有效地记录学生的突出表现。 把综合素质评价作为招生录取的重要参考,并充分考虑城乡差异和不同群体学生特点,研究制订高中学生综合素质评价使用办法,提前向社会公布。

资料来源(部分参考):张治.大数据背景下普通高中综合素质评价研究[M].上海:上海教育出版社,2017.

第二章 综合素质评价政策实施与实践进展（2014 年底前）

导语：如前文所述，2014 年国务院《关于深化考试招生制度改革的实施意见》出台，将之前更多作为课程改革配套政策的综合素质评价放到了考试招生制度改革的语境中，从而客观上形成了综合素质评价政策和实践发展的一个分水岭。为此，本研究将用分章的方式，对 2014 年底前、后两个阶段的综合素质评价政策实施和实践进展情况进行梳理和呈现。本章聚焦 2014 年底之前综合素质评价在各地的实施。

第一节 各省市高中学生综合素质评价政策概况

自教育部颁发《关于积极推进中小学评价与考试制度改革的通知》（教基[2002]26 号）以来，各省市都陆续出台了中小学生综合素质评价的政策。本节将着重对 26 号文发布之后至国务院《关于深化考试招生制度改革的实施意见》（[（2014）]35 号文）发布之前，各省有关推进中小学生综合素质评价的政策文件要点和相关实践进行回溯性的综合分析。[①]

课题组搜集整理了我国大陆地区 28 个省市的高中学生综合素质评价方案或实施意见，系统分析发现，这些政策文本某种程度上具有高度的一致性，但也有多个方面的具体差别。

一、评价的指导思想和基本原则

各省市的高中学生综合素质评价方案都阐述了评价的指导思想，基本都有一句"促进学生全面而有个性的发展"，旨在通过评价促进学生全面协调发展，促进学生特长和潜能的发挥。也有省市将"促进学生全面而有个性的发展"作为评价的目的。有部分省市提出"为学生的发展奠定基础"，如广西和江西省方案提出"构建内容全面、方法科学、程序规范、结果客观的形成性评价和终结性评价相结合的评价体系，为学生的终身发展奠定基础"。一些省市提出发展性评价的目的，例如，辽宁省方案提出"发挥评价促进学生发展的功能，建立科学的高中学生发展性评价体系"。还有部分省市提出"为高中学生的毕业提供依据，为高校招生提供参考信息"。

---

① 本节由王湖滨执笔撰写，统稿时略有删减、调整。

27

各省市的方案基本都阐述了开展高中学生综合素质评价的基本原则。基本上所有省市的方案都提到了导向性、全面性、发展性、客观性和可操作性原则，还有一些省市提出了过程性、自主性、激励性、公平公正性、民主性等原则。导向性原则是通过评价引导学校落实科学的学生发展观，推动素质教育和高中新课程实验工作，促进学生素质的全面发展，发展和完善学生评价体系；全面性原则指要着眼于学生的成长过程和整体表现，实施动态的、综合的、完整的、全面的评价；发展性原则要求关注每一个学生的发展现状及未来发展，使学生认识自身发展需求，明确自己的努力方向；客观性原则指确保对学生的评价全面、客观、具体、实事求是；可操作性原则要求评价操作要简便易行，评价的指标体系要合理全面，有较强的可操作性。

以上这些原则其实是大部分省市评价方案普遍指出的，其他一些原则虽然没有那么高的出现频率，但它们也有其合理性和针对性。例如，过程性原则要求关注学生成长历程，把日常评价、成长记录与学科模块测试结合起来，把纸笔测试与平时作业、课堂表现、情景测验、行为观察、实验操作等结合起来，实现评价方式多样化；自主性原则要求在实施高中学生综合素质评价的过程中，引导每个学生积极、主动地参与评价活动；激励性原则要求评价工作要引发学生的学习愿望和责任，帮助学生树立学习的自信心，激发学生的学习积极性，促使学生改进自己的学习行为和学习方式，激励他们不断进取；公平公正性原则要求评价必须要严格程序，公开透明，严谨操作，完善各项监督机制，加强过程监控和管理，保证评价工作的公平性和实效性；民主性原则要求加强学生之间、教师和家长之间的对话与交流，开展有效的学生自评、互评和教师评价，及时反馈，增进理解与沟通，营造良好的民主氛围。

二、评价内容和评价标准

(一) 评价内容

各省市高中学生综合素质评价的内容不尽相同。有些省市采用最简单的做法，就是将评价内容界定为教育部规定的六个基础性发展目标：道德品质、公民素养、学习能力、交流与合作能力、运动与健康以及审美与表现。有些省市对六个基础性发展目标进行了调整，例如，有的省将道德品质和公民素养合二为一，叫作思想道德；有的省增加了一些维度，例如，安徽省和青海省增加了实践与创新维度，河北省增加了创新与发现维度。另外，有些省市对基础性发展目标的改动较大，例如，广东省将基本素质评价的内容包括道德素养、文化素养、综合实践、身心健康和艺术素养。

还有些省市的评价内容不局限于基础性发展目标。有的省市参考教育部给出的基础性目标和学科学习目标两方面的内容，例如，北京将评价内容分为基础指标和发展指标，广东省、江西省和辽宁省评价内容包括学生学科学习目标和基础性发展目标，贵州省和云南省将其分为基本素质评价和个性发展评价两大部分。有些省市的评价内容包含更多维度，除了基本素质评价外，一般还有模块修习评价、综合实践活动评价和学业水平评价等，例如：

表 2-1　部分省市高中学生综合素质评价内容

省市	评价内容
广东	模块修习记录 基本素质评价 实验操作考查 信息技术等级考试
河北	模块修习评价 学业水平评价 综合实践活动评价 基础素质发展评价
宁夏	模块修习情况评价 基本素质发展状况评价 综合实践活动评价 高中阶段综合素质终结性评价
青海	模块修习情况评价 基本素质评价 综合实践活动评价 高中阶段综合素质终结性评价
天津	模块修习评价 学业水平考试评价 综合实践活动评价 基本素质发展评价

　　另外还有个别省市评价内容的表述与以上这些都有较大的不同,例如,浙江省的综合素质评价包括项目测评和综合评语,项目测评包括审美与艺术、运动与健康、劳动与技能、探究与实践等四个方面,综合评语主要对学生在道德品质、公民素质、情感态度、合作精神等方面的表现进行纪实性描述。上海在《上海市中小学生综合素质评价方案(试行)》中将综合素质评价的一级指标分为德、智、体、美四个方面。

　　各省市根据以上评价内容的划分确定了综合素质评价的指标,一般多为三级指标。各省市三级评价指标由各地区自行确定,因此这些二、三级指标之间的差别很大。其中,陕西省的评价方案指出了"在实施方案试行期间,综合素质评价表中六个维度的二级指标中的'其他'项内,市县和学校可以根据各自实际情况增加内容适当的三级评价指标,并设立相应的观测点,不断完善全省普通高中学生综合素质评价的内容",给予地区和学校在评价指标上一定的自主权。

　　(二)评价标准

　　各省市在确定了具体的评价内容和评价指标后,一般都规定了相应的评价标准。学生综合素质评价的结果一般有等级评价和描述性评价,其中等级评价的标准比较容易确定。大部分省市在教育部规定的六个基础性发展目标上都采取等级评价,其评价方案一般都指出了各个等级的评价标准,多数评价方案还对部分等级的比例作了规定。

但考虑到不同评价内容的性质不同,许多省市对不同评价内容的等级划分是不一致的。例如,安徽省将"公民道德素养"分为优秀、合格、不合格三个等级,其他五个方面均分为 A、B、C、D 四个等级。福建省的评价方案规定,"道德品质""公民素养"和"审美与表现"的评价结果以优秀、合格、尚待改进三个等级呈现,"学习能力"和"交流与合作"的评价结果以 A、B、C、D 四个等级呈现,"运动与健康"的评价结果以良好、一般、差三个等级呈现。河南省和江苏省规定,道德品质、公民素养、审美与表现方面的评价,凡符合基本标准者,评为"合格",有突出问题、不符合教育部规定的基本标准者,可暂时不评等级,但要将突出问题如实记载,学习能力、交流与合作、运动与健康等方面的评价分为 A、B、C、D 四级。黑龙江省规定,道德品质、公民素养、交流与合作能力评价结果设定为基本达到要求(记为 C)和尚需努力(记为 D)两个等级;学习态度与能力、运动与健康、审美与表现评价结果设定为优秀(记为 A)、基本达到要求(记为 C)和尚需努力(记为 D)三个等级等。总体而言,多数省市认为道德品质、公民素养和审美与表现等方面,由于自身性质不同于学习能力等内容,因此不需要设置与学习能力等方面同样多的等级。

另外有些省市对所有评价内容不同方面的等级是一样的。例如,甘肃省对评价指标的等级划分都是优秀(A)、良好(B)、合格(C)、尚待改进(D)四个等级;江西省规定道德品质、公民素养、学习能力、交流与合作、运动与健康、审美与表现六个维度的评定结果均分为 A(优秀)、B(良好)、C(合格)、D(待发展)四个等级呈现;宁夏规定学生基本素质发展状况评价的五个方面,满分均为10 分,赋分成绩分为 10 分至 1 分共 10 个分数段,赋分中不能出现小数点,评价最终结果分为 A、B、C、D 四个等级,分别代表优秀、良好、合格、不合格。

当然,各个省市对其规定的等级作了说明。这些说明的详细程度并不相同,较为详细的等级描述包括对等级本身的描述,如何确定同一维度中不同项目有不同等级时该维度的最终等级等。

三、评价的组织与实施

(一) 评价的组织

各省市在评价组织上的规定是比较统一的,一般都规定:普通高中学生综合素质评价工作由学校组织实施,校长是实施普通高中学生综合素质评价的第一责任人。学校要成立综合素质评价工作委员会、年级评价工作小组和班级评价工作小组,要依据本方案,结合学校实际,制订学校综合素质评价工作实施方案和细则。此外,多数方案都规定了班级评价工作小组的人员构成,例如,湖北省规定班级成立综合素质评价工作小组,成员由班主任、任课教师、学生代表组成,班主任任组长。评价小组的人数以 5—7 人为宜,其中教师代表须是本班任课教师(授课的时间不得少于 1 年)。

(二) 评价的实施

基本上所有省市的评价方案都根据评价的主体将评价方式分为学生自评、同伴互评和教师(任课教师和班主任)评价,有一些省市还包括了家长评价、学校评价和社区评价等方式。甚至有一些省市详细规定了这些评价方式所占的比重。例如,安徽省规定学生自评占 10%,学生互评占 40%,教师评价占 50%;湖北省规定学生自评占 30%,学生互评占 70%;山东省规定根据教师对学生的评定和学生互评中每个维度的得分,按照"最终总分＝(教师评价分数＋学生互评分数)÷ 2"的公式计算出每个维度的最终得分,并根据得分与等级之间的转换原则,转换成相应的等级。

有些省市,在不同评价内容上,不同评价主体所占的比重也有所不同。例如,宁夏规定在基本素质发展状况评价中学生自评占 20%,学生小组评价占 30%,教师评价占 50%;在研究性学习评价中,学生自评占 30%,学习小组评价占 30%,教师评价占 40%;在社区活动评价中,学生自评占 40%,同伴评价占 30%,辅导教师评价或服务对象和家长评价占 30%。青海省也规定,各评价主体在评价中的权重根据评价项目的不同可作适当调整,其中学生自评权重不得低于 10%、学生互评权重不得低于 30%,例如,"道德品质与公民素养"可规定学生自评占 10%、学生互评占 50%、教师评价占 40%,并可适当提高学生互评的比重。

根据这些不同的评价主体,有部分省市规定了评价的过程。例如,安徽省规定,班级开展评价的基本程序是组织培训→学生展示实证材料、自我陈述→学生自评→学生互评→教师评价→合成评价等级数据→填写综合性评语。河南省规定,班级开展评价的基本程序是学生自评→同学互评—教师评价→合成评价等级数据→填写综合性评语。湖北省规定,综合素质评价按学生自评→学生互评→班级审查→年级审核→学校认定的步骤进行。

多数省市的方案将"学生成长记录袋"作为综合素质评价的载体,有的省市也叫"综合素质发展记录袋""学生成长档案袋""学生成长记录册""学生综合素质评价报告手册""高中学生综合素质成长记录袋"等。一般评价方案规定,学生是成长记录的主要记录者,教师应指导学生建立成长记录袋。成长记录袋应收集学生道德品质、公民素养、学习能力、交流与合作、运动与健康、审美与表现等六个方面突出表现的材料,包括学生的自我评价,典型行为与事件,最佳作品(成绩记录及各种作品),研究性学习、社区服务、社会实践活动记录,体育与文艺活动记录,获奖情况,教师、同学的观察和评价,来自家长的信息,考试和测验的信息等。

一般而言,各省市的综合素质评价都采取阶段性评价和终结性评价相结合的方式,既规定每学期或学年结束时学校要对每个学生进行阶段性评价,毕业前要根据每学期或学年评价结果作出总评。部分省市还对不同年级评价在总评中所占的比重作出了规定。例如,安徽省规定,基础性发展目标等级按高一占 30%、高二占 30%、高三占 40%的比例合成,相关实证材料直接汇总,最终形成《安徽省普通高中学生综合素质评价总评表》。宁夏规定,三年总成绩中,第一学年成绩权重为 30%,第二学年成绩权重为 30%,第三学年成绩权重为 40%。青海省规定,基础性发展目标等级按高一占 30%、高二占 30%、高三占 40%的比例合成。

四、评价结果的使用和制度保障

(一) 评价结果的使用

在评价结果的使用上,各省市一般都规定了两点:一是作为高中学生毕业的基本依据,二是作为高等学校招生录取的依据。此外,还有部分省市提出,评价结果为开展教师教育教学效果评价、学校办学水平和办学效益评价等提供依据,作为学生在校期间参与评优工作的依据,作为学生自我认识、自我提高以及教师改进教学的依据,学生参加高校自主招生和面试时将学生成长记录袋作为参考,学生综合素质评价结果在全省普通高中之间相互承认等。

(二)评价的制度保障

各省市都认为综合素质评价需要许多制度来保障,包括建立和完善评价工作的公示、诚信、监督、申诉等制度,确保综合素质评价工作公开、公正、公平、科学地进行。

大部分省市都要求对学校的综合素质评价细则和学生的综合素质评价结果进行公示。福建省规定,要向学生及其家长解释并公示普通高中学生综合素质评价的内容、方法、程序及评定结果的使用;云南省规定,学校要将学生综合素质评价结果在校园内公示7天;安徽省规定,公民道德素养方面评为优秀或有其他基础性发展目标评定等级为A的学生,其名单要在全校张榜公示一周,接受学生的质询并给予答复。

诚信制度是综合素质评价的重要保证。各省市的评价方案大多对诚信制度有所规定和要求,一般规定各地要建立普通高中学生综合素质评价诚信制度,各级教育行政部门、学校要为学生综合素质评价者、学生本人等建立信用记录。如果在评价过程中出现弄虚作假行为,应在当事人的信用记录中予以记载,并在本地通报批评,情节严重的报省普通高中学生综合素质评价项目组,视其情节给予通报批评、警告、取消教师资格等。学生的诚信记录作为高等学校招生录取的重要参考。

对综合素质评价的监督也是必不可少的。例如,河南省规定,学校要对本校综合素质评价工作进行监督和指导,要随时抽查年级或班级评价工作的进展情况,及时解决评价工作中存在的问题并提出改进意见。每学期评价工作结束后,学校要形成评价工作报告,报教育主管部门。教育主管部门要对所属学校综合素质评价工作进行不定期监督检查,对评价结果的真实性和有效性进行核查。

申诉制度也有相关规定。如果学生对评定结果存在异议,可向学校评定委员会提出申诉或举报。例如,广西规定,若学生及其家长对评价结果有异议,应以书面形式在公示期间向学校综合素质评价工作领导小组提出申诉或复议,学校综合素质评价工作领导小组应在收到申诉之日起15日内给予书面答复。假如,学生及其家长对学校综合素质评价工作领导小组的复议仍有异议,可以通过正常的途径和程序向当地教育行政主管部门反映。

此外,还有一些省市提到培训制度、责任追究制度、档案管理制度等。例如,安徽省规定,各地要采取切实可行的措施,保证每一位参与综合素质评价的人员得到及时有效的培训,提高有关人员的职业道德水平和综合素质评价能力。江苏省规定,在普通高中学生综合素质评价过程中,凡提供虚假材料或不按照规定程序操作的,要追究有关当事人和校长的责任,对在普通高中学生综合素质评价过程中涉嫌弄虚作假的学生,一经查实,取消其当年被高校录取资格,已被高等学校录取的,建议取消该生学籍。吉林省规定,学校要建立学生综合素质评价文本档案或电子档案,并将评价结果上报主管教育行政部门,形成教育行政部门、学校两级档案管理系统,确保评价工作的规范性和严肃性。

另外,还有部分省市提出学校应保证学生能够随时查询评价结果,对学生、家长及有关方面的合理查询或质询,要根据原始记录、原始实证给予耐心、透彻的答复。

五、评价的困境与问题

(一)对综合素质评价的认识仍存在分歧

学者普遍认为目前大家对综合素质评价的认识不到位,这是导致综合素质评价陷入困境的重要原因。学生、教师、家长、学校和社会还停留在"成绩至上"和"升学率第一"上,因此,综合素质评价不能得到应有的重视。在学生全面发展的理想与学校注重高考升学率的现实的矛盾之下,学校和教师认为综合素质评价结果如果不被高校招生时使用或将其仅作参考,则毫无意义。此外,由于各项宣传工作力度不够,家长和社会对这一评价制度也大多停留在观念层面,对其缺乏一定的了解。

高霞在分析影响综合素质评价有效性的因素时,认为各方利益相关者对综合素质评价的认识不一、重视不足,是影响其有效性的最主要因素。具体内容包括:从学生层面来看,由于现阶段发动综合素质评价借助的是学生对高考的需要,学生普遍只把综合素质评价当作进入高校的跳板,因此参与综合素质评价的积极性并不是自发形成,而是重压之下被迫产生。从学校层面来看,由于某些学校领导、教师受一些传统的教育思想和教育理念的影响,认为对学生来说,基础知识的积累、学习技能的培养才至关重要,而所谓的学生情感、态度、价值观都是一些模糊的、不可捉摸的概念,所以除了考试评价以外,他们仍然习惯用道德评价代替综合素质评价。从教育行政部门层面来看,虽然推行综合素质评价的初衷是促进学生的全面发展,但教育行政部门现在面临的问题是学校、学生、家长等利益相关方的重视不足。[①]

(二)评价方案本身仍有这样那样的局限

许多学者指出目前各个省市的评价方案本身存在很多不足。首先,根据前一部分的分析,我们可以看出各省市的评价方案还是有高度的一致性。"根据可公开查询的26个省市高中综合素质评价方案分析可以发现,各省市在评价内容、评价原则、评价主体及评价结果运用方面表现出高度的相似。然而,任何一种制度,如果过于强调统一性,就必然会忽视地区、个性的差异,会加剧教育的不公平,甚至会淡化学校特色。"[②]郑海红也认为评价方案存在问题:评价方案的行为表述不到位,评价主体的职能表述不到位和未产生评价活动的导向作用。[③]

前一部分梳理了各省市评价方案中综合素质评价的基本原则。可以说,这些原则也是高度

① 高霞. 高中综合素质评价的有效性探究———以江苏省为例[J]. 教育教学论坛,2012(38).
② 罗祖兵,吴绍萍. 高中综合素质评价统一性的问题及其对策[J]. 教育科学,2011(4).
③ 郑海红. 我国高考综合素质评价问题研究[D]. 徐州:江苏师范大学,2012.

统一的。有学者认为,这些基本原则存在异化的问题:发展性原则得不到体现,主体性原则得不到落实,导向性原则得不到呈现,差异性原则得不到重视和操作性原则得不到贯彻。①

就评价内容和评价指标而言,虽然各个省市的二三级指标都不尽相同,但是在基础素养评价上都基本按照教育部规定的六个方面的基础性指标而定。"统一的评价基础指标,抹杀了城乡学生的差异,造成新的不公平。普通高中综合素质评价以省为单位统一进行。综观全国各地普通高中综合素质评价的内容和标准,没有一个省市提出区域差异,只要是本省内的高中学生,通用一个评价标准。"②另外,评价指标也颇为学者们诟病。郑楠在其硕士论文中指出评价指标不尽合理,表现为:部分评价要素模糊,缺乏指向性;评定等级标准设置不合理、区分度不高;实证材料界定不清;评价测评点过于繁琐,增加教师负担;相同评价指标对不同区域学生的不公平性。③

评价方案的可操作性不强是许多学者提出的问题。李宝庆指出操作性问题有三个方面:具体评价指标难以测量,评价的操作客观性难以保证和等级评定过程繁复。④ 也有学者指出综合素质评价中存在实践操作性与指标模糊性的矛盾,认为当前的综合素质评价存在非常大的模糊性,主要体现在评价内容和评价标准上。因为人的素质由许多复杂的成分构成,许多内容,尤其是在非认知因素、思想道德品质和心理健康水平等方面,还缺乏科学有效的技术手段,因此,现行的综合素质评价操作性不强。另外,现行的综合素质评价一般采用等级评价和评语描述两个方面,而对于"A""B""C""D"不同等级评价标准的界定也比较模糊。⑤

(三) 配套技术与制度仍显不足

到综合素质评价实施层面,综合素质评价需要相应的技术和制度的支持。崔允漷和柯政认为,配套技术与制度不足体现在三个方面:测量、计分问题,管理的问题,以及诚信与监督机制的问题。测量和计分问题中,包括行为样本的选择问题,评价结果的呈现形式问题和评价结果的叠加汇总问题;管理问题首先表现在如何建立一套专业、负责、有序的管理机制问题,其次是如何避免简单化,去专业化的管理措施问题;诚信与监督机制的问题是在文件中的许多制度保障多停留于纸面,流于形式,并没有落实到实践操作中,造假的现象仍然比较突出。⑥

还有许多学者提到培训制度的缺失。高中学生综合素质评价对教师而言是一种全新的评价方式,因此需要对教师进行相应的培训。学生综合素质评价改革的理论、理念乃至方法很多是从国外引进的,如"成长档案袋评价""发展性评价""形成性评价""多元评价"等新名词,作为实践者的教师需要经过具体操作规程的学习与培训才能在评价实践中正确地理解这些评价理论……"许多教师的观念没有从应试教育背景下分数评价模式中转变过来,一时不能适应新的改革趋

① 符太胜,谢章莲.高考改革中综合素质评价的两难困境与政策建议[J].教育理论与实践,2011(2).
② 谢曼,黄纯雁.高中生综合素质评价的多视角探索[J].考试研究,2013(3).
③ 郑楠.安徽省普通高中学生综合素质评价研究[D].芜湖:安徽师范大学,2011.
④ 李宝庆,樊亚峤.高中学生综合素质评价方案:问题及改进[J].教育发展研究,2012(10).
⑤ 罗祖兵,邹艳.高中综合素质评价的矛盾探析[J].教育理论与实践,2013(8).
⑥ 崔允漷,柯政.关于普通高中学生综合素质评价研究[J].全球教育展望,2010(9).

势,对运用新的发展性评价如表现性测试、真实性评价以及学生成长记录袋评价等技术手段来衡量学生的成长很不熟悉、不理解,不能很好地把握评价尺度,致使学生综合素质评价实施过程中有效性不够"。①

(四)评价的主观因素较多,实证依据较欠缺

部分学者认为,评价的主体过多,因此导致的主观因素太多,会影响综合素质评价的可信度。郑楠在其硕士论文中指出,以学生为主的评价方式流于形式,具体表现为评价依据不足和以学生为主体的评价缺乏公平性。②"评价主体的过分多元化,从某种程度上减轻了主体责任,并易流于形式或形成误导。在评价过程中,如果教师、学生和家长不能正确认识综合素质评价的目的与作用,而仅将其作为教育选拔的一种工具,就极容易导致他们滥用权力。例如,家长和学生在自评时自我拔高、在他评时故意打压,以及教师根据与学生的亲疏关系、对学生的喜爱程度等来进行评价等现象都是权力滥用的表现。"③

综合素质评价一般都要求用学生成长记录袋记录学生的成长轨迹,综合评语需要有实证材料证明。但目前为止,教师、学生和家长还没有这种搜集实证依据的意识,因此评价中的实证依据十分缺乏。"由于学生没有时间参加综合实践活动,也没有什么课外活动,所以就缺少相应的活动资料。到综合素质评价需要提供材料时,只有临时拼凑,其中许多材料都是假的,学校对此也只能睁一只眼闭一只眼。"④当然,现在随着素质教育的开展,学生的校内外活动变得越来越丰富,现在更可能的问题不是学生没有时间参加这些活动,而是参加了这些活动后没有及时做记录和保留材料。学校的综合素质评价多是集中突击的,给学生填写和记录的时间非常有限,再加上参加的活动没有及时做记录并保存,因此学生成长记录袋中就缺少有价值的实证材料。

(五)评价结果未能在高校招生中得到有效运用

评价结果如何使用是大家都高度关注的问题。目前基本实行综合素质评价与高校招生"软挂钩",目的是通过与高招挂钩来推行综合素质评价。但从实际结果来看,大家普遍感觉综合素质评价的结果在高招中难以起到实质性的作用。

有学者指出了评价的发展功能与甄选功能的矛盾。"如果只强调综合素质评价的发展功能而不强调其选拔功能,那么,人们对综合素质评价就不会重视;如果仅强调其选拔功能,又会导致评价过程弄虚作假……目前,综合素质评价与高考实行'软挂钩',这是由我国国情所决定的。因为在大的诚信环境没有建立起来之前,将综合素质评价结果与高考'硬挂钩'只会产生更多的不公平与腐败现象。"⑤

也有学者从综合素质本身出发寻找其不能在高校招生中得到有效运用的原因。"等级评价是

---

① 宋红艳. 普通高中学生综合素质评价实施研究——以山东省三所高中为个案[D]. 青岛:青岛大学,2011.
② 郑楠. 安徽省普通高中学生综合素质评价研究[D]. 芜湖:安徽师范大学,2011.
③ 谢曼,黄纯雁. 高中生综合素质评价的多视角探索[J]. 考试研究,2013(3).
④ 罗祖兵. 以改革精神做好高中综合素质评价[J]. 基础教育参考,2011(8).
⑤ 罗祖兵,邹艳. 高中综合素质评价的矛盾探析[J]. 教育理论与实践,2013(8).

一种高度概括化和定量化后的结果,而评语也多流于形式,缺乏实质性、针对性内容。两者都没有给高校招生部门提供更多更有价值的关于学生的成长信息。学生综合素质评价在招生中应有的作用也没有真正发挥出来,这在一定程度上直接制约了学生综合素质评价在高中的深入推进。"①

六、对相关方案政策完善的对策建议

(一)完善评价方案,增强可操作性,提高区分度

各省市的评价方案基本都是试行,因此还有改善的空间和可能。评价方案是各个地方和学校开展综合素质评价的指导性文件,它的完善有助于进一步推进综合素质评价工作。同时针对评价方案操作性不强和区分度不高的问题,我们还需要提高评价的可操作性和区分度。

在评价内容上,目前的分类有待完善。个人的综合素质到底包括哪些方面,我们应从哪些维度、设计哪些具体指标去评价一个人的素质,这些都是需要今后进一步研究的。还有学者认为应该加强评价内容的选择性。"综合素质评价内容具有全面性的目的在于让不同地方、不同学生拥有更多的选择性……在进行综合素质评价时,只要学生其中一项(或几项)做得特别好而其他方面没有问题就可以得'优',而不是要求学生在所有方面都做得特别好才能得优。否则,就会导致学生为了得到所谓的高评价去'扮演'相应的行为,进而违背了教育的本意。"

有很多学者认为评价指标有问题,因此优化评价指标是必须要做的一件事情。郑楠认为优化评价指标可以从以下几方面展开:明确评价内容和标准,完善评价方案;评价内容和标准要人性化;明确评价标准、增加区分度;加强实证材料的规定。② 江家发和杨晶认为,优化评价指标应该从三个方面入手:加强指标体系的细化研究,评价指标应体现发展性原则,以及评价指标应具有可操作性。③

就评价标准而言,有学者认为,应该将"表现性标准"与"完成性标准"相结合,具体可以采用"专题作业评价"与学生的"成长记录袋"结合的方式来进行,并认为"绿色指标"将学生的表现性成就和完成性成就较好地结合在一起,这一做法为高中阶段学生综合素质评价方案的评价标准改进提供了一个很好的参考。④

增强评价的可操作性是一个刻不容缓的问题。综合素质评价方案在实施过程中,更多地采用定性评价方法,学生作为特殊的评价对象,要求评价细则简单、便于操作。评价标准最忌讳的是一刀切,在坚持基本标准的基础上,能将不同水平的学生区分开来。

(二)综合素质评价与日常教学相结合

大部分学者认为,综合素质评价与日常教学不应该是相互独立的,综合素质评价需要过程性的评价,因此将其与日常教学结合在一起可以较好地实现过程性评价,并且可以适当减轻师生的

---

① 刘志军,张红霞.普通高中学生综合素质评价:现状、问题与展望[J].课程·教材·教法,2013(1).
② 郑楠.安徽省普通高中学生综合素质评价研究[D].芜湖:安徽师范大学,2011.
③ 江家发,杨晶.新课改视阈下高中学生综合素质评价的困境与思考[J].现代中小学教育,2013(8).
④ 李宝庆,樊亚峤.高中生综合素质评价方案:问题及改进[J].教育发展研究,2012(10).

负担,避免综合素质评价流于形式。宋红艳认为:课堂教学中所弘扬的符合素质教育要求的这些做法与学生综合素质评价的指导思想、指导原则和评价内容完全一致,如果在课堂教学中借助评价的方法再加以强化,必然可以收到相映成辉的效果。根据不同的学科特点,在教学中辅之以评价的方法:以评价促进和巩固教学的效果。[1]

有学者认为,应将评价方案与课程教学相整合,其实质并非将学生的"综合素质"与"学科素质"混同起来,而是将"综合素质"所包含的内容具体化,将其分散到学科教学中进行考察,以使原本笼统模糊的评价指标变得清晰和具体,从而增强评价方案的可操作性。[2]

崔允漷和柯政建议用"课程学习记录"来评价学生的非学术能力表现,这也是一种将综合素质评价与日常课程教学相结合的思路。所谓"课程学习记录"是指对学生在高中三年中所学习的课程以及相应的表现或者收获所做的记录。学校课程对学生的要求就已经基本涵盖了综合素质的要求。学生的非学术性能力素养的很大一部分内容其实已经包括在学校的课程体系中,只要把学生所学习的课程及其结果记录下来,那么就基本上可以代表了学生的非学术性能力。[3]

(三)建立社会诚信体系

综合素质评价需要一个公正诚信的社会环境。"要加大社会民主建设与法制建设,建立和完善评价工作的公示、诚信、监督、申诉等制度,逐步建立综合评价诚信档案库和诚信委员会,由省教育行政部门、高等院校、中学教师、新闻媒体等社会组织组成的诚信委员会,在一定期限内,依据相应的标准对各中学综合素质评价的诚信度进行评价,并向社会公布。"[4]

另外,有人认为应该以法律化来完善学生综合素质评价规则系统,使综合素质评价能够确立起自己的合法性,通过考试立法等多种渠道对综合素质评价中各类主体的不诚信行为进行界定,制定惩罚措施,使综合素质评价拥有更多变革的契机和能量。[5]

(四)加强综合素质评价结果在高校招生中的应用

鉴于目前综合素质评价与高校招生的"软挂钩",并且结果显示这种做法不能进一步促进综合素质评价,因此很多学者建议将"软挂钩"改为"硬挂钩"。虽然这种说法有一定的道理,但我们需要警惕的是,综合素质评价的目的不单单是为了高校招生,更重要的是为了促进学生的发展。"对中学而言,综合素质评价暂时未进入高校录取环节不应成为我们忽视和应付评价的借口。相反,各个中学应根据综合素质评价实施的基本原则和内容认真组织好这项评价工作,可以通过各种制度、措施,监督、保障这项工作的顺利开展,确保评价结果的客观、真实。当我们的评价工作日臻完善,评价结果更加可靠时,高校在录取时自然会参考。"[6]

① 宋红艳.普通高中学生综合素质评价实施研究——以山东省三所高中为个案[D].青岛:青岛大学,2011.
② 李宝庆,樊亚峤.高中生综合素质评价方案:问题及改进[J].教育发展研究,2012(10).
③ 崔允漷,柯政.关于普通高中学生综合素质评价研究[J].全球教育展望,2010(9).
④ 符太胜,谢章莲.高考改革中综合素质评价的两难困境与政策建议[J].教育理论与实践,2011(2).
⑤ 谢曼,黄纯雁.高中生综合素质评价的多视角探索[J].考试研究,2013(3).
⑥ 王伟宜,马斌.普通高中综合素质评价的现实困境与远景思考[J].教育理论与实践,2008(4).

最后,还有部分学者提出,要加强评价的灵活性,使之能更适合具体某个地方或者学校的需要;需要引入专业的第三方评价机构参与综合素质评价;综合素质评价标准要不断调适和再开发;提高教师的评价素质;综合素质评价应更加强调常态化、规范化实施等。

第二节 初中学生综合素质评价政策进展与实施成效

2016年9月20日,教育部有关负责人在就《关于进一步推进高中阶段学校考试招生制度改革的指导意见》答记者问时曾经说:"近些年,按照教育部要求,各地普遍指导初中学校建立起综合素质评价制度。山东潍坊、湖南长沙等地把综合素质评价结果作为招生录取依据,虽然具体方式不同,但已经纳入招生录取的体系中,取得了积极效果,为开展更大范围的试点提供了有益经验。"[①]课题组在课题研究过程中,曾先后于2015年10月赴湖南长沙、2016年5月赴北京、2018年6月赴山东潍坊等地进行了深入的实地调研,包括拜访当地教育行政部门、教育科研机构、代表性学校等,对三地初中学校开展学生综合素质评价的情况进行专题调研。本节将结合上述调研和课题研究情况,对2014年底之前北京市、山东省潍坊市、湖南省长沙市等部分地区初中学生综合素质评价的实施进行分析呈现。

一、北京市初中学生综合素质评价概况

北京自2006年开始试行初中生综合素质评价,在各区县和学校探索并积累了若干成功经验和做法的基础上,于2012年对《北京市初中学生综合素质评价方案(试行)》(京教基〔2006〕9号)进行了修订,形成了《北京市初中学生综合素质评价方案(修订)》(京教基〔2012〕7号)(以下简称《评价方案》),旨在"把初中学校实施学生综合素质评价的典型经验以及高中学校的成功之处通过文件固化下来,并有所发展"。

(一)修订版增加的重要内容

修订版的《评价方案》除了指标体系、评价组织和实施的表述更加严密和与时俱进之外,还有以下两大变化。

一是增加了评价工作的"指导思想"。《评价方案》将初中学生综合素质评价的指导思想界定为:"初中学生综合素质评价以科学发展观为指导,通过对学生进行全员、全方位、全过程评价,促进德育、智育、体育、美育有机融合,引导干部教师以综合素质评价内容为重点,促进学生综合素质的提升",强化"引导干部教师"的表述,旨在"引导学校正确理解和认识学生综合素质评价在学校工作中的地位"。《评价方案》进而将"评价目的"拓展为:"引导学生自我认识、自我规划、自我

---

① 教育部.推进中考 改革发挥正确导向 促进素质教育实施——教育部有关负责人就《教育部关于进一步推进高中阶段学校考试招生制度改革的指导意见》答记者问[EB/OL].(2016-09-20)[2019-01-24]. http://www.moe.gov.cn/jyb_xwfb/s271/201609/t20160920_281636.html.

教育,明确发展方向,促进每个学生在原有基础上的全面而有个性的发展";"促使教师树立正确的教育质量观、发展观、学生观和评价观,转变教育教学行为和方式,运用科学的教育评价理论和方法对学生综合素质进行评价,引导和帮助学生发展";"引导家长和社会逐步形成科学的人才观念,营造有利于学生发展的家庭和社会舆论氛围,为学生的发展提供支持和服务"。

二是提出研发统一的"北京市基础教育阶段学生综合素质评价电子平台"。《评价方案》提出研发统一的市级电子平台,旨在"利用电子化的方式实现操作的便捷性和简约性,有利于不同评价主体及时、全面地了解学生的成长过程和记录评价信息"。《评价方案》就市级统一电子平台开发可以对评价方式和结果呈现产生的实质性影响也进行了规定,包括:"在形成性评价实施过程中,修订了原方案中的平时评价、期中评价、期末评价和学期评价实施办法,尤其是小组评价方式和多主体评价结果的整合方法,新方案提出以学期为时间单位的评价,由学生、同学、班主任、任课教师和家长等评价主体随时登录电子平台对学生进行评价,并提倡多使用以事实描述为主的评语评价,淡化等级评价方法的应用",而"关于初中毕业生终结性评价结果的呈现,修订了原方案提出的对几年来形成性评价结果整合的方式,提出依据电子平台上的形成性评价结果,按要求由几项关键内容生成每个学生的《北京市初中毕业生综合素质评价报告册》"。[①]

(二) 主要评价内容

评价内容由基础指标和发展指标两部分构成。基础指标是初中学生应具备的基本素质,是所有初中学生都应达到的目标,包括思想道德、学业成就、合作与交流、运动与健康、审美与表现等五方面。发展指标旨在引导学生个性发展,包括特长和有创意的成果及实践等。

表 2-2 北京市初中学生综合素质评价指标体系

一级指标		二级指标	三级指标
基础指标	一、思想道德	J1.道德品质	● 道德意识 ● 道德行为
		J2.公民素养	● 公民意识 ● 公民行为
	二、学业成就	J3.知识技能	● 各学科基础知识和基本技能水平 ● 在相关学科和实际生活中的应用水平
		J4.学习能力	● 问题解决能力 ● 信息能力 ● 反思能力 ● 探究能力
		J5.学业情感	● 学习态度 ● 学习兴趣 ● 学习意志

[①] 北京市基础教育阶段学生综合素质评价推进项目组. 对《北京市初中学生综合素质评价方案》(京教基〔2006〕9号)的修订说明[Z]. 2012.

一级指标		二级指标	三级指标
	三、合作与交流	J6. 自我认识	● 认识自我 ● 调控自我
		J7. 人际交往	● 尊重他人 ● 信任他人 ● 关心他人
		J8. 适应环境	● 适应学习环境 ● 适应社会环境
	四、运动与健康	J9. 体育锻炼	● 体育锻炼的习惯 ● 体育锻炼的方法
		J10. 卫生与保健	● 卫生与保健的习惯 ● 卫生与保健的方法
		J11. 体质健康	● 身体形态
			● 身体机能
			● 身体素质
	五、审美与表现	J12. 感受美	● 对美的感受能力
		J13. 欣赏美	● 对美的欣赏水平
		J14. 表现美	● 对美的表现能力
发展指标	六、个性发展	F1. 特长	● 学科特长 ● 体育与艺术特长 ● 其他特长
		F2. 有新意的成果	● 活动成果 ● 设计与制作成果 ● 其他成果

（三）评价方式方法

北京初中学生综合素质评价遵循发展性、过程性、激励性和自主性原则,引导每个学生积极、主动地参与评价活动,自主地选择研究性学习、个性特长等方面的评价内容和评价方式,通过自主评价实现学生自我认识和自我教育。

评价采用绝对评价、相对评价和个体内差异评价相结合的评价标准体系,突出个体内差异评价标准的运用。绝对评价反映学生与客观标准的差距,相对评价呈现学生在集体中的相对位置,个体内差异评价则是在充分认识学生成长环境的基础上将学生的现在与过去进行比较,或者对学生若干侧面进行比较。通过综合运用多种评价标准对学生进行评价,使不同认知水平、不同个性特点的学生都能在原有基础上得到提高,引导学生自信地发展。

评价主体包括学生本人、同学、班主任、任课教师和家长等,根据评价主体对评价对象的了解程度,设计不同评价主体的评价内容,以保证评价结果的有效性。评价既重视观察、访谈、论文式测验等定性评价方法的使用,也坚持纸笔测验等一些定量评价方法的使用;既重视社会实践、实际操作等评价方法的使用,也强调模拟实践、情景测验等评价方法的使用;既重视使用以评语表示评价结果的方式,也关注用数量表示评价结果的方式;既重视书面评价、口头评价方式的使用,也体现情感、行为动作评价方式的使用,以获得最佳评价效果。

(四)电子平台实现

北京市初中学生综合素质评价电子平台系统主要由"认证中心""数据中心"和"系统平台"组成。综合素质评价系统是北京市教育管理信息系统的重要组成部分,系统实行市级统一存储,分权限管理,与北京市中小学管理信息系统(CMIS)实现数据融通和共享。

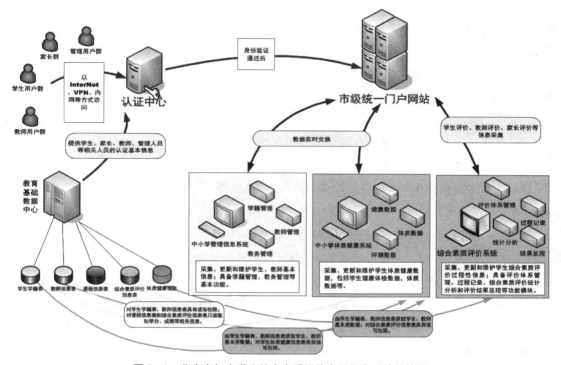

图 2-1　北京市初中学生综合素质评价电子平台系统结构图

初中学生综合素质评价电子平台系统,为八类用户——学生、任课教师、班主任、学生家长、教务老师、系统管理员以及区县和市级项目成员,设置了不同的权限。平台系统从技术层面实现了集采集、存储、传递、汇总和应用为一体的功能,可以采集、更新和维护学生综合素质评价过程性信息以及综合素质评价统计分析和评价结果呈现、传递,进而为市、区、校提供学生综合素质评价的成功经验和典型案例,并为学生提供展示交流平台,还可对数据进行统计、分析,挖掘数据中的规律,从而为教育质量监控提供信息依据。

(五)评价结果的呈现与应用

北京初中学生综合素质评价结果的呈现包括两个方面:形成性评价结果和终结性评价结果,

针对两类不同结果的应用略有差异。

形成性评价结果：形成性评价是在日常教育教学活动过程中对学生综合素质的行为表现所进行的评价。初中学生综合素质形成性评价结果，根据初中学生综合素质评价指标体系，以书面评语（学生本人、同学、班主任、任课教师、家长等）、成长记录袋、学科考试成绩、学生体质健康标准测试成绩、综合实践活动成果和个性特长成果等内容呈现，并按要求记录在电子平台的相应栏目内。其应用主要有三个方面：一是使学生本人、家长以及教师能及时、全面地了解学生综合素质的发展水平；二是为学校改进教育教学，教师有针对性地教育引导学生、帮助学生提高综合素质提供参考信息；三是为学生和家长确定学生综合素质进一步发展的目标和方向提供参考依据。

终结性评价结果：终结性评价是在学生初中毕业时对其综合素质进行的具有鉴定功能的评价。初中学生综合素质终结性评价结果，依据学生电子平台上的形成性评价结果，由个性发展自我评价、特长及成果、班主任评语、《北京市初中学生课业考试（考查）成绩登记表》、《国家学生体质健康标准登记卡》、《北京市中学生健康体检表》等内容构成，按要求生成《北京市初中毕业生综合素质评价报告册》。其应用主要也有三个方面：一是为学生和家长选择适宜于学生发展的学校以及在高学段学校更好地学习提供参考；二是为高学段学校招生及新生入学后开展有针对性的教育提供参考；三是为开展区域教育质量监控与评价提供信息依据。

（六）市区校整体推进机制

课题组曾对北京初中学生综合素质评价进行过专题调研，[1]调研过程中对初中学生综合素质评价的组织实施，尤其是"市区校整体推进"的机制进行了重点了解。

目前，北京已经形成了市区校整体推进的行政主导、专业引领、学校实施、技术支撑的密切配合机制，建立了市、区、校三级顺畅联系的研究队伍，市一级的推进项目组、区县参与评价过程的研究人员，与学校负责综合素质评价的人员形成了稳定的网络，各层面总结固化了相应的推进策略，每年进行综合素质评价的案例评选，以及实施过程中的典型经验总结。

市级层面：项目组负责方案设计和培训，培训直接到校；和区县合作或单独进行专项调研指导；每年召开一些市区的推进研讨会，形成了定期调研交流、年度先进个人评选、典型案例挖掘推广、评价故事征集和评选、实践基地专题研究等机制。

区县层面：主要是区域的调研、培训、指导，建立了监控管理机制、典型交流表彰奖励机制、专项推进机制、学校专项督导机制等。

学校层面：认识学生综合素质评价的价值，将综合素质评价作为提升每个学生综合素质的重要手段，重点在转变观念、制定实施细则、根据育人目标细化市指标体系、引导家长和舆论支持、搭建学生综合素质展示平台，注重表彰奖励。

教师层面：探索总结实时记录的方法，分解评价任务，及时给予学生记录评价；协调好各类评

---

[1] 2016 年 5 月 22—24 日，课题组一行 6 人赴北京，对北京市教科院、北京市教育督导与教育质量评价研究中心，以及房山区教委、房山区考试中心、房山区进修学校、北京四中房山分校、北师大良乡附中等进行了专题调研。

价主体之间的沟通交流;引导学生自我反思,发现同学的优点;采用激励性评价原则,以发现学生的亮点为导向;拓展平台的功能,在填写平台的基础上,设计其他的评价方法,如记录表、记录册等;以作品作业为基础,把综合素质评价与平时课堂表现、作业表现等活动紧密结合起来。

总体来说,北京的初中学生综合素质评价,很好地调动了基层教师和基层学校对综合素质评价的重视和参与评价的积极性。一个重要的经验是转变以往评价打分的印象,让评价和教育过程结合起来,让家长、老师都感觉到综合素质评价并不是很烦琐的一件事,自然而然地完成评价,并体会到其中的价值;要让教师和学校充分认识到:综合素质评价不仅仅是促进学生发展的目标,也是重要的手段,更是一种非功利性的育人思想。基层教师在接受综合素质评价的理念基础上,会自发地创造出出乎意料的成果,不断地积累类似的先进案例,从而实现由点到面的质变性突破。北京在全市建立了 66 个基地校,通过基地校积累先进案例和"我的评价故事",老师讲如何评价学生,学生谈如何受到评价,生动鲜活,成为全国各地争相学习借鉴的样板。

二、山东省潍坊市中考改革和初中学生综合素质评价[①]

(一)潍坊市初中学生综合素质评价的发展阶段

潍坊市初中学生综合素质评价自 2004 年开始启动,发展至今大致被划分为以下三个阶段。

第一阶段是 2004—2007 年的"探索实施"时期,主要的标志性工作包括:2004 年在下辖高密市试点,将初中学生的综合实践活动课程以 10 分纳入中考成绩;2005 年在 5 个县市区推广试点;2006 年在全市 12 个县市区推广。

第二阶段是 2008—2012 年的"刚性使用"时期,主要的标志性事件包括:2008 年实现"硬挂钩",即高中学校的招生考试中使用初中学生综合素质评价结果;2009 年与语文、数学、英语 3 门学科等级等值对待;2010 年健全学生成长档案,进一步完善评价方式,推行"学期评价"和"毕业评价"结果备案制度。

第三阶段是 2013 年至今的"深化规范"时期,其中 2013 年推进"谁了解,谁评价",2014 年开始下放到初中学校,将评价权直接下放给初中学校,由最了解学生的教师、同学等进行评价。其中,"思想品德"由班主任牵头评价,"体质健康"体育教师负责评价,"艺术素养"由音乐美术教师评价。2015 年出台《工作规程》,对初中学生综合素质评价工作进行了进一步规范,例如,要求"初中学校将学生综合素质评价方案作为入校教育课程,学生毕业时初中学校公示毕业评价等级成绩,同时公示各学期评价成绩及所占比例"等。

[①] 鉴于山东潍坊市教育局和教育科学研究院在初中学生综合素质评价方面研究和实践的宝贵经验,2018 年 6 月 20—22 日,课题组一行 5 人赴山东省潍坊市进行调研学习,主要考察了潍坊市中考改革的总体设计、潍坊市初中学生综合素质评价的基本方案、潍坊市初中学校对中考改革的意见和建议、潍坊市初中学校对初中学生综合素质评价的意见和建议、潍坊市对未来中考和初中学生综合素质评价的考虑等五方面的内容,先后拜访了潍坊市教育科学研究院、潍坊东明中学和潍坊新华中学,分别了解市级层面的做法、经验和反思,以及学校层面的经验、问题和建议。本部分的调研报告主要由陆燕飞执笔,统稿时有较大调整和删减。

（二）潍坊市初中学生综合素质评价体系的构成

潍坊市初中学生综合素质评价体系由操作体系、保障体系和监督体系三部分构成。

图2-2　潍坊市初中学生综合素质评价体系

1. 多元化的操作体系

潍坊市初中学生综合素质评价实行的是校本化的评价体系，即：实施"一校一策"原则。结合现代教育治理体系构建，落实学校办学自主权，综合素质评价工作由初中学校按照"一校一策"的原则实施；通过课程实施予以保障，即引导学校推进基于学生综合素质发展的课程体系构建，95.3％的学校构建了丰富多元的课程体系支撑学生全面而个性发展；实施分级管理，即实行综合素质评价工作市、县、校三级联动，责、权、利分明，管、办、评分离。

从综合素质评价的实施过程和时间节点来说，评价包括三种不同的类型：

一是日常评价，是写实性的过程性评价，即以学生成长记录为载体，全面客观地收集信息，详实地记录学生各维度的成长与发展历程，主要结合学校常规管理和各类教育活动进行，在此基础上根据数据和事实进行分析判断。

二是学期评价，是总结性学期评价，用以综合考量学生在各个维度的发展情况，重点关注素养和能力的提升。学期评价是诊断性评价，综合考量学生在各个维度的发展情况，重点关注素养和能力的提升。学期评价并非日常评价的简单累加，重点看学生一个学期的发展水平和发展趋势，用以引导和改进。

三是毕业评价，是终结性毕业评价，评价结果纳入中考招生录取，与语文、数学、英语三科等值对待。毕业评价由学生初中三年六个学期的评价结果分别按一定权重累加得出，各学期的权重随年级的升高逐渐加大。坚持关注发展的原则，关注学生的成长变化。

评价方式则包括主观评价、客观评价和底线评价等三类。其中，主观评价主要是正向评价量表评价和写实记录等；客观评价主要记录课程修习情况及各类荣誉等；底线评价，主要是针对思想品德、行为规范方面的基本要求，具体由学校结合实际列出学生必须遵守、不能触犯的底线行为清单,在每个学期进行评价。

2. 全流程的保障体系

评价工作的保障体系贯穿评价工作全流程。首先是建立评价工作流程,从学生入校教育开始,通过写实记录、组织评价、结果公示、签字确认、备案存档等,将日常评价、学期评价和毕业评价贯通为一体。

其次是完善评价工作制度,包括方案制定、诚信承诺等事前保障制度,写实记录、签字确认、信息保密、信息公开、结果公示等事中保障制度,以及申诉复议、诚信问责、质量评估等事后保障制度等。

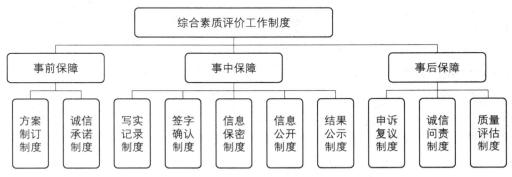

图2-3 潍坊市初中学生综合素质评价工作制度

其中,方案制定的流程包括:拟定初步方案—征求各方意见—根据意见修订—模拟评价—方案修改—学校评价委员会审议—报教育部门备案—上传网站公开—根据方案实施等环节;入学教育则自初一入学时,初中学校就要通过开学第一课、家长会、给家长的一封信等多种方式,向学生家长宣传学生综合素质评价方案及其结果的使用,确保家长知晓率100%。学生家长知晓后在确认单上签字确认,确认单一式两份,其中一份由初中学校保存至学生毕业。

第三是建立信息化平台,确保所有记录和评价工作都在电子化信息平台上实现。

3. 多方参与的评价监督体系

初中学生综合素质评价工作的监督体系是立体化的,包括学生、家长、社会及第三方专业机构等都是重要的监督力量。在方案制定、各项活动、日常记录、材料整理遴选、结果公示、记入成长档案乃至结果纳入高中录取等各环节,学生深度参与、家长广泛参与、第三方有序参与。

(三) 潍坊市初中学生综合素质评价的内容与结果使用

潍坊市初中学生综合素质评价的内容,集中反映学生的全面发展、个性特长、规范养成、突出表现等四个方面,包括道德素养、学习能力、交流与合作、运动与健康、审美与表现、创新与实践等六个维度的19项评价要素和63项关键表现。各初中学校以全市指标框架为依据,结合各自的办学理念、办学特色、培养目标等,自主制定基于学校实际的综合素质评价方案,多维度、全方位考查学生在校三年内的发展状况。

评价结果分 A、B、C、D 四个等级。A 等级为毕业生数的 30%，B 等级为 50%，D 等级严格控制。对部分学校奖励 A 等指标，奖励比例不超过 3%。

初中学生综合素质评价的毕业评价等级，直接与高中招生录取"硬挂钩"，与语文、数学和英语三门学科等值对待。在高中招生录取工作中，通过赋权给高中学校以及多元录取等制度设计，为学生成长搭建"立交桥"。一是改变教育主管部门统一录取新生的做法，将自主招生录取权力还给高中学校。高中学校可以结合学校特色化发展和学生成长需要，自主制定招生方案，自主确定录取标准，自主录取新生。教育主管部门通过审核备案等措施，对高中学校的招生实行全程监督、指导。二是实行多元录取。改变单纯使用考试分数录取学生的方式，改为使用各学科等级组合的录取方式，实现了录取内容的多元和录取方式的多元。具体的录取方式主要有综合录取、推荐录取、特长录取等三种：

1. 综合录取

依据学业水平考试等级和考生综合素质等级实行组合录取，是最主要的录取方式，占招生计划的 85% 以上。一般语文、数学、英语和综合素质为第一组合，物理、化学、体育为第二组合，思想品德、历史、地理、生物和理化生实验操作作为第三组合，分别进行录取。每一组合内各科成绩可以等值互换。

2. 推荐录取

具备推荐资格的学生主要包括两类，一是综合素质特别优秀的学生，二是在某一学科或某一方面具有特殊才能的学生，推荐录取的学生约占学生总数的 5%。高中学校在制定招生方案时，根据本校实际和特色化发展要求，制定具有本校特色的推荐生标准，并提前向社会公布。推荐录取招生程序由学生个人申请、初中校长实名推荐、高中学校确定名单、公示备案等四个环节组成。

3. 特长录取

针对具有艺体特长或潜能的考生实行特长录取，通过这种方式录取的学生占 10% 左右。录取的主要依据以艺体特长为主，参考学业水平考试成绩、综合素质评价结果。

（四）潍坊市初中学生综合素质评价的实施成效

总体来看，潍坊市初中学生综合素质评价取得了较好的实施效果，不仅使初中学校立德树人根本任务有效落实，促进了社会主义核心价值观的培育和践行，而且也促进了学生的自我教育、自我管理，同时还促进了教育治理能力的提升和教育质量的全面提升。

对初中学校来说，学生综合素质评价的成效主要体现在下述三个方面：一是推动初中学校全面落实"立德树人"。综合素质评价结果主要来自学生每一天的表现，来自每个学期的评定情况，贯穿学生初中三年学习生活全过程。二是为学生全面发展、个性成长营造良好环境。综合素质评价为学校开设丰富多彩的课程，为教师、家长支持学生参加各种各样的活动提供了制度性保障，直接推动了课程方案的全面落实，使实施素质教育成为中小学校及家长的主动追求，中小学校园全面呈现出生动活泼的育人局面。三是大幅度提升和增强了初中学校的诚信体系建设。将综合素质评价权下放给初中学校，极大地增强了初中学校的使命感和责任感，初中学校公开透明、阳光操作成为常态。

高中学校多元录取在相当程度上进一步强化了初中学生综合素质评价的实施成效：一方面，改变了过去单一的升学通道，为学生搭建起升入普通高中的"立交桥"，尤其是推荐录取和特长录取，让某一方面有特殊才能的学生都有了升入高中的通道；另一方面，促进了人才培养模式的变革，使立德树人、健康第一、培养学生社会责任感、创新精神和实践能力等素质教育薄弱环节，全部纳入制度保障框架下。例如，体育纳入高中招生录取，并与物理、化学等值对待后，学生体质状况显著改善，2012年潍坊市区学生体质健康测试优秀率由2010年的11.6%提高到38.19%，及格率由86.6%提高到95.88%。第三，高中学校自主招生录取，保证学校能真正录取到适合学校特色的学生，为学生在高中阶段继续发展个性提供了更适合的平台，同时也为普通高中学校特色办学、多样化个性发展提供了空间和现实可能。经过几年的努力，全市高中学校分别呈现出以理科见长、以文科见长、以艺体引领、创新发明成果显著等特色发展的良好态势。

山东省潍坊市开展中考改革已经有十多年的时间，他们把学生的综合素质评价结果与高中招生硬挂钩，取得了良好的效果，做到了家长和社会对评价结果零上访。其核心经验就是将综合素质评价的责任分解，层层落实到市、县、学校、教师、学生和家长。为了保证评价结果真实可靠，潍坊市建立了包括诚信承诺、评价结果公示、评价信息公开、申诉复议、诚信追究等十余项工作制度，整个改革平稳推进。潍坊市的经验说明，只要组织得法，开展综合素质评价的写实材料和评价结果的真实性是有保障的，开展综合素质评价也是可以与社会诚信体系建设相互促进的。

三、湖南省长沙市的初中学生综合素质评价办法[①]

湖南省长沙市的综合素质评定/评价，[②]每年都会以年度文件的形式予以发布，一般是在该市年度《初中毕业生升学考试与高中招生工作实施方案》（以下简称《招生工作实施方案》）中有原则性的要求，然后会配套发布年度《初中毕业生综合素质评定实施办法》（以下简称《综合素质评定实施办法》），对具体操作要点等进行细化。

《招生工作实施方案》一般会用比较大的篇幅对综合素质评定的内容、实施、结果使用等提出要求，《综合素质评定实施办法》则具体对综合素质评定的内容、标准、评定方法和过程、结果确认与呈现、组织机构等进行细化，提出可操作性的规定。

（一）综合素质评定的内容

根据学生基础性发展目标的要求，结合长沙市初中毕业生综合素质发展的实际，初中毕业生综合素质评定按照道德品质与公民素养、学习能力、实践能力、审美与表现能力、运动与健康状况

---

① 2015年10月，课题组一行3人赴长沙就长沙市初中学生综合素质评价进行了专题调研。
② 在湖南省长沙市的相关文件中，2016年之前使用的术语一直都是"综合素质评定"，2017年以来开始调整为"综合素质评价"。

等五个维度对学生进行评定。

表2-3　长沙市初中学生综合素质评定分项评价要素和关键实证材料对照表

维度	评价要素	关键实证材料
道德品质与公民素养	1. 爱国守纪、乐观自信、讲求诚信，遵守法律法规和《中学生日常行为规范》。 2. 尊敬师长，与同学和谐相处；乐于助人，理解并尊重他人；善于倾听与分享。 3. 言行举止文明，有良好的行为习惯；能抵制不良诱惑；乐意为他人和社会服务。 4. 珍视集体荣誉，维护集体利益；积极参加集体活动。 5. 自觉维护公共卫生和公共设施；有环保意识，能积极参加环保活动。	1. 学生成长自传材料。 2. 初中三年期终评语的原始证据。 3. 参加学校集体组织的社会公益活动的原始记录〔含社区服务、社会实践活动(包括长沙晚报小记者、学雷锋活动)等记录〕。 4. 为集体争得荣誉的原始证据。 5. 为同学或他人奉献爱心、提供服务与帮助的证据。 6. 初中三年获得"优秀学生干部"或"三好学生"等奖励和违纪、违规等处分的原始证据。
学习能力	1. 学习积极努力，态度认真，能自觉完成学习任务。 2. 有好奇心与求知欲，善思明辨，大胆质疑。 3. 善于搜集信息和分析信息，通过自主、合作、探究等方式，达成学习目标。 4. 能总结与反思自己的学习过程和结果，能听取他人建议，不断改进学习方法。	7. 初中五个学期期末学业考试与考查成绩。 8. 语文口语交际终结性评价成绩。 9. 英语人机对话终结性评价成绩。 10. 适合自己的学习计划和小组合作学习记录。 11. 课外阅读的书目和学习笔记。 12. 学科竞赛获奖记录。
实践能力	1. 善于发现问题，并综合运用所学的知识和技能解决问题，具有创新意识。 2. 有随机应变的能力，能在活动过程中根据条件的变化调整方案，达成目标。 3. 有较强的协作精神与合作能力，能与小组成员共同完成任务。 4. 有较强的社会交往能力，能与相关的机构或个人联系，获得必要的支持。 5. 有较强的动手操作能力，有自己的实践活动成果。	13. 理科实验操作终结性评价成绩。 14. 综合实践活动课程主题研究与实施案例(包括实施的背景、目标、过程、结果及评价等内容)。 15. 校本课程表现性活动测评作品、选修记录或评价卷。 16. 理科实验研究报告。 17. 亲手制作的作品(如航模、车模、陶艺、摄影、电脑作品、刊发在长沙晚报校园记者版的作品或小发明成果等)。
审美与表现能力	1. 喜欢上艺术课(音乐、美术)，参加各种艺术活动，认真完成艺术课作业，对艺术作品有一定的鉴赏能力。 2. 具有审美眼光和良好观察习惯，能从生活中发现美、欣赏美，并对艺术表现作出评价。 3. 有创造与表现美的欲望，并通过各种形式进行艺术表现，有自己的艺术作品。	18. 有运用多种形式进行艺术创作，表现其审美情趣的作品。 19. 艺术表现性活动测评成绩。 20. 有参加学校或校级以上艺术活动获得奖励的证据。
运动与健康状况	1. 能坚持锻炼身体，积极参加体育活动。 2. 有健康的生活方式，有良好的身体素质，精力充沛。 3. 保持健康的心理状态，善于调节情绪，能够应对和克服学习、生活中遇到的困难。	21. 初中五个学期体育课和集体体育活动出勤情况及平时考查成绩。 22. 初中三年《国家学生体质健康标准》测试结果。 23. 有参加校级(含校级)以上体育节、运动会或竞赛活动获得奖励的证据。

（二）评定方法与过程

综合素质评定以学生在校三年的日常表现为依据，以学生的过程性材料和特长表现记录为基础，利用基础教育管理平台等信息技术手段，采取全长沙市统一组织插标与学校具体组织实施评定相结合的方式进行。学校评定以班级为单位，通过学生自评、学生互评和教师评价相结合的办法，并根据长沙市综合素质评价插标比例，确定学生综合素质各维度最终评定结果。

其中，**学生自评**由学生根据综合素质各个维度评定标准的要求，收集整理初中三年相关的实证材料，提交成长自传，经班级评定小组集体审核后，导入学生综合素质评定系统内，形成自己的关键性表现电子档案。

学生互评，由学生根据综合素质评定各个维度评价要素及学生关键性表现电子档案，对本班同学分维度进行等级评定。学生互评结果以 A、B、C、D 四个等级呈现。学生各维度最终互评结果依据全班同学所评等级的比例来确定。

全市插标，是指由长沙市评定工作指导小组，根据学生的关键性表现电子档案，结合学生互评与教师审核结果，对各校初中毕业生的综合素质各维度进行抽样插标，确定各校初中毕业生综合素质各维度的等级比例。

教师评价，则是由班主任、科任教师等组成的 5 人班级评定小组根据学生关键性表现电子档案，结合学生的互评结果，学生在校三年的日常表现，经过集体讨论，对学生综合素质发展状况给出综合性评语，并按照抽样插标确定的等级比例，对学生各个维度进行等级评定。教师评价结果以 A、B、C、D 四个评定等级和综合性评语的方式呈现。采取"先合议、后评定"的办法，按照少数服从多数的原则确定评定等级，对意见分歧较大的学生需交由学校综合素质评定委员会审核最终确定。学校初中毕业生综合素质各维度的最终等级比例不得超过全市抽样插标的比例。

（三）评定的原则及办法

长沙市初中毕业生综合素质评定工作包括两部分：一是综合性评语，对学生的综合素质予以整体描述，重点突出学生的特点、特长和潜能；二是评定等级，采用 A、B、C、D 四个等级进行描述。

评定注重过程性评价。班级评定工作小组要参考学生成长记录，学生每个学期提交的学习过程性信息、学业成绩、学科考查成绩、获奖证书、自制小作品、小发明等资料以及学生自我评价和同学互评的结果，以学生日常表现为依据，经集体讨论，对学生进行客观、公正的评定。评定时还要注重对原始资料的分析与概括，避免以偏概全。

评定工作充分利用信息技术手段，提高综合素质评定工作的信度和效率。学校和班级指导学生不断将收集整理的学习过程成长信息，及时输入长沙市基础教育管理平台，以客观公正地反映学生的实际，保障评价真正起到促进学生发展的目的。

（四）综合素质评定结果及使用

学生的综合素质评定结果按五个维度分项以等级形式表达，作为学生初中毕业和高中招生录取的重要依据。

第三节　学校案例：江苏省海安高级中学学生成长记录平台

自基础教育新课程改革提出要对学生的基础性发展目标进行评价的要求之后，在地方教育行政部门的积极推动和政策引领下，越来越多有基础、有条件的学校，都开始针对学生成长评价工作开展的实际需要，尝试开发基于信息技术的电子化的学生成长和评价记录平台系统。学校开发此类系统平台的初衷和意图是什么，运行下来的成效又如何。本节选取江苏省海安高级中学的学生成长记录平台为案例予以呈现。

一、选择海安高级中学作为案例呈现的缘由

江苏省海安高级中学 1939 年秋由著名爱国人士、原江苏省省长韩紫石先生创办，首批江苏省四星级普通高中、国家级示范高中。学校以"追求卓越，培养一流人才"为目标，积极推进教育教学改革，坚持"为学生的终身发展奠基，为教师的幸福成长铺路"的办学理念，着力打造高效课堂，全面实施素质教育，致力培养全面而有个性，能"适应新时代，迎接新挑战，肩负新使命，具备新品格"的新时代劳动者，努力建成国内一流、国际有影响、办学特色鲜明的高品质高中，做发展素质教育、创新育人模式、全面提高教育质量的典范。

在世纪之交的新课改启动之初，海安高级中学即开始着手推进学生综合素质评价，但最初的纸质载体难以有效运转，费时费力，效率低下。于是，学校开始认真分析学生综合素质评价面临的诸多困难，在广泛听取各方代表意见基础上，规划了"学生成长记录平台"的开发和使用工作。从 2004 年开始，学校开始依托电子技术，建立学生成长记录平台，让学生及时将成长过程中有意义的经历记载下来，促进学生综合素质的全面提升。

海安高级中学学生成长记录平台的开发和使用，用学校方面自己的话说，"整个思路非常接地气，操作性强，师生接受度、认同度高，致力解决怎样通过综合素质评价促进学生全面而有个性的发展"。十多年来，学校构建的学生成长记录平台日臻完善，不仅受到学生、教师、家长和社会的欢迎，而且也得到相关专家、领导的好评。《人民教育》2014 年 19 期专门推介："江苏省海安高级中学坚持公开透明的原则，规定除了学生的文化成绩、体质、体能数据以及学生违规处分可以作为隐私不公开、不可查外，其他所有可以公开的内容，尤其是学生参加的社会实践活动、个人获得的荣誉等，都必须在综合素质电子平台上展示，用事实说话，用行动证明。"《人民教育》2015 年第 2 期又专门刊文介绍该校"用电子平台解决综合素质评价的操作性难题"。江苏省教育厅新近主持开发的江苏省综合素质评价省级管理平台也是以海安高级中学的方案为基础蓝本的。

课题研究过程中，海安高级中学董裕华副校长在给课题组成员介绍学校记录平台开发的同

时,亲自执笔完成了题为"依托学生成长记录平台促进综合素质全面提升"的专题案例报告。[①]

二、综合素质评价实施初期存在的问题

(一)指标的分解难以量化操作

对学校和班级而言,将评价等级指标按比例分解、分配,甚至单纯以分数予以量化,缺乏科学依据。不少省市都按照一定的比例划分优秀、良好、及格与不及格,忽视了学校、班级之间的学生差异,尤其对学生整体素质较高的学校和班级来说有失公平。综合素质只有模糊的高下之分,没有准确的量化之别。对具体的学生而言,两个同学道德修养量化考核,分数 90 分的是 A 级,分数 89 分的是 B 级,1 分的差别很难准确反映道德品质的高下。而且过早地给学生贴上标签,是对学生心灵的一种伤害。

(二)常态的评价难以持之以恒

给每个学生建立纸质成长记录袋,要求教师对学生学习过程进行记载,对学生六个方面一一进行评定,在实际操作过程中很难常态化实施,突击性、任务式的比较多,往往是到了学期末作为任务来完成,不少平时经历的有意义的事情当时感受良多、印象深刻,但随着时间的推移会逐渐淡忘,失去了自我教育的时效性。更有甚者,如果老师保管不慎,将整个班级的档案丢失,事后只能应付式弥补。这样的评价活动变成了为评价而评价,流于形式,忘记了评价应有的初衷,未能发挥常态评价的激励功能。

(三)评价的结果难以保证信度

在诚信机制还不够健全的情况下,综合素质等级评价和作为依据的实证性材料很难避免弄虚作假的现象,导致评价结果的信度不高。从学生角度讲,他们为了有一个不错的光环,会有意填写失实的信息,不少人都有"别人造假我不作假就要吃亏"的心态,最后变成"法不责众"。从教师角度来讲,有的教师为了操作方便,简单以成绩的好坏作为评定的唯一标准,把学生个性特长变成加分的筹码,这种任务式评价带来评价方法的单一和草率。其结果就是,因为评价主体的好人思想,失之于几乎所有学生都得到了同样的评价等级,最终致使综合素质评价信息几乎没什么参考价值。也有的教师把评价变成升学服务的工具,给考试分数高的学生打高等级,评价结果的功利化让综合素质评价形同虚设。

(四)纸质的载体难以有效运转

大多数学校对学生综合素质评价使用纸质档案,费时费力,效率低下。要想查阅某个具体学生的材料,需要翻阅很长的时间,工作量大,尤其对规模较大的学校来说,还受到学生存放档案的时间、空间的限制,每次分班时都要重新整理档案,教师、学生叫苦不迭,也就容易把评价工作当

[①] 课题研究过程中,课题组多次与海安高级中学董裕华副校长进行专题交流,了解学校综合素质记录平台的开发和使用情况。后应课题组要求和建议,董校长专门撰写了题为"依托学生成长记录平台 促进综合素质全面提升"的案例报告,对学校的实践探索进行介绍,作为典型学校案例支撑本课题研究。统稿时有微调。

作额外负担,积极性不高,这也是综合素质评价难以落实到位、真正取得实效的一个重要原因。另外,学生只能将自己的心得成果装进自己的纸质档案袋,相互之间无法交流与分享,至于是不是自己完成的无人监督也无法监督。操作层面实效性的缺失,致使评价的内化激励和外化榜样功能都没有得到较好的发挥。

三、学生成长记录平台设计开发的功能定位

在认真分析学生综合素质评价诸多困难的同时,学校多次召开教师会、学生会、家长会和高校代表座谈会,广泛听取各方代表的意见。经过几上几下的讨论,对学生成长记录平台进行了规划和定位,重在实现四个"突出",即突出学生的成长体验,突出记录的客观诚信,突出评价的常态运行,突出操作的简易便捷。

(一)突出学生的成长体验

促进学生综合素质的全面提升,为学生的成长奠基,就要注重学生成长过程的每一个细节,引导学生在活动中体验,在体验中感悟,在感悟中成长。因为成长的历程无论成功还是失败,都是一种体验,是一份不可多得的财富,是学生成长过程中有意义的经历,学校不能简单以结果的成败论英雄。经历意味着已有、实有、拥有,而不是设想、虚妄;意味着做了什么,做了多长时间;还意味着置身其中,感受到什么,觉悟到什么。同样的经历,不同学生内在的体验不同,获得的成长也不同。因此,在学生成长记录平台设计时,学校不过分强调量化考核,不过于强调综合素质评价与高校招生挂钩,而是有意识地强化平台评价的引导和激励作用,注重和珍视综合素质评价中那些不可测量的东西,突出对学生全面发展状况的观察、记录、分析,让学生像记日记那样,及时在平台上记录自己生活中的有意义的经历,学生之间、教师、家长及其他相关人员也都可以在平台上发表看法和建议。这样,评价本身就成为自我教育的过程,成为学生交流和成长的经历。

(二)突出记录的客观诚信

如实记载学生的成长经历,是综合素质评价客观性的必要基础和前提条件。为了确保填写内容的真实,防止无中生有的杜撰,或者言过其实的夸大,学生填写的内容必须提供必要的描述性文字以及可供证明下载的图片等资料附件,填写后超过 20 天就不可再修改。学生成绩、体能数据等由学校统一上传,不得随意改动。学生毕业时所有数据进入学校管理库,供需要时调阅查询。

最了解学生情况的人应该是他身边的人,包括他的同学、他的老师。因此,最好的监督方式就是学生相互监督,相互监督具有很强的震慑力。除了学生的文化成绩、体质、体能数据以及学生违规受到学校处理可以作为隐私不公开、不可查外,所有可以公开的内容,尤其是学生参加的社会实践活动,个人获得的荣誉等,都必须在平台上展示,用事实说话,用行动证明。为充分发挥多维度的广角监督功能,成长记录平台开设举报通道,一旦有同学被举报所填信息失实,举报的信息会及时反馈给被举报者,并及时列入不诚信名单库,取消所有的评优评先的资格。这对每个学生来说,都会产生内慑力,将监督要求内化为自己的行动,时刻提醒自己填写内容务必真实。

除此之外,平台还接受家长和社会其他人士的监督,共同见证,确保学生成长记录的真实性,真正对学生的健康成长起到引导作用。

(三)突出评价的常态运行

成长记录平台对一些可操作的数据设计了相应的生成性统计程序,平时可以对统计的数据进行分析处理,统计结果自动生成。学校及时将统计结果反馈给班级,某一栏目有哪些学生没有填写,某一学生有哪些项目还有欠缺,学生在平台上留言的数目,老师都一目了然。班主任会及时了解没有填写的原因,如果是某项工作没有做或完成得不好,就会提醒学生抓紧补上,当然"补"也必须是真实的,因为平台上那么多眼睛都在"注视着"你。这种"倒逼机制"让学生由一开始的任务式完成逐渐变成了习惯性完成,使得评价真正做到了常态化。

学校有不少寄宿生,在校学习时无法随时随地常态化填写。为方便学生及时填写成长经历和心得体验,学校微机房全天候开放,信息课上老师还专门安排时间给学生填写。学生可以选择每天回家填写,也可以先在自己的周记本上记录下来,然后周末回家进行填写,还有的同学课间向老师借电脑填写。这在一定程度上弥补了缺陷,让学生成长记录的填写尽可能及时。

(四)突出操作的简易便捷

要让平台具有强大的生命力,首先要让平台使用者特别是老师乐意参与其中,感受到平台是他们的好帮手,而不是增加了太多的负担。仅仅靠行政命令要求平台用户完成,他们只会被动应付,缺乏主人翁责任感,也就缺乏追求完美的动力。学校把平台用户分为八种类型:系统管理员、学校领导、班主任、学生及家长、任课老师、教务老师、心理指导老师、校医等,并把具体工作分解到每个人,人人有事做,事事有人做,每个人的负担又不是很重。每个用户共同参与,各司其职,又相互制约、相互监督。学校要求学生分班时所有资料可以自动流转到新班级,每学期结束时,学生的综合素质评价结果不需要统一打印发放,学生在家里就能直接浏览、打印自己的综合素质评价表,学校不需要专门地方、专门人员保管,学生平时积累的所有材料自己保管,留待备查。学生毕业时所有评价表可以一次性全部输出,减轻了许多重复的机械劳动。

四、学生成长记录平台实际运行功效

从平台的实际运行情况看,其功效在教师、学生和家长方面都得到了充分体现。

(一)教师将电子平台的使用融入日常教育教学工作之中

每个教师既是平台的使用者,也是平台的开发者,更是平台的管理者。他们都具有主人翁的责任感,不仅关心平台怎么使用,而且也经常对平台"挑刺找茬",为平台的完善提出了许多合理化建议,让平台开发这个"草根式研究"更具生命力,更有针对性、实效性。平台的使用还极大地激发了年轻教师的工作热情,让他们更快更准确地熟悉教育教学工作的职责和流程,促进了他们的专业发展。老师们都深知自己在平台上的一举一动都会受到监督,也就更清醒地意识到自己的责任。为了给学生画好像,写出一份恰如其分的评语,就必须充分了解学生的方方面面。所有老师特别是班主任比以往更注重与学生的交流,师生关系也更为融洽。

（二）学生对自己的发展目标更加明晰、要求有所提高

尽管评价结果还没有与升学挂钩，但其对学生的影响已显现出来。平台为学生建立了一个坐标系，他们可以纵向看自己的成长轨迹，看自己的进步所在；也可以横向看与别的同学的差距，找出自己的薄弱环节。例如，"成绩学分查询"栏目把学生进校以来的文化成绩放在一起，让学生自己比较，找出自己的优势学科和薄弱环节，为学生选择发展方向提供参考。学生们不仅关心自己的文化成绩，也关心自己的体质体能状况，关心自己的全面发展。学校将学生的体能数据上传到成长记录平台，尽管只有学生本人可以看到，但学生对体育锻炼的态度就有了非常明显的变化。以前，有些班主任比较偏爱文化成绩突出的学生，常常"一俊遮百丑"，评选各类先进时体育变成了陪衬。现在，体育成绩一经上传就不能更改，学生、家长、老师对平时的每一节课、每一项测试都非常重视，学生体育成绩优秀率也有了明显的提升。

（三）学生对班级和社区、社会的公益活动表现出极大的兴趣

不参加社会实践活动，相关栏目就没有填写的具体内容，自己又不好意思也不敢随便填写。同学之间比学赶帮超的氛围日益浓烈。过去，少数学生对某些方面不重视，现在主动查漏补缺。学生的理化生实验技能考核，信息、通用技术的操作考核，普通话、英语口语、书写的水平考核，都对学生起到了很好的导向作用。过去，有些学生不太关心课堂以外、高考以外的事情，现在也主动积极地参加学生社团活动。每年暑假，主动参加社区服务和社会实践活动、开展研究性学习活动的学生都远远超过往年。有的同学还带动家长和周围人共同参与服务活动，学生的能力得到培养和锻炼，综合素质也得到了全面提升。

2013年9月24日，因学校食堂管理系统线路故障，1 000多名同学就餐时未能刷到卡。当天晚上，就有300多人主动到食堂补刷。到第二天晚上，主动补刷卡的同学已近千人，半数以上的班级所有当时未刷卡的同学全部补刷了。班主任及时把这件事记到相关同学的成长平台中，不少同学也把自己当时思想斗争的情况写下来，未刷卡的同学都感受到从未有过的压力。一件小小的事情，通过平台让所有学生都经受了道德的洗礼和熏陶，让诚信成为学生更自觉的行动。

（四）家长对学生综合素质评价也有了充分的关注和积极的参与

通过平台，家长不仅可以及时掌握自己孩子在学校的学习、生活情况，而且了解到其他学生各方面的表现，了解到学校的要求。这些身边的活教材对家长的启发和熏陶影响很大，他们对如何更好地教育和引导孩子找到了标杆和参照物。许多家长不仅关心孩子的文化成绩，而且更注重孩子行为习惯的养成教育和综合素质的全面提升。家长的主动参与和积极配合给学校教育和学生全面发展提供了助推剂，家校沟通也得到了更有效的促进。

尽管综合素质评价的改革任重道远，但综合素质评价改革已经具备了一定的基础，外部的需求动力加上内部的条件成熟，学校对综合素质评价改革充满信心。

第三章　综合素质评价政策实施与实践进展（2014 年底后）

导语：2014 年 9 月,国务院《关于深化考试招生制度改革的实施意见》出台,尤其是随着教育部《关于加强和改进普通高中学生综合素质评价的意见》的正式颁布,综合素质评价进入了一个新的阶段,开始更多被作为考试招生制度改革的组成部分予以推进。随着试点省市高考综合改革办法的陆续公布和实施,随着部分省市中考综合改革办法的逐步落地,综合素质评价信息作为招生参考和学生选拔功能的作用正开始逐渐显现出来。本章将重点对高考综合改革前三批试点省市的改革方案中有关如何使用学生的综合素质评价信息的办法进行文本分析,并以高考综合改革第一批试点地区上海为例,呈现试点推进中的高考、中考改革实践如何将综合素质评价作为招生考试制度配套政策予以实施。

第一节　高考综合改革前三批试点省市高中综评方案分析

新一轮高考制度综合改革,采用了分步试点推进的方式。2014 年上海、浙江两省市作为第一批试点地区启动,2017 年北京、天津、山东、海南四省市作为第二批试点地区启动,2018 年江苏、湖北、福建、辽宁、广东、重庆、河北、湖南八省市作为第三批试点地区启动。前三批高考综合改革试点的 14 个省市均颁布了有关高中学生综合素质评价的实施办法。实施办法对高中学生综合素质评价的指导思想、实施原则、评价内容、评价程序、材料应用、制度保障等多个方面进行了规定,是实施综合素质评价的重要指导性文件。对综合素质评价实施办法进行文本分析是把握和检视综合素质评价实施成效的第一步。本节拟对 14 个省市的高中学生综合素质评价实施办法的主体内容进行文本层面的比较分析。[①]

一、指导思想

指导思想部分是综合素质评价实施办法的纲领性表述。综观 14 个省市综合素质评价实施办法的指导思想,基本都提出了以下几方面的要点:第一,综合素质评价反映学生的"全面发展"情

---

① 本节内容由赵亚君执笔,统稿时略有微调。

况或"综合素质",是对学生全面发展状况的观察、记录、分析。第二,综合素质评价实施有利于学校把握学生成长规律,切实转变人才培养模式。第三,综合素质评价为高校科学选拔人才提供参考。第四,综合素质评价反映学生个性特长发展状况。第五,形成素质教育长效机制,深入推进素质教育。

此外,上海、天津提出促进学生的终身发展;浙江、北京、天津、辽宁、江苏等提出促进学生全面有个性的发展;山东、湖北、重庆、河北、湖南、广东、海南提出促进学生自我认识、自我完善、积极主动地发展。"践行社会主义核心价值观""传承和弘扬中华民族传统文化、革命文化和社会主义先进文化""立德树人"也在部分省市的指导思想中有所提及。北京市结合自身区位提到了"突出首都特色,主动适应北京'四个中心'城市功能定位和国际一流和谐宜居之都建设对多样化高素质人才的需求"。

总体来看,14省市综合素质评价实施办法指导思想的价值取向基本一致,文本话语也较为一致。除个别省市结合自身特色提出综合素质评价的新导向外,其他大部分省市都是基于综合素质评价的一般性概念,强调"全面发展""人才培养模式转变""高校招生录取参考""个性发展""素质教育"等导向。

二、实施原则

实施原则是对综合素质评价实施的基本规定,强调了综合素质评价实施的重要规则。综观14个省市综合素质评价办法的实施原则,发现:

第一,14个省市均提出了"客观性"原则,强调以事实为依据,对学生成长过程中的主要经历和典型事例作客观记录和写实性描述,真实反映学生的发展状况;

第二,14个省市均提出了"公正性"原则,强调规范综合素质评价程序,实行全过程监督,评价结果真实可信等;

第三,除浙江外的13个省市基本都提出了"指导性"原则,强调关注学生成长过程,发掘学生潜能,加强学习和生涯规划指导,促进学生个性化发展与健康成长。

此外,有上海、浙江、北京、辽宁、广东、湖南等6个省市提出了"全面性"原则,强调反映学生全面发展情况和个性特长;浙江、海南、福建、广东、江苏提到了"简便实用"原则,强调增强评价的可操作性,评价指标具体可评等;北京、山东、天津、湖北、重庆、河北、湖南、广东等省市提到了"方向性"原则,即引导学生践行社会主义核心价值观,热爱中国共产党,热爱祖国,拥护中国特色社会主义制度,培养学生树立远大理想和崇高追求,形成正确的世界观、人生观和价值观等。浙江将"民主评定"作为综合素质评价实施的一个重要原则,强调学生互评和教师评议相结合;湖南将"普适性"作为实施的一项原则,强调在确定评价内容、设计方法程序时因校制宜、因地制宜。

总体来看,"客观"和"公正"是各省市普遍强调的综合素质评价实施的基本原则,想来是由于综合素质评价相较于分数化的成绩更多是一种主观性评价,而其又与考试招生联系起来,具有高利害性,因此必须进行相应的规定和强调。"指导性"原则被广泛提及,反映了评价对学生成长证明并改进的价值取向,彰显了评价不只具有甄别功能,而同时指向未来发展的理念。"全面性"中同时提及"个性发展",强调了对学生的全面评价是综合素质评价的基础,个性发展是建立在全面发展的基础之上的理念。"方向性"原则是将教育教学评价与社会、国家联系起来的价值导向,指向为社会培养人才、为国家培养接班人的最终目的。"简便实用""民主评定"也是源于对综合素质评价复杂性、主观性判断基础上的规定,最终指向"客观"和"公正"。"普适性"是关于综合素质评价的校本实施科学化、个性化的规定。总之,各项原则的提出基于综合素质评价有别于分数评价的特征,同时又密切结合综合素质评价的功能和发展价值。

三、评价内容

评价内容反映了综合素质评价的具体内容,评什么是综合素质评价价值导向的重要载体。综观 14 个省市综合素质评价的评价内容,有如下发现:

第一,14 个省市均考察品德相关的内容,主要指向反映学生在践行社会主义核心价值观,弘扬中华优秀传统文化、革命文化和社会主义先进文化等方面的情况,包括爱党爱国、理想信念、诚实守信、仁爱友善、责任义务、遵纪守法等,记录学生遵守日常行为规范,参加志愿服务和公益劳动、党团活动等情况。此外,浙江提出了"能够客观记录学生道德认知及所获荣誉等情况";北京进一步将情况记录细化为"活动的内容、次数、持续时间及收获等";天津、湖南提到了"个人获得的荣誉称号或处罚情况";广东特别提出了"学校对于严重欺凌事件中的欺凌者,将其表现记入学生综合素质评价个人档案";江苏将"安全防范等方面的认知与表现""担任班级或学校职务及履行职责情况"也纳入考察范围。不少省市将公益劳动具体举例,"例如,为孤寡老人、留守儿童、残疾人等弱势群体提供无偿帮助,到福利院、医院、社会救助机构等公共场所、社会组织做无偿服务,为赛会保障、环境保护等活动做志愿者"。

第二,14 个省市均考察与学业成绩相关的内容,主要指向反映学生各门课程知识和技能掌握情况以及运用知识解决问题的能力等。一般包括学生学业水平考试成绩、基础型课程成绩、拓展型课程和研究型课程学习经历等。浙江、江苏没有将"研究型课程学习经历"包括其中,但同时都提出了"学科特长及获奖情况";山东、天津、重庆、广东提到了"校本课程内容和学习成绩";山东、天津、湖南、湖北、福建、辽宁、重庆、河北、湖南、广东、江苏等均提出了"具有优势的学科学习情况"。此外,天津提出"探索学分评价、等级评价,以及学习成果记录有机结合的发展性评价方式"。

第三,14 个省市均考察健康与艺术方面的内容。其中只有上海将身心健康与艺术素养合并为一个方面,其他省市均分开呈现。

首先,健康方面,主要指向反映学生的健康生活方式、体育锻炼习惯、身体机能、运动技能和心理素质,包括记录《国家学生体质健康标准》测试结果,参加体育运动的经历、习惯及表现水平等。浙江另外提出了"体育运动特长,以及参加体育竞赛活动及获奖等情况";山东、天津、湖北、福建、辽宁、重庆、河北、湖南、江苏等省市也提到了"体育特长"。北京、山东、海南、湖北、辽宁、重庆、河北、湖南、广东等在心理健康方面提出"自我调控能力、应对困难与挫折的表现等心理健康情况";广东还提出"心理健康方面重点记录学生的自我认知发展、情绪控制、人际关系处理能力发展，以及应对困难和挫折等的具体表现"，"安全素养方面重点记录学生参加安全教育、应急演练，养成安全行为习惯，学习自救互救等安全知识和技能的情况";江苏提到了"科学生活方式"。

其次，在艺术方面，主要指向反映对艺术的审美感受、理解、鉴赏和表现的能力，记录参加艺术活动的经历及表现水平等情况。此外，浙江、江苏提出了"艺术特长及展演比赛获奖等情况";北京提出了"重点记录学生在艺术、人文等方面的兴趣和特长"以及"特别是在传承中华民族优秀传统文化方面的表现";山东、天津、湖南、湖北、福建、辽宁、重庆、河北、广东、江苏等也提到了"在音乐、美术、舞蹈、戏剧、戏曲、影视、书法等方面表现出来的艺术素养和兴趣特长"等;湖南将"摄影"、广东将"手工艺"和"播音主持"等也列入其中;广东同时还提出了"对生活美学的领悟与践行"等。

第四，14个省市均提及了对社会实践活动等方面的考察，主要指向反映学生动手操作和实践体验经历等。上海市的考察比较偏重于创新，强调"学生的创新思维、调查研究能力"，"重点记录学生参加研究型学习、社会调查、科技活动、创造发明等情况";浙江也比较偏重于对创新相关经历的考察，但同时也提到了"职业体验、军训"等;北京、山东、海南、湖北、河北、湖南、广东等省市关注点主要在"社会实践";北京提到了"游学，到社会大课堂实践基地、高校科研院所、博物馆、科技馆、企业、社区等社会场所开展参与实践活动的内容、次数、持续时间及收获等";多数省市都提及了对实践活动次数、持续时间的记录，注重对平时经验经历的记录;湖北提到了"安全事故应急逃生演练"等。

第五，浙江、北京、海南、湖北、福建、重庆、河北、湖南等均提出"普通高中学校要基于学生发展的年龄特征，结合本校教育教学实际，科学确定综合素质评价的具体内容和要求"。此外，江苏又特别提出对"自我认识与生涯规划"方面的考察，主要考察学生"加强自我认知、树立专业志向、学会选择课程、实现主动发展"等方面的情况。

总体来看，综合素质评价的内容涵盖了品德、学习能力、健康、艺术、实践等多个方面，14个省市的考察维度大同小异，试图涵盖学生发展的方方面面，呈现对学生综合的评价。但是在每个维度对应的具体表现上，各省市之间还存在一定的差异。有的省市突出对日常的纪实，有的省市突出对效果、荣誉的记录，有的省市突出对学生创新性内容的评价，有的省市突出对相关活动参加经历、兴趣、习惯等的记录。此外，由政府制定整体的框架指标，高中学校进行校本化细化和实施，也在评价内容中有所体现。校本评价将最大限度地满足个体差异性的需要，评价指标和内容与当地文化背景、学校现实状况及学生成长环境相联系，突出学校的办学特色和理念，将进一步促进综合素质评价的科学性。

四、实施程序

实施程序规定综合素质评价实施的步骤，明确综合素质评价的主体、时间以及最终评价呈现的形式等，是综合素质评价实施科学、公正的重要保障。综观14个省市综合素质评价的实施程

序,有如下发现:

第一,14个省市一般都包括"写实记录""整理遴选""公示确认""形成档案"四个主要步骤。此外,浙江将"民主评议"也作为程序之一。

第二,学生是综合素质评价素材的主要记录主体,教师为指导者。在写实环节,一般都强调"教师指导学生"客观记录集中反映综合素质评价主要内容的具体活动,收集事实材料,教师是指导者,学生为综合素质评价记录的主体。江苏例外,提出"学校明确相关部门和人员,真实准确地记录学生的发展情况"。在整理遴选环节,一般也强调"教师指导学生"整理、遴选用于自我介绍的材料,主体同样为学生,教师为指导者。在公示确认环节,每学期高中学校统一录入的内容,即相关实证材料等拟录入信息系统的材料,经过公示后一般由学生签名确认。部分省市例外:北京、广东由学校确认;山东是学校成立审核小组,对申报入档的材料进行核查,最终所有入档材料由学生、审核小组成员签字确认;海南、湖北、福建、辽宁则是班主任及有关教师对公示后的材料进行签字确认。

第三,强调将"典型事件"和"最具代表性"的材料作为综合素质评价的素材。"集中反映综合素质评价主要内容的具体活动"以及"每学期最为突出的个人综合素质发展情况",在整理遴选环节,"每学期末,教师指导学生整理、遴选用于撰写自我介绍的材料。高中毕业前,学生要在整理遴选材料的基础上撰写自我介绍,以及遴选最具代表性的研究性学习专题报告"等均反映了在收集综合素质评价素材过程中强调"典型性"和"代表性",综合素质评价不是"面面俱到",而是"关键表现",体现出促进学生个性发展的评价走向。

第四,学生综合素质档案一般包括成长记录、自我陈述、教师评语、典型事实材料、公示情况等。山东、天津、湖北、辽宁、重庆、河北、广东均有教师评语。综合素质评价作为一种评价方式,既涵盖以量化形式呈现的学生成就评价,也包括以质性方式表达的自我描述、教师评语、学生评语、活动记录等,体现了对以分数为唯一标准的评价方式的变革。

此外,有必要对浙江"民主评议"环节单独作一分析。它具体指评议采用学生互评和教师评议相结合的办法,依照事先约定比例合成评定结果,其中学生互评权重不低于70%,评价结果分三等,用A、B、C表示,分别代表"优秀""好""尚需努力"。此外充分考虑所属学校的类别、特色,确定各校测评项目的等第比例。以市或县级区域为单位,A等比例不超过应届学籍人数的25%,C等比例不超过5%。有多科目合成的评定项目,每一科目各学年均需控制适当比例,确保多科目合成后符合总体比例要求。这样的"民主评议"方式反映了去专业化、管理主义的倾向,学生综合素质的丰富性淹没在数据和等级中。而就综合素质本身而言,每个学生的素质倾向不同,不同即意味着既无高低之分更无优劣之别,比例合成、等级划分等做法,不得不说偏离了综合素质评价的初衷。

总体来看,14个省市综合素质评价实施程序力求客观、公正,每学期进行记录、选取典型材料、整理遴选反映了综合素质评价促进学生全面而又个性化发展的评价走向,学生为综合素质评价的主体,就是要让学生学会自我评价,成为评价的主要参与者,引导学生成为自律的学习者。

五、材料应用

材料应用反映了综合素质评价实施的功能与目的,是综合素质评价实施的价值体现。综观14个省市综合素质评价实施的材料应用后发现:第一,14个省市均提出了引导学生积极主动发展;第二,14个省市均提及对高中教育产生深刻影响,促进高中育人方式的转变,或促进高中学生积极开展素质教育,促进学校多样化、特色化发展等;第三,14个省市均提出为高校招生提供参考。同时,天津提到了是学生高中毕业的重要依据;辽宁提到了是教育行政部门教育教学管理、质量监测的参考依据;河北、广东也提及同样的要点。

总体来看,综合素质评价促进学生发展是其本体功能。综合素质评价主要在普通高中进行,势必对普通高中教育产生影响,推进高中开展丰富多样的文体活动及课程,深化落实素质教育等。相对而言,用于高校招生是综合素质评价实施的衍生功能。当然,高校招生录取对高中教育教学的开展具有导向性,综合素质评价信息用于高校招生录取参考,一方面是推进具有素质教育取向的评价在基础教育阶段顺利实施,另一方面也将改变高校招生见分不见人的局面,通过对考生的综合素质进行考评,招收更适宜于培养的生源。但是,在高校招生中引入综合素质评价,包含学生学业水平、学科特长、社会公益、文体活动等丰富多样的情况,就需要给高校提供相对充裕的招生录取时间;使高校在纷繁复杂的材料中迅速识别相关可用的综合素质评价素材,也亟待技术层面的支持。而综合素质评价结果一旦与招生录取紧密联系起来,其"功利性"、可能"失真"的质疑势必也需要引起一定的注意。

六、组织保障

实施办法的组织保障部分反映了对综合素质评价实施的机构及制度支持,是综合素质评价顺利有序开展的重要基础。综观14个省市综合素质评价的组织保障,有如下发现:

第一,综合素质评价实施一般实行省级政府、市县、高中学校等多级管理制度,加强组织领导,同时又由综合素质评价的主要参与者——高中学校参与管理;

第二,强调"常态化实施",防止甚至力戒短期突击,造成综合素质评价实施的形式化;

第三,浙江、山东、湖北、福建、辽宁、重庆、河北、湖南、江苏等多省市提出加强学习宣传,开展相关培训学习;

第四,一般都建立相关的抽查、举报、投诉等监督制度,保障综合素质评价结果的真实可信、公开公正;

第五,一般均建立有综合素质评价工作电子化管理平台,使得在综合素质评价使用过程中,尤其是高校招生录取时调阅相关档案更加便捷,为综合素质评价纳入高校招生录取提供技术支持。

此外,广东"将评价工作纳入教师工作量考核"中。

总体来看,实施办法的组织保障条款涵盖了从宏观领导到微观执行,从政府组织到学校具体实施层面的学习培训、校本化研究、指标细化等也考虑在内,为综合素质评价的顺利实施提供制度性的保障。

综观14个省市的高中学生综合素质评价实施办法,文本话语大部分是相同的,在价值取向上也基本一致。但从中还是能看到部分省市在尝试突出自身特色、强化综合素质评价的校本评价、注重综合素质评价对高中教育教学的指导性、选择典型性材料突出学生个性和指向学生的未来发展等方面的努力。

综合素质评价评什么,是否可以将素质细分到各维度,各维度之间交叉重叠的问题,每个维度下的具体表现是否一定说明达到了某一方面的素质,以及高中学校同时作为运动员和裁判员,是否需要由第三方来进行评价等,尚存在一定的争议。各试点省市的实施办法从政策文件的角度暂时性地为综合素质评价实施确立了一个参考框架,划定了基本的评价内容,明确了必要的评价程序等,但政策文件的生命力关键在于执行和实施的效果。因此,综合素质评价具体的校本实施才是考察综合素质评价实施成效的关键一步,有待进一步考察。

第二节　高中学生综合素质评价工作的顶层设计与工作推进

考试招生制度综合改革框架下的学生综合素质评价政策实践,上海作为第一批高考改革试点地区,在高中学生综合素质评价方案的研制和实施过程中做了细致深入的顶层设计和切实有力的工作推进。相比于同为第一批地区的浙江省的等第制,上海的做法显然更符合综合素质评价的特性和教育部的工作精神要求。本节以上海高中学生综合素质评价为例,从综合素质评价方案的基本框架、综合素质评价信息纪实报告的要素模板设计、引导高校拟定参考使用综合素质评价信息的办法等最为关键的三个方面切入,对该项制度具体落实的顶层设计和工作推进要点进行梳理分析。

一、上海普通高中学生综合素质评价工作的顶层设计

2014年,上海按照国家层面的统一部署,率先启动了高考综合改革试点,探索构建"两依据一参考"的高考招生录取新模式。基础教育特别是高中教育首当其冲,承担了重大改革任务。其中,构建高中学生综合素质评价体系,是高中教育改革的重点任务之一,与建立普通高中学业水平考试制度及其相匹配的课程教学制度安排相并重。

(一)《实施办法》规定了高中学生综合素质评价的基本框架

上海在研究制订的《上海市深化高等学校考试招生综合改革实施方案》(沪府发〔2014〕57号)(以下简称《实施方案》)中明确提出"建立高中学生综合素质评价制度","构建高中学生综合素质评价体系","积极稳妥推进高中学生综合素质评价信息的使用"。"综合素质评价要突出学生思想政治素质和道德品质,客观记录学生的成长过程,整体反映学生德智体美全面发展情况和个性特长,引导学生践行社会主义核心价值观,增强社会责任感,培养创新精神和实践能力。综合素

质评价是学生毕业和升学的重要参考。综合素质评价内容主要包括：学生思想品德发展状况、中华优秀传统文化素养、修习课程及其学业成绩、创新精神与实践能力、身心健康信息、兴趣爱好与个人特长等。启用高中学生综合素质评价信息化平台，建立客观、真实、准确记录信息的监督机制。""2017年起，推动高中学生综合素质评价信息在自主招生等环节中开始使用。高等学校应提前公布具体使用办法，使用情况必须规范、公开。"①

为将《实施方案》中的原则性规定具体化可直接操作执行的方案和办法，上海同步启动了《上海市普通高中学生综合素质评价实施办法（试行）》（沪教委基〔2015〕30号）（以下简称《实施办法》）的制订工作，并于2015年4月公布。

《实施办法》将指导思想定位于"坚持立德树人，践行社会主义核心价值观，传承和弘扬中华优秀传统文化，反映学生全面发展情况和个性特长，着力促进每一个学生的终身发展，促进高中人才培养模式转变，为高校科学选拔人才提供参考"；确立了"客观记录，真实反映""内容全面，体现特色""注重过程，指导发展""公开公平，强化监督"的基本原则；明确了"品德发展与公民素养""修习课程与学业成绩""身心健康与艺术素养""创新精神与实践能力"等四个方面的综合素质信息记录和评价内容。

其中，**品德发展与公民素养**：主要反映学生在践行社会主义核心价值观、弘扬中华优秀传统文化、革命文化和社会主义先进文化等方面的情况，包括爱党爱国、理想信念、诚实守信、仁爱友善、责任义务、遵纪守法等。重点记录学生遵守日常行为规范，参加志愿服务和公益劳动、党团活动等情况。

修习课程与学业成绩：主要反映学生各门课程知识和技能掌握情况以及运用知识解决问题的能力等。重点记录学生学业水平考试成绩、基础型课程成绩、拓展型课程和研究型课程学习经历等情况。

身心健康与艺术素养：主要反映学生的健康生活方式、体育锻炼习惯、身体机能、运动技能和心理素质，对艺术的审美感受、理解、鉴赏和表现的能力。重点记录《国家学生体质健康标准》测试结果，参加体育运动、艺术活动的经历及表现水平等情况。记录学生课外锻炼情况，强化每天体育锻炼1小时。

创新精神与实践能力：主要反映学生的创新思维、调查研究能力、动手操作能力和实践体验经历等。重点记录学生参加研究性学习、社会调查、科技活动、创造发明等情况。

为确保高中学生综合素质评价信息记录方法的科学客观，《实施办法》明确提出，由市教委专门建立上海市普通高中学生综合素质评价信息管理系统，以高中学校为记录主体，采用客观数据导入、高中学校和社会机构统一录入、学生提交实证材料相结合的方式，客观记录学生的学习成长经历。信息记录的程序方面，明确了"写实记录""整理遴选""公示审核""导入系统"和"形成档案"的基本要求。评价结果使用方面，针对高中学生、高中学校和高等学校三类使用对象，分别明

---

① 上海市深化高等学校考试招生综合改革实施方案[Z].2014-09-18.

确了倡导的方向 即"引导学生积极主动发展","促进普通高中学校积极开展素质教育","作为高校人才选拔的参考"。

概括而言,《实施办法》坚持立德树人的根本导向,着力培养学生的社会责任感、创新意识和实践能力,以社会主义核心价值观和中华优秀传统文化为主线科学构建内容体系,将学生品德发展与公民素养、修习课程与学业成绩、身心健康与艺术素养、创新精神与实践能力四个方面的内容纳入高中学生综合素质评价范畴,对每个学生上述各方面的发展情况进行写实记录,客观记录学生的学习成长经历,一方面引导学生确定个人目标,积极主动地实现全面而有个性的发展,另一方面促进普通高中学校积极开展素质教育,促进学校多样化、特色化发展,同时循序渐进、积极稳妥地推进其在高校招生中的使用,作为高校人才选拔的参考。

对照全国方案,上海方案有以下四个方面的鲜明特点:第一,上海开发建立基于全市统一平台的上海普通高中学生综合素质评价信息管理系统;第二,建立市、区县和社区三级学生社会实践活动基地,运用各条线社会资源,为城乡学生创造更公平地享有校内外素质教育活动的机会;第三,突出强调高中学生的研究性学习;第四,设定学校特色指标,给予高中学校更多特色发展的空间。

(二)系列配套文件保障的具体实施

《实施办法》发布后,上海又陆续出台关于学生社会实践(志愿服务)组织记录、学生社会实践基地遴选等的管理制度,如《关于遴选上海市普通高中学生社会实践首批推荐场所的通知》(沪校外联办函〔2015〕1号)、《关于做好上海市普通高中学生社会实践(志愿服务)组织记录操作办法》(沪校外联办〔2015〕10号)、《关于加强上海市普通高中学生志愿服务管理工作的实施意见(试行)》(沪教委德〔2016〕2号)以及《上海市普通高中学生综合素质评价管理办法》等,对学生社会实践(志愿服务)的内容、学时数、开展过程、记录方式以及实践基地遴选标准等进行规范,并对学生志愿服务过程中可能发生的伤害事故处理机制和保险理赔办法进行规定,为学校解除后顾之忧。

以"上海市学生社会实践基地的遴选"为例,《关于遴选上海市普通高中学生社会实践首批推荐场所的通知》中就明确提出系列要求:基地要在市、区县青少年学生校外教育活动联席会议办公室(简称"校外联办")登记确认、推荐公示和书面备案,志愿服务项目要由市、区县校外联各成员单位、群团组织等主办、承办或指导,要符合相关学段学生的年龄和身心发展特点。学生社会实践基地的申请需要满足若干条件,包括:申请单位是责任主体,同时专门部门要落实具体责任,设置具有教育管理功能的部门,配备"教育专员"等相关人员;有一定数量的适合学生特点的志愿服务岗位,体现公益性;有安全制度和应急预案;要有经费保障,不得向志愿学生收取任何费用,配备并优化网络设施,能保障高中生志愿服务准确实时记录,等等。

二、上海普通高中学生综合素质评价纪实报告的要素构成与模板

《实施办法》明确了高中学生综合素质评价的档案格式,即纪实报告的基本信息要素和模块,形成了一个表单化的统一模板。考虑到纪实报告中不同数据信息的来源,模板用白、浅灰和深灰三种不同的底纹进行了区分和标识,其中,白色部分为学生填写后由学校统一录入系统的内容,浅灰色底纹部分为从学生学籍库或学生社会实践信息记录电子平台等自动导入系统的内容,深灰色底纹部分为学校统一录入系统的内容。另,斜体字标示的系个人隐私信息,不予公示的内容。这个模板具体包括六个方面的综合素质评价内容。

其中,表1是关于学生的"基本信息和自我介绍",包括三方面的信息:一是学生个人基本信息,包括姓名、性别、出生年月、籍贯、民族、政治面貌、身体健康状况等,均从学生学籍库或学生社会实践信息记录电子平台等自动导入系统;二是学生要自己填写列出1—3项个人最感兴趣的职业/行业/专业;三是学生需要通过列举典型事例等方式,撰写字数不超过500字的自我介绍,介绍本人的社会责任感、专业志向与才能、个性特点与个人爱好等方面的具体突出表现。

1. 基本信息和自我介绍

姓名		性别		出生年月		(学生照片)
籍贯		民族		政治面貌		
身体健康状况		*家庭住址*				
邮编		*联系电话*				
你最感兴趣的职业/行业/专业 (1—3项)	1		2		3	
自我介绍(通过列举典型事例等方式,介绍学生本人的社会责任感、专业志向与才能、个性特点与个人爱好等方面的具体突出表现,字数不超过500字。)						

表2—表5依次分别是综合素质评价四个维度的内容要点。其中,表2为"品德发展与公民素养",主要包括志愿服务(公益劳动)(含次数、累计时间、达标情况、获表彰次数等信息)、军事训练(含等级、评优等信息)、农村社会实践(含等级、评优等信息)、参加国防民防相关项目(含累计时间、获得奖项及组织机构等信息)、党团活动(含起讫时间、级别、角色、组织机构等信息)、先进个人荣誉称号(含获奖年份、级别、评选单位等信息)、违纪违规及处罚等方面的情况。其中,志愿服务情况由学生社会实践信息记录电子平台等自动导入,其他方面的信息均由学校统一录入系统,而且需在公示后录入。

2. 品德发展与公民素养

志愿服务和公益劳动次数	累计时间（课时）	达标情况	获得表彰次数	
		□达标 □不达标	国际级　次；国家级　次；市级　次；区级次；学校级　次	
军事训练	等级：	□合格 □不合格	被评为优秀营员：	□是 □否
农村社会实践	等级：	□合格 □不合格	被评为积极分子：	□是 □否
参加国防、民防相关项目	累计时间（课时）	获得奖项（级别）	组织机构	
		□国际 □国家 □市		
党团活动	起讫时间	级别	角色	组织机构
		□市 □区 □学校	□参与者 □主持者 □策划者	
先进个人荣誉称号	获奖年份	级别	评选单位	
		□市 □区 □学校		
违纪违规	处罚类别	处罚时间		
是否有犯罪记录	□是 □否			

　　表3为"修习课程与学业成绩"，分别记录学生的基础型课程与学业水平考试成绩、拓展型课程科目与学时、研究型课程（课题、项目）的名称与起讫时间，以及获得市级及以上奖励或证书的情况。其中，基础型课程成绩、拓展型课程、研究型课程等信息，由学校公示后统一录入；学业水平考试成绩、获得奖励及证书情况等由学籍系统导入；个人奖励及证书包含除先进个人荣誉称号、体育、艺术和科技活动外的其他所有市级及以上奖励或证书，其他获得区级和校级奖励或证书可填写在"自我介绍"中。

3. 修习课程与学业成绩

科目	基础型课程成绩					学业水平考试成绩		
	高一		高二		高三	合格性考试	等级性考试	实验操作技能/听说/专业测试
	上学期	下学期	上学期	下学期	上学期			
语文							—	—
外语							—	—
数学							—	—
思想政治								—

65

拓展型课程					
高一		高二		高三	
科目	总学时	科目	总学时	科目	总学时
研究型课程					
课程(课题、项目)	起讫时间	课程(课题、项目)	起讫时间	课程(课题、项目)	起讫时间
获得市级及以上奖励或证书					
项目	级别		主办单位	时间	名次或等第
	□国际　□国家　□市				
	□国际　□国家　□市				

　　表4为"身心健康与艺术素养",重点记录学生三方面的情况:一是在《国家学生体质健康标准》测试综合得分情况,包括分年级及各维度发展趋势图;二是运动经历与水平,包含参加体育比赛项目的级别、名次或等第、主办单位,以及体育特长项目的等级、时间、颁证单位等信息;三是艺术实践经历与水平,包含参加艺术活动项目的级别、名次或等第、时间、主办单位,以及参加实际学生艺术团队名称、组织单位、考核情况等信息。相关信息均由学籍系统或社会实践信息记录电子平台自动导入。

　　4. 身心健康与艺术素养

《国家学生体质健康标准》测试综合得分		《国家学生体质健康标准》各维度发展趋势图			
高一					
高二					
高三					
运动经历与水平					
参加体育比赛项目	级别		主办单位	时间	名次或等第
	□国际　□国家　□市				
	□国际　□国家　□市				
体育特长项目	等级		获得时间	颁证单位	

艺术实践经历与水平				
参加艺术活动项目	级别	主办单位	时间	名次或等第
	☐国际　☐国家　☐市			
	☐国际　☐国家　☐市			
参加市级学生艺术团队名称	组织单位	起讫时间(年/月)	考核情况	
			☐优秀　☐合格	

表5为"创新精神与实践能力",主要记录学生两方面的情况:一是研究性学习专题报告,主要反映学生的调查研究能力、动手操作能力和实践体验经历,学生需要从各类研究活动经历中选择一个最具代表性的调查研究课题或实践项目进行描述,具体信息包括代表作标题、关联的研究型课程(课题、项目)、调查研究或实践的目的、指导教师、个人角色、课题起讫时间、采访或请教过的重点对象、调查研究或实践的内容方法和实施过程、研究结论与反思、项目成果公开交流及获奖情况、佐证材料附件(包括完整的研究或调查报告、研究或调查过程中的照片、社会评价等作为研究性学习专题报告的佐证材料),以及指导教师的简要评语(需要针对课题内容和学生个人角色作出总体评价,考虑研究的创新性、资料和证据的可靠性、分析和反思的充分性以及组织和表达的连贯性等)和学校研究性学习专家委员会对研究过程和结果真实性的认定意见等;二是参加科技活动、取得创造发明、专利情况,科技活动包括参加的项目、级别、主办单位、时间、名次或等第等信息,创造发明包括项目、专利类型、活动时间、专利号等,以及参加市级青少年科学研究的情况,等等。

5. 创新精神与实践能力

研究性学习专题报告			
代表作标题:		关联的研究型课程(课题、项目):	
调查研究或实践的目的:			
指导教师:		合作者:	
个人角色:	☐负责人　　☐参与者	具体任务:	
调查研究或实践的内容、方法和实施过程:(600 字以内)			
学校研究性学习专家委员会认定意见:☐真实　☐基本真实			

研究结论和反思：(300字以内)	指导教师的简要评语：(300字以内)
	指导教师(签字)： 　　　　　　　　　年　　月　　日

课题起讫时间	
采访(请教)过的重点对象	
本项目成果公开交流情况	□国际　□国家　□市　□区县　□学校
本项目成果获得奖励名称	获奖等级：□国际　□国家　□市　□区县　□学校
佐证材料附件(小于30兆)	

参加科技活动、取得创造发明、专利情况				
参加科技活动项目	级别	主办单位	时间	名次或等第
	□国际　□国家 □市			
	□国际　□国家 □市			
创造发明项目	专利类型	获得时间		专利号
	□发明　□实用新型 □外观设计			
参加市级青少年科学研究院 (含市级专业分院)名称	组织单位	起讫时间(年/月)		是否优秀小研究员
				□是　□否

表6为"学校特色指标"，指体现学校培养人才特色的关键指标。各普通高中学校可根据所在区(县)和本校的实际发展情况，提炼学校在培养学生素质上的特色指标并记录学生在特色指标上的表现。有关高中学校可以记录在纪实报告共性内容中未能包括的、体现所在区(县)和本校学生素养特色的指标，以及学生在这些指标上的表现。如领导才能、平均学分绩点(GPA)等，最多3项，由学校统一录入。具体内容包括指标含义、指标的表现性评价标准以及学生表现的等第等。

6. 学校特色指标

指标名称	指标含义	指标的表现性评价标准	学生表现的等第

除了上述 6 个表的核心内容之外,纪实报告还设置了包含承诺内容和格式的表 7,由学生、班主任、校长、学校等以签字、盖章等方式承诺相关材料、信息和内容真实有效。

7. 综合素质评价承诺

学生综合素质评价图示:		
本纪实报告上述内容中所提供的学生材料、信息和相关内容均真实、有效。学校、学生本人以及相关负责记录的教师愿意为此做出真实性的信誉承诺。 如若有假,愿意接受上海市普通高中学生综合素质评价相关制度的处理。		
学生本人(签字): 年　　月　　日	校长(签字): 年　　月　　日	
班主任(签字): 年　　月　　日	学校(盖章): 年　　月　　日	

三、引导高校研制招生录取工作参考学生综合素质评价信息使用办法

《上海市普通高中学生综合素质评价实施办法》明确提出,实施高中学生综合素质评价的指导思想包括要"为高校科学选拔人才提供参考",在"评价结果应用"部分,也特别指出"作为高校人才选拔的参考","循序渐进、积极稳妥地推进综合素质评价信息在高校招生中的使用。积极引导在沪招生院校探索和参考使用普通高中学生综合素质评价信息,发挥素质教育的价值导向。相关高等学校应在招生章程中明确综合素质评价的具体使用办法并提前公布,规范、公开使用情况"。为此,上海市教委于 2016 年初开始分期分批组织、辅导在沪高等学校,遵循《实施办法》的基本要求,结合本校招生工作实际,自主研制各自在招生工作中如何使用高中学生综合素质评价信息的办法,并作为招生简章的配套材料一并提前公布。

2016 年 9 月,上海市教委以新闻发布会方式,邀请第一批研制完成使用办法的四所高校——复旦大学、上海交通大学、同济大学、华东师范大学,联合公布了自 2017 年起普通高中学生综合素质评价信息的使用办法。根据上海市高考综合改革工作整体推进的工作节奏,其余相关高校也于当年年底前陆续公布了各自学校使用普通高中学生综合素质评价信息的办法。以本科高校为例,先后有综合评价录取改革试点[①]高校、春季招生改革试点[②]高校共 31 所分批发布了各自的使

[①] 综合评价录取改革试点,是近年来作为高校招生改革的试点政策出现的。综合评价招生是近年来部分地区和高校实行的一种新的综合评价招生模式。简单说就是把考生的综合素质评价、高校的自测评估成绩、高考成绩按一定比例折算成综合分,最后按照综合分择优录取的一种招生方式。

[②] 春季招生考试改革试点:2000 年开始,先后有北京、上海、天津、安徽、山东、内蒙古、福建等省市陆续实施春季高考试点改革,后来大部分试点省市陆续取消或演变为高职院校的提前招考,目前只有上海还在坚持春季高考改革试点。上海的普通高校春季招生考试从 2000 年开始,考试对象以往届高中毕业生为主。鼎盛时期,共有十多所高校参与招生,投放 2000 多个招生计划,考生报名一度超过万人。之后随着考试方式的多元及名校相继退出,到 2014 年只剩 5 所高校,春考吸引力明显下降。2015 年起,上海改革春季高考招生办法,试点向应届普通高中毕业生开放,招生院校全部调整为本科高校,且招生专业多为国家级特色专业或市属高校应用型本科试点专业,使得春季招生的报名人数、生源质量等大幅提升,形成了真正意义上的普通高校每年有"两次考试、两次招生"的新模式。

用办法。其中,综合评价录取批次招生的试点高校有10所(首批为9所),实行春季招生试点的高校有23所,其中有两所高校(上海大学、上海中医药大学)在两个批次中都有招生,因此合计共有31所高校。

课题组根据上海市教委网站发布的各高校综合素质评价信息使用办法文本进行了文案性的整理分析,得出上海高校各种不同招生方式和批次中对高中学生综合素质评价信息的使用情况大致如下。①

(一)春季招生中综合素质评价信息的使用

23所实施春季招生的高校,都对在校测面试环节使用综合素质评价信息的办法进行了具体的规定。其中,有5所学校将综合素质评价信息折算为一定比例的分数,计入面试成绩中。例如,上海第二工业大学将综合素质评价信息以10分计入校测成绩;上海电机学院将综合素质评价信息中"创新精神与实践能力"的内容计入校测成绩,满分为10分。有18所学校将综合素质评价信息用于面试环节的参考提问,即将综合素质评价信息作为面试评分的重要参考依据,面试官参考综合素质评价信息和考生的临场表现确定考生最终面试得分。例如,上海中医药大学参考考生综合素质评价中与面试有关的内容来给出考生的面试成绩。

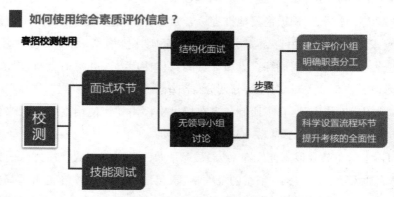

图3-1　上海春季招生试点高校如何使用高中学生综合素质评价信息
(资料来源:李立峰副研究员在2018年11月28日课题组召开的"中小学生综合素质评价研究专题论坛——聚焦综评信息在高校招生中的应用"研讨会上的专题报告PPT)

(二)高水平大学自主招生

在报名环节,作为高水平运动员、高水平艺术团的报名审核材料。

用综合素质评价信息作为判断考生能否获得学校自主招生初审通过资格的依据。例如,华东师范大学参考综合素质评价报告的有关内容,作为评判考生能否获得自主招生初审通过的依据。

在面试环节作为面试的重要参考依据。例如,同济大学将综合素质评价作为面试环节的重

---

① 本部分内容由王洁执笔,统稿时略有微调。

要参考资料。

（三）综合评价批次录取

综合素质评价信息作为专家评审材料，学生不用再提交材料。例如，复旦大学和上海交通大学等高校均将学生的综合素质评价作为专家评审的基本材料。

将综合素质评价信息作为是否取得综评资格的重要依据。比如，同济大学在综评批次招生中，把学生的综合素质评价信息折算成一定比例纳入综合评价成绩。

综合素质评价信息作为面试或校测的重要参考依据。如，上海大学等在校测面试阶段，将综合素质评价信息提供给面试专家组，作为面试测评的重要参考依据。

（四）具体应用环节

春季招生考试中，有 18 所高校将综评信息用于校测面试环节，2 所高校将综评信息用于同分录取，1 所高校将其用于报考资格初审，1 所高校用于专家评审材料；

自主招生考试中，有 5 所高校将其用于报名资格的审核，4 所高校用于校测面试；

综合评价录取中，有 4 所高校将其用于报名资格审核，5 所高校用于校测面试环节；

秋季招生录取中，有 14 所高校将其用于专业调剂，9 所高校用于同分录取，1 所高校用于试点班选拔，1 所高校用于转专业；

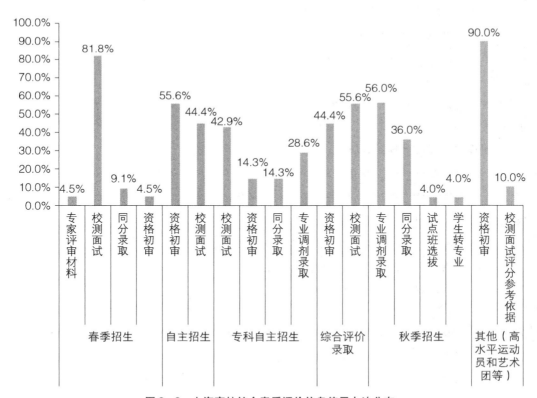

图 3-2　上海高校综合素质评价信息使用办法分布
（资料来源：根据上海市教委网站发布的各高校综合素质评价信息使用办法整理）

高水平运动员和艺术团等招考方式中,有9所高校将其用于报名资格审核,1所高校用于校测面试环节。

将上述不同录取批次合并统计,高校招生中使用高中学生综合素质评价信息的环节依次为:作为校测面试评分的参考依据,占比接近四成;作为同分录取的参考依据,占比超过四分之一;作为专业调剂录取的参考依据,占比将近五分之一;作为资格初审的参考依据,占比超过八分之一。

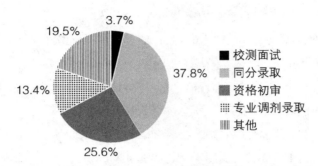

图 3-3　上海高校综合素质评价信息在高校招生中的用项分布
(资料来源:根据上海市教委网站发布的各高校综合素质评价信息使用办法整理)

(五) 对综合素质评价信息各模块的参考重点

在综合素质评价四个模块的内容中,高校招生相对更侧重于创新精神与实践能力模块、身心健康与艺术素养模块。而在各模块的具体要点中,高校参考的重点也具有一定的集中度,粗略统计如下:

品德发展与公民素养模块,高校重点参考的是考生的志愿服务情况、社会实践情况以及党团活动和班级活动情况;

修习课程与学业成绩模块,高校重点参考的有学生的基础性课程成绩、高中学业水平测试成绩、自主选修型课程、学科成绩及其排名;

创新精神与实践能力模块,高校重点参考的为考生的研究型课程情况、省级及以上科技类奖励、发明创造与专利、科技活动及调查研究活动情况;

身心健康与艺术素养模块,高校重点参考的是学生的省级及以上文体类奖励、学生的自我介绍、专业兴趣、个人发表作品以及中学特色指标信息。

综合来看,高校招生录取时重点参考的综合素质评价信息相对集中在:考生的志愿服务情况、社会实践情况、省级及以上文体类奖励、基础性课程成绩、研究型课程方面的表现,占比均超过30%;再然后依次为:省级及以上科技类奖励、高中学业水平测试成绩、自主选修型课程表现、学生自我介绍以及发明创造与专利,均在20%以上。

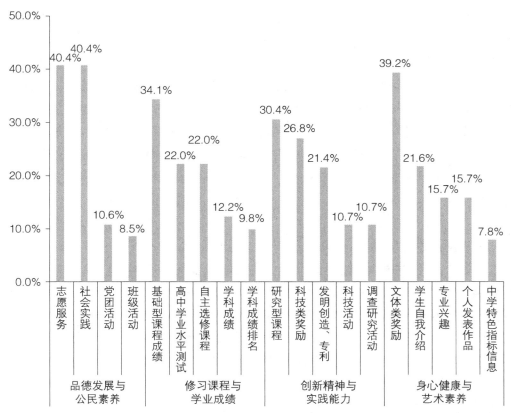

图 3-4 上海高校综合素质评价信息参考点分布

（资料来源：根据上海市教委网站发布的各高校综合素质评价信息使用办法整理）

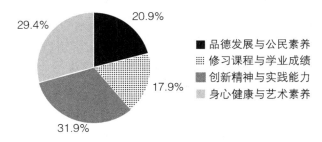

- 品德发展与公民素养
- 修习课程与学业成绩
- 创新精神与实践能力
- 身心健康与艺术素养

图 3-5 上海高校综合素质评价信息参考要点分布

（资料来源：根据上海市教委网站发布的各高校综合素质评价信息使用办法整理）

第三节　初中学生综合素质评价制度的新发展

教育部 2016 年发布《关于进一步推进高中阶段学校考试招生制度改革的指导意见》（教基二〔2016〕4 号），明确"到 2020 年左右初步形成基于初中学业水平考试成绩、结合综合素质评价的高中阶段学校考试招生录取模式和规范有序、监督有力的管理机制"，并就"完善学生综合素质评价"提出了明确要求。上海于 2018 年发布《上海市进一步推进高中阶段学校考试招生制度改革实施意见》（沪教委规〔2018〕3 号）（以下简称《实施意见》），"完善初中学生综合素质评价制度"也是《实施意见》中确定的改革任务之一。2019 年 4 月，上海市教委发布《上海市初中学生综合素质评价实施办法》（沪教委规〔2018〕3 号）（以下简称《实施办法》），对初中学生的综合素质评价记录进行了明确规定。7 月，上海市教委又联合上海市精神文明建设委员会办公室、共青团上海市委员会，印发《上海市初中学生社会实践管理工作实施办法》（沪教委规〔2019〕8 号），重申社会实践是初中学生的一门必修课，是全面落实综合素质教育的重要举措，并明确了初中学生综合素质评价社会实践工作的指导思想、基本原则，社会实践的主要内容、课时安排、工作流程、组织管理、保障措施等内容。

一、《实施意见》提出的总要求

《上海市进一步推进高中阶段学校考试招生制度改革实施意见》明确，高中阶段学校考试招生制度改革的指导思想是"全面贯彻党的教育方针，落实立德树人根本任务，努力让每个孩子都能享有公平而有质量的教育，培养德智体美全面发展的社会主义建设者和接班人。遵循教育规律、学生成长规律，顺应义务教育优质均衡发展、高中阶段学校特色多样发展新要求，深化本市初中学业水平考试与初中学生综合素质评价相结合的高中阶段学校考试招生制度改革，为学生的终身发展夯实基础"。改革目标是："到 2022 年，初步建成具有上海特点、体现科学教育质量观，以初中学业水平考试为依据，结合初中学生综合素质评价的初中毕业和高中阶段学校招生录取制度。健全程序规范、结果公正、保障有力的考试招生管理机制，为进一步破除唯分数论、注重能力培养、促进初中毕业生全面发展、促进义务教育阶段学校优质均衡发展、促进高中阶段学校特色多样发展奠定基础。"

《实施意见》明确提出了高中阶段学校考试招生三方面的改革任务和措施，其中两个方面的任务都与综合素质评价有关。其中，第二项任务即"完善初中学生综合素质评价制度"，具体要求包括如下方面的内容：

> 根据初中学生学习和成长的特点，完善本市初中学生综合素质评价制度，自 2018 年入学的六年级学生起实施。综合素质评价要突出对学生成长过程的客观记录，整体反映学生德智体美全面发展情况和个性特长，引导学生践行社会主义核心价值观，弘扬中华优秀传统文化，增强社会责任感，培养创新精神和实践能力；尤其要关注初中学生社会考察、探究学习、职业体验等综合实践活动的情况记录，引导学生把课程学习内容与真实生活情境相结合，提高自身综合素质。综合素质评价内容包括：品德发展与公民素养、修习课程与学业成绩、身心健康与艺术素养、创新精神与实践能力等。在《上海市学生成长记录册》的基础上，建设初中学生综合素质评价信息管理系统，建立客观、真实、准确记录信息的管理和监督机制。

> 进一步加强综合素质评价在初中毕业和高中阶段学校招生录取中的运用。将综合素

评价结果作为初中学生毕业的必要条件。在高中阶段学校自主招生和高中名额分配综合评价录取过程中,将综合素质评价和高中阶段学校综合考查结果相结合,以此作为重要依据。初中学生综合素质评价可与高中阶段学校学生综合素质评价相衔接,为学生生涯发展规划提供参考。

第三项任务是"深化高中阶段学校招生录取改革",其中与综合素质评价相关的要求包括:"进一步健全初中学业水平考试与综合素质评价相结合的多元招生录取机制。整合和完善高中阶段学校招生录取办法,分为自主招生、名额分配综合评价录取和统一招生录取三种招生办法,为学生提供多次选择机会。"具体到在不同招生类型中的应用,综合素质评价记录将主要用于普通高中的自主招生和实验性示范性高中的名额分配综合评价录取等招生方式中。自主招生需"根据报名考生的综合素质评价等信息,对学生综合能力、个性特长等进行自主选拔后择优预录取。"而针对市实验性示范性高中推行名额分配综合评价录取的招生办法则规定,"高中学校结合投档考生综合素质评价内容进行综合考查,综合考查满分 50 分,按考生计分科目总成绩、政策加分和综合考查成绩总分进行录取"。将学生的综合素质评价内容折合成分数计入综合评价录取总分,这是学生综合素质评价在综合评价录取招生中加以量化使用的明确规定。

用时任上海市教委贾炜副主任的话说,上海在中招工作和中考改革政策方面有许多行之有效的做法,积累了一些经验,将持续深化中考改革,以促进学生健康成长。在提升质量方面,一项重要的工作是"推动综合素质评价"。其中,"一是延续上海在高考改革试点中实施的高中学生综合素质评价基本框架,实现初、高中学生综合素质评价的有机衔接。二是在综合素质评价实施过程中,强调初中综合实践活动课程落实,重点加强社会实践、探究学习、职业体验三方面内容的组织实施,推进校内校外相结合,激发学生社会参与、提升学生综合素质。三是在市实验性示范性高中招生录取环节设置名额分配综合评价录取,以学生录取计分科目总分和学校综合考查得分组成的总成绩作为录取依据"。①

二、《实施办法》的具体规定

《上海市初中学生综合素质评价实施办法》对初中学生综合素质评价的指导思想、基本原则、记录和评价内容、记录方法和程序、评价结果应用、组织管理和保障制度等都进行了明确规定,基本遵循了上海市普通高中学生综合素质评价办法的体例和要素,并明确该办法"自 2018 学年入学的六年级开始施行,自 2019 年 9 月起陆续录入综合素质评价信息"系统。

《实施办法》发布后,相对备受关注的要点,主要集中在具体记录和评价内容要点、需要学生填写的事项以及该记录评价与之前的《学生成长记录册》的关系等。与《实施办法》同步推出的政策解读稿,对相关问题进行了进一步明确。

---

① 贾炜.深化中考改革促进学生健康成长[J].中国教育报,2018－04－03.

（一）记录内容要点

初中学生的综合素质评价内容与普通高中学生综合素质评价一样，主要包含四个板块，即品德发展与公民素养、修习课程与学业成绩、身心健康与艺术素养、创新精神与实践能力。品德发展与公民素养，重点记录学生遵守日常行为规范方面的表现，参加社会考察、公益劳动、职业体验、安全实训、共青团和少先队等德育活动、国防民防教育活动等情况；修习课程与学业成绩，重点记录基础型课程成绩、拓展型课程和探究型课程的学习经历；身心健康与艺术素养，重点记录《国家学生体质健康标准》测试结果，参加体育运动、健康教育、艺术活动经历及表现水平等情况；创新精神与实践能力，重点记录学生参加探究学习、科技活动等方面的过程和成果。初中学生综合素质评价尤其关注适应初中学生成长特点的社会考察、探究学习、职业体验等综合实践活动的情况。

（二）学生填写项及要求

初中学生综合素质评价严格控制录入信息管理系统的项目总量，其中需要学生必填项为3项，即综合素质纪实报告中的自我介绍、共青团和少先队等德育活动、探究学习（科学实验或社会考察）报告或创新作品说明。其中，探究学习（科学实验或社会考察）报告或创新作品说明只需要学生在初中阶段四年选择一项录入。

就如何撰写综合素质纪实报告中的"自我介绍"，政策解读稿提出的指导意见是：结合每学期记录和录入系统的典型事例，"介绍学生的社会责任感、生涯发展与才能、个性特点和个人爱好的突出表现，典型事例应概要介绍具体事实，不要泛泛而谈"。就如何撰写探究学习（科学实验或社会考察）报告或创新作品说明，政策解读稿给出的指导意见是："综合素质纪实报告要求初中学生在初中阶段记录1篇最具代表性的探究学习报告、科学实验报告、社会考察报告或创新作品说明，四类中只要选择一项记录即可。探究或创作重在考查学生探究学习、科学实验、社会考察以及创新作品的过程和体验。探究学习（科学实验或社会考察）报告或创新作品说明主要记录学生探究或创作学习的内容、方法、过程、体会与思考"，并就四种类型分别给出了参考案例。

（三）社会实践课时

上海初中学生社会实践是一门必修课，早在2004年发布的《上海市普通中小学课程方案》中就提出课程化落实社会实践的要求，历年发布的《上海市中小学课程计划及其说明的通知》也规定，初中学生课程计划内每学年至少要完成2周社区服务和社会实践课程。本次综合素质评价实施办法对课程计划内的社会实践课进行了丰富和细化，学生在初中阶段需完成社会考察136课时（平均每学期约2天半）、公益劳动80课时（平均每学期约1天半）、职业体验32课时（平均每学期半天，其中在本市职业院校的职业体验不少于16课时）、安全实训24课时（初中阶段共3天，其中在上海市级公共安全教育场馆的安全实训不少于8课时）。

（四）评价结果应用

上海把初中学生综合素质评价作为深化上海中小学生评价改革的重要举措，将评价定义为教育教学改革的重要环节，需要根据教育改革和人才培养的新要求不断丰富、完善和发展。同时强调综合素质评价是促进学生全面而有个性发展的需要。实施综合素质评价是促进学生德智体美劳全面发展、培养个性特长的重要措施,符合新时代人才培养的方向和趋势,有利于全面落实立德树人根本任务。

为此,初中学生综合素质评价结果将主要发挥两方面作用:一方面,作为初中学生毕业的必要条件。修业期满、思想品德与行为规范合格、所有基础型课程学业水平考试成绩合格(含补考)、社会实践课时达标、至少须完成一个探究学习(科学实验或社会考察)报告或创新作品说明,方能准予毕业。另一方面,供高中阶段学校部分招生类型和方式使用。2022 年起,上海市高中阶段学校自主招生、名额分配综合评价录取等将开始使用初中学生综合素质评价信息。

(五)与《学生成长记录册》的关系

近年来上海开展了系统的中小学生评价制度探索,形成了《学生成长记录册》《毕业生综合素质评价表》等行之有效的学生评价方法和成果。初中学生综合素质评价实施后,《学生成长记录册》仍将继续使用,作为学生日常学习活动的积累、家校沟通的渠道、学生过程性成长档案,为综合素质评价积累资料。上海市教委及相关部门将结合初中学生综合素质评价的实施情况,进一步优化《学生成长记录册》,减少重复或相似的录入内容。

三、《社会实践管理办法》的细化要求

《上海市初中学生综合素质评价实施办法》再次重申,社会实践是初中学生的一门必修课。社会实践是全面落实素质教育的重要举措,体现知行结合、手脑并用的重要途径,有助于帮助学生增长知识和见识,有助于提升学生解决实际问题的能力,增强综合素质,有助于引导学生加强品德修养,培育和践行社会主义核心价值观,弘扬劳动精神,培养社会责任感。《实施办法》规定,初中学生在初中阶段要完成社会考察 136 课时、公益劳动 80 课时、职业体验 32 课时和安全实训 24 课时。为切实"推进初中学生综合素质评价社会实践工作","统筹育人资源,创新育人载体,引导学生在社会实践中坚定理想信念、厚植爱国主义情怀、加强品德修养、增长知识见识、增强综合素质、弘扬劳动精神,提高学生的社会责任感、创新精神和实践能力,培养德智体美劳全面发展的社会主义建设者和接班人",2019 年 7 月,上海市教育委员会联合上海市精神文明建设委员会办公室、共青团上海市委员会,印发《上海市初中学生社会实践管理工作实施办法》(沪教委规〔2019〕8 号)(以下简称《社会实践管理办法》),明确了初中学生综合素质评价社会实践工作的指导思想、基本原则,社会实践的主要内容、课时安排、工作流程、组织管理、保障措施等内容。

《社会实践管理办法》在强调价值导向、客观真实、公平公正的基本原则的同时,强调一定要"注重统筹兼顾",即"以一体化发展思路,推动社会实践资源整合、学段衔接、课内外衔接和师资衔接;统筹育人方式,既要重视课堂教育,又要强化实践教育;统筹学校课程,既要重视与综合实践课程的衔接,又要兼顾社会实践资源与时空的相融一致。"在"社会实践的主要内容"块面,《社会实践管理办法》逐条细化了初中学生社会时间的社会考察、公益劳动、职业体验、安全实训等要目。具体内容如下:

社会考察。学校组织学生到爱国主义教育基地、革命历史类纪念地,大型公共设施、重大工程基地,国防、科技基地,农业基地,自然保护区等资源单位进行考察、调查、探究和研学实践等,培养学生主动探究和体验的兴趣,了解认识国家的历史文化和基本国情,增强学生的国家意识和社会责任感。其中每个初中学生在初中阶段至少有 1 次进入爱国主义教育基地考察学习的经历。

公益劳动。学校组织学生参加校内及校园周边社区的公益劳动,主要包括校园内公共设施的卫生保洁、绿化美化、普及文明风尚、为孤残老幼服务、送温暖献爱心等,培养学生的劳动意识,珍惜劳动成果,磨练意志品质,养成服务他人的良好行为习惯。每个初中学生在初中阶段至少有 3 个劳动岗位的经历。

职业体验。学校组织学生到职业院校等场所参观、学习、体验等,引导学生认识职业角色,了解职业特点,体验岗位实践,感悟体验过程,培养职业兴趣,初步形成生涯规划的意识和能力,引导学生弘扬劳动精神,尊重劳动,能够为"辛勤劳动、诚实劳动、创造性劳动"而努力。

安全实训。学校组织开展各类安全演练及实训体验,安排学生在学校开展火灾、地震、校车等突发事件逃生演练,组织学生在学校公共安全教育体验教室、区域公共安全教育体验中心、市级公共安全教育场馆等场所开展实训体验,让学生掌握交通安全、消防安全、治安防范、防震减灾等相关知识和技能,切实提高学生的安全防范意识、应急避险和自救互救能力,引导学生珍惜生命、敬畏生命、热爱生命。

《社会实践管理办法》在"工作流程"部分,特别强调要"选好基地/场所(项目)",要求"学校要选择并主动对接市、区学生社会实践基地(项目),注重用好校园周边的社会资源,精心设计符合学生身心发展的社会实践活动。要加强学校与有关社会实践基地、场所及有关单位的合作,有条件的建立双向签约制度,明确社会实践内容、时间和有关权利、义务等。""保障措施"中特别强调要"加强安全保障","学校、基地/场所(项目)要高度重视学生参加社会实践的人身安全和信息安全问题,明确具体责任,落实制度措施,做好安全预案。学校要开展及时必要的安全教育,增强学生的安全防范意识和能力。基地/场所(项目)单位要建立安全保障制度,切实保证活动场地、设施、器材的安全性,配备安全保护人员,设置必要的安全警示标志。各有关单位要高度重视对学生社会实践基地(项目)单位的管理监督,共同防止意外事故发生"。

第四章　综合素质评价政策实施与实践成效

　　导语：本章将以上海为例，集中梳理高中学生综合素质评价改革政策实施的实践成效。改革，是利益关系的再调整。改革政策的利益调整对象的感受和变化是成效评估的重要维度。就高考综合改革和高中学生综合素质评价改革来说，其直接利益相关者，根据其所服务对象划分，应该主要包括学生、高中学校和高等学校，因此高中学生综合素质评价的功能在三个方面的作用应该是最明显的：第一是激励学生，尤其是处于当前高考综合改革中的高中学生，促其全面而有个性的发展；第二是激励高中学校，采取各种可能的措施，调集各种可能的教育资源，促进学生的全面发展；第三是为使用机构提供信息服务，目前主要是高等学校。除此之外，面上整体情况，尤其是作为改革实质推动者的政府对改革实践成效的评价也是非常重要的方面。本章将以上海实施的高中学生综合素质评价为例，在整体呈现政府对改革成效的评价基础上，依次分别从改革首当其冲的高中学校、高校尤其是招办主任以及高考学生等不同的利益相关者切入，分析他们对综合素质评价实际实施情况的感受和相应的评价反馈意见要点。

第一节　高中学生综合素质评价试点实施总体成效

　　上海作为全国高考综合改革首批试点省市之一，经过三年"严而又严、慎而又慎、细而又细"、"落细落小落实"的努力，于 2017 年全面实施新高考改革方案，取得了阶段性进展。目前，上海在已有的高考改革试点过程中，通过招生制度改革引导实施学生综合素质评价，在高中学生社会实践和研究性学习等领域，形成了素质教育导向的有效改革实践，获得了各方的普遍认可。

　　本节着重从政策整体实施角度，尤其是政府推动改革特别着力的方面切入，呈现上海市高中学生综合素价试点改革的明显成效。

一、上海高中学生综合素质评价信息管理系统建立

　　《实施办法》在"记录方法和程序"部分明确提出，"市教委建立上海市普通高中学生综合素质评价信息管理系统"，之后，由上海市教委牵头、依托上海市电化教育馆开发建立，"以高中学校为记录主体，采用客观数据导入、高中学校和社会机构统一录入、学生提交实证材料相结合的方式，

客观记录学生的学习成长经历"。

信息管理系统是一个集成性的平台,其数据以来源渠道划分,主要包含两种:一种是由高中学校在信息管理系统内统一录入,包括学生自我介绍、军事训练、农村社会实践、党团活动、先进个人荣誉称号、违纪违规情况、基础型课程成绩、拓展型和研究型课程学习经历、研究性学习专题报告和学校特色指标等内容。其中,学生自我介绍等由学生填写后由学校统一录入系统,其他大部分内容为学校统一录入系统。另一种采用客观数据导入的方式记录,例如,学生基本信息从学生学籍数据库直接导入,参加志愿服务和公益劳动信息由学生社会实践信息记录电子平台自动导入,其他如国防民防相关项目、高中学业水平考试成绩、《国家学生体质健康标准》测试综合得分、体育艺术科技活动项目等内容也都采用导入方式予以记录。

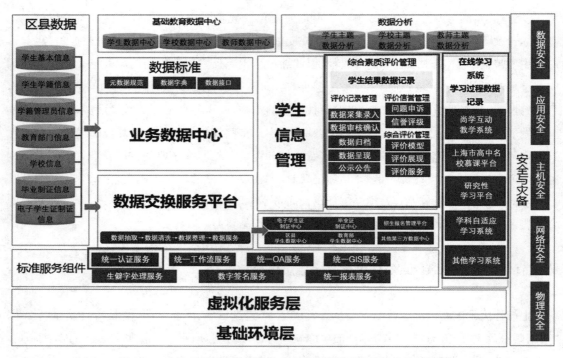

图4-1　上海市普通高中学生综合素质评价技术支撑体系模型构建
(资料来源:张治教授在2018年11月28日课题组召开的"中小学生综合素质评价研究专题论坛——聚焦综评信息在高校招生中的应用"研讨会上的专题报告PPT)

在学生高中毕业前,系统会根据《实施办法》确立的要素和格式,自动生成《上海市普通高中学生综合素质纪实报告》,作为高中学生毕业档案的组成部分,并提供给高等学校招生参考使用。

该系统由校、区、市三级管理账户进行管理,实现信息录入、学生确认、公示、问题举报投诉、问题处理结果公示、存档、信誉等级管理评定、高校检索查询等功能。系统通过严谨的制度设计和规范的记录程序来保障综合素质评价内容的真实性和过程的公平性,凸显素质教育价值导向,体现学生的综合素质状况,使评价内容可考察、可比较、可分析。

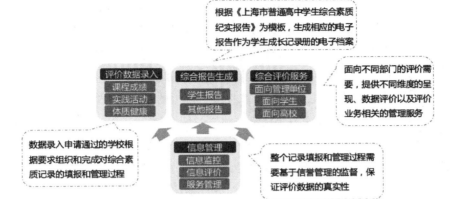

图 4 - 2　上海市普通高中学生综合素质评价信息管理系统整体业务框架
（资料来源：陆璟研究员在 2018 年 11 月 28 日课题组召开的"中小学生综合素质评价研究专
题论坛——聚焦综评信息在高校招生中的应用"研讨会上的专题报告 PPT）

二、基于全市统一平台的高中学生综合素质评价信息实现全覆盖

通过综合素质评价信息系统,将品德发展与公民素养、修习课程与学业成绩、身心健康与艺术素养和创新精神与实践能力四方面内容纳入记录评价范围,由学校、学生以及市级相关部门每学期按规定要求在信息管理系统中进行记录,全面反映每个高中学生高中三年的综合素质评价信息。在各区、各高中共同努力下,高中综合素质评价工作平稳有序开展,截至 2017 年 6 月,第一届新高考高三毕业生毕业离校前夕,信息管理系统的记录结果显示已累计对 16.32 万名高中学生（含高一、高二、高三学生）进行了综合素质评价信息记录,记录信息 2 035.5 万条,[1]包括所有学生的研究性学习报告、军事训练信息、农村社会实践信息、志愿服务合格信息、自我介绍信息等各 5万余份。[2]　其中,所有 2017 届毕业生的社会实践都不少于 90 天,其中志愿者服务基本达到 60 学时;首届学生完成研究性学习报告基本实现"人人有课题",范围覆盖科技创新、社科人文、艺术、体育、环保等领域。[3]　为确保研究性学习情况的真实性,委托相关方开发"高中生研究性学习课题真实性认证平台",遵循两个自愿原则,通过移动终端在线视频答辩形式,开展第三方认证试点,对高中学生研究性学习课题的真实性进行认证。

三、落实高中学生综合素质评价的工作协调机制取得显著进展

上海高中学生综合素质评价的实施,还集中反映在组织和实施机制建设方面。

---

① 贾炜."教-考-招"联动的上海实践[R].华东师范大学"新高考改革"专题研讨会报告,2017 - 09 - 02.
② 上海市教育委员会.上海高考综合改革背景下的高中教育改革情况总结[Z].2017 年 7 月.本报告在采用时,对精确到个位数的数据作了取整处理。
③ 上海市教委主任苏明"民生访谈":学区和集团覆盖了半数,新优质学校已占 1/4[EB/OL].[2019 - 01 - 24]. http://www.jfdaily.com/news/detail?id=51461.

综合素质评价的实施,不是教育系统内部努力就可以实现,而是要最大可能地动员社会教育资源,形成一个覆盖广泛的社会教育体系。为此,需要全市相关部门在组织机制方面对校内外资源进行有力的统筹协调,尤其是在学生社会实践和志愿服务的落实上。市教委牵头成立中小学生综合素质评价工作领导小组,负责统筹协调校内外资源;依托前期相关工作平台建立市校外教育联席会议机制,形成教育、宣传、文明、科技、文广、体育、团委等单位的跨部门合力,为学生志愿服务(公益劳动)、体育艺术科技活动、研究性学习等活动提供支持。截至 2017 年上半年,全市共建立 1 800 余个学生社会实践基地,提供了 40 余万个社会实践岗位。① 教育部对上海高考综合改革试点的这项举措高度肯定,认为上海在此次高考综合改革中做到了各地多年来想做但没有做成的工作。

上海高中学生的综合素质评价信息获取按照方案设计实行分层分类记录,学生个人、教师与学校、社会实践基地、市级相关部门等共同作为信息录入主体,市区两级教育主管部门进行监督。校外实践基地设立教育部门和教育专员,客观真实记录学生校外实践的情况,并建立了信誉评价机制,与文明单位创建及财政拨款等挂钩。学校根据不同信息的特点,选择在一定范围内进行公示,便于相互监督,并建立了投诉举报机制。

四、高中学生的研究性学习取得显著成效

借助这次高考综合改革的契机,上海重点把学生研究性学习的课题报告纳入综合素质评价创新精神与实践能力的内容板块,通过高校招生中重点参考学生研究性学习课题完成情况,再一次用"教—考—招"一体联动改革模式,有效推动了各高中学校积极拓展资源,为高中学生研究性学习的开展提供支持和保障。

研究性学习专题报告主要反映学生的调查研究能力、动手操作能力和实践体验经历。要求参与的学生从各类研究活动经历中选择一个最具代表性的调查研究课题或实践项目,对调查研究或实践的目的、内容、方法、实施过程、结论和反思进行描述。学生须用书面报告介绍上述内容,此外还要报告自己是负责人还是参与者,研究过程中采访或请教过的重点对象,在什么范围内公开交流、研究成果获得什么奖励,并提供佐证材料。指导教师要对学生报告作出简要评价,学校要组织学术委员会对学生报告的真实性进行审核。在录入阶段,则要求按照公示后由学校统一录入系统、参与科技活动情况由有关部门统一录入系统、取得创造发明专利情况由学校录入等程序加以实施,确保研究成果和过程的真实有效。

根据综合素质评价信息系统统计,全市 2017 届高三学生研究性学习报告达 5 万余份,研究领域不仅聚焦科技创新和社科人文,而且还涉及艺术、体育、环保、金融等诸多学科。不少高中学校充分整合校内和校外的资源,为学生开展课题研究提供有效的平台和载体;同时,建立了学校课题研究评估专家委员会等评估机制,对于学生课题研究活动进行有效的评价和指导;还通过创新

---

① 市政府新闻发布会介绍上海推进教育综合改革相关情况[EB/OL]. [2019-01-24]. http://www.shmec.gov.cn/web/wsbs/webwork_article.php? article_id=94174.

实验室建设、创客教育联合体、研究性学习自适应学习系统（MOORS）等建设，为广大高中生创建研究性学习的高质量载体和平台，营造了高中学校人人参加课题研究和项目实践的良好氛围。

五、高中综合素质评价信息陆续在高校招生环节使用

积极与各高校对接，更大范围、更深程度地发挥高中学生综合素质评价的参考作用，特别是在高等学校自主招生过程中，将试行把综合素质评价信息作为高等学校自主招生的重要参考。在高考综合改革招生政策落地的第一年，高中综合素质评价系统先后分五个批次向招生学校和考试院提供学生的综评信息，包括：将参加春考的应届高三学生（2017年为3 300余人）的信息向23所春招院校开放，供相关院校在自主测试环节使用；将参加专科层次依法自主招生的应届高三学生（2017年近800人）的信息向3所大专院校开放，在专科层次依法自主招生中参考使用；将参加自主招生的应届高三学生（2017年共1 900多人）的信息向自主招生高校开放；将参加综合评价录取的应届高三毕业学生（2017年共1.64万名）的信息向综评录取批次高校开放；将参加秋季高考的应届高三毕业学生（2017年共5.13万名）的综评信息提供给市教育考试院，用于秋季高考相关环节。通过推动"教—考—招"一体联动的改革模式，克服以往考试改革仅围绕考试科目做文章、忽略招生录取改革对考试和课程教学改革引导作用的不足，将综合素质评价真正应用到高校招生录取的环节中去。

第二节　综合素质评价给高中学校教育带来的改变

综合素质评价作为高考综合改革"两依据一参考"的重要组成部分实施以来，高中的面貌改变是有目共睹的，尤其是很多原来想做却没有做成的事情都通过综合素质评价改革得以落实。用一句话概括，就是：综评通过指挥棒的改变，把该给研究型课程的时间还给了研究，该给拓展型课程的时间还给了拓展，包括社会实践、生涯教育等。通过综合素质评价改革，把生涯教育落实，把社区志愿服务、社会实践也落实，如果没有这些充实的评价要求，可能学校里很多拓展型课程和研究型课程都是被学科复习、学习所占据，但是现在要把这些时间做系统规划、安排，学校做了很多实际的工作。从学校的实际工作可以看出来，把综合素质评价作为推进学校变革应该做的事情来做，通过做事情本身使学生真的能有收获，使学校真的实现特色发展，整个学校教育目标的达成上有明显提升。

本节将重点结合课题组专题调研和"上海市普通高中学生综合素质评价优秀学校案例征集"评审①等情况，抽取其中若干特色典型案例，概括分析目前高中学校在综合素质评价工作方面的

---

① 上海市教委基教处联合上海市教育科学研究院在2018年进行了"上海市普通高中学生综合素质评价优秀学校案例征集"工作，依据案例的"主题性、专业性、特色性与实践性"等评审标准，对14个区提交的92个案例进行了独立评审，结合现场抽查，报市教委审核，最终评选出一等奖案例5个，二等奖案例13个，三等奖案例18个。

落实情况。[①]

一、学生的志愿服务和社会实践得到全面落实

上海市学生社会实践信息记录电子平台的记录信息显示,2018年上海市高三毕业生平均开展志愿服务和公益劳动的时间是74.7小时。之前文件设定的达标要求是60小时,实际上80%的学生参加志愿服务和公益劳动时间都超过了60小时,学生的实践能力得到培养和提升。学校和各区教育局及相关政策部门在引导学生开展志愿服务和公益劳动时,做了很多服务前、服务中以及服务后的细致工作。

首先,服务前要有准备。静安区要求做志愿服务分三段,去场馆服务之前要有学校的课程指导,指导学生做相应的场馆服务需要掌握哪些技能、具备哪些知识储备。还有的学校为了使志愿服务能够更好地适合本校学校的学生,更好地实现本校学生素质、素养提高的目的,学校和社会实践基地共同合作开发、开展针对性的实践项目。例如,复兴高级中学2016年有60位导师主动对接社区社会机构,为学生的社会实践提供机会。当年他们签约了12个基地,协助基地设计了24个有针对性、有特色、适合本校学生的活动项目。在2015、2016年开始做时,学校能够签约十几个、二十几个基地已经算是做得比较不错的。之后两年,越来越多的学校加大了与基地签约的力度,学校主动寻求开发、联系适合本校特点的基地越来越多。社会实践记录平台上这个数字增长很快。截至2019年8月,学校签约的基地,上海交通大学附属中学有196个,复旦大学附属中学有192个,上海中学有103个,有50个以上签约基地的高中学校达到16所。[②]

除了志愿服务开始前的准备,志愿服务过程中的场馆有专人负责、专门的岗位指导等以外,还有很多学校主动抓了志愿服务后的感悟。静安区对各高中学校提出了统一要求,高中学校自己也创设了多样化的举措。例如,同济大学附属七一中学,自主开发了个性化成长记录平台,在学生每一次社区服务、社会实践活动结束后,都要求学生上传相关数据资料到平台,以记录他在服务社区、社会考察、学工学农、参加公益劳动等一系列活动中的文字和影像资料。同时,每个学生活动后都在平台上写活动感悟,通过每一次的收获总结,促使他们实践活动和劳动的成果能够内化,提升学生的社会责任感。学校还会定期组织学生、班级之间的交流,通过反思的环节、教师的点拨,学生在相互交流中进一步深化了志愿服务和社会实践的收获。

二、学校的研究型课程和研究性学习得到切实推进

上海市普通高中学生综合素质评价信息管理系统的记录信息显示,2018年上海高三毕业生

---

① 本部分根据陆璟研究员在2018年11月28日课题组召开的"中小学生综合素质评价研究专题论坛——聚焦综评信息在高校招生中的应用"研讨会上的专题报告速记稿整理,部分内容对照《上海市普通高中学生综合素质评价优秀学校案例汇编》及相关信息进行了核校,未经本人审阅。

② 上海市学生社会实践信息记录电子平台-社会实践基地-学校签约基地[EB/OL].[2019-01-24]. https://sj.21boya.cn/dianping/modules/practice/venues/authentication.

中有超过 98%的学生都提交了研究性学习专题报告的代表作,有 23%的毕业生申请第三方真实性认证,基本做到了人人有课题,学生的创新精神培养得到了落实。

可能有的老师会说,学生的研究只是一种形式,走一个过程,研究并不一定有价值。但事实上学生的视角和成人的视角肯定不同,认真看学生的报告能够看出哪些题目是老师给的项目,或是家长帮忙做的工作,哪些是学生真正感兴趣的研究。例如,上海市实验学校的多个研究课题,就采用了很多不同的方法。如,采用调查研究的方法,对课程表设置,即走班制的个性化课程表,做"课程表设置满意度调查",做"初中生幸福感影响因素调查",做"适宜学生阅读的 PPT 调查",做"中学生演讲者的信心及影响因素的调查",做"上海市实验学校体育类社团发展模式初探"等。也曾有中学生做"影响爆米花脆性的因素"研究。这些一般是大人想不到的,所以孩子应该研究他们感兴趣的议题。

高中学生也采用实验研究法进行研究,如"如何有效方便安全地去除校服的污渍";还有产品设计类的研究,如研究学校附近的环境交通的"高科西路浦东南路交通优化设置"研究;还有像"初中学生错题整理提高辅助程序",由高中生编一个程序,帮助学校初中部的学生整理错题,以及"英语单词卡自动生成与学习测试程序"等。应该说,高中生的研究也给成年人开拓了视野。

三、生涯教育指导得以创新性实践

2018 年 3 月,上海市教委发布了《关于加强中小学生涯教育的指导意见》,明确了自我意识、社会理解、生涯规划三方面的内容,在普通高中学校筛选建立了生涯导师制,并且配套建立市区校三级生涯指导教师配备制度。生涯教育指导很早就提出,但像现在这样得到学校的高度重视是前所未有的。

综合素质评价要求每个学生都要写 500 字的自我介绍,500 字怎么写,高校是很看重的,区县的奖项也都要涵盖在其中。学生该怎么写才是好的自我介绍,关键是要有干货,要把平时点点滴滴做的事情的亮点记录下来。高中学校在这方面把工作做得很细,会把学校安排的活动,每个时间节点都做在校本设计的手册中,要求什么时候学生要填写对某项活动的感悟等。例如,市西中学设计了"个性化学生时间与指导手册",手册是活页,且分不同颜色,学生可以在三年的学生生活期间,根据需要随时取用不同色彩的页面进行记录,记录自己的发展目标、实施路径,写给自己的话,记自己个性化的课表、时间的安排,以及瞬间点滴记录等。学生们要根据自己学校的活动安排要求在手册中写清楚。例如,高一第一学期 10 月 8 号之前要填写高中走访校友、志愿者服务的情况,挑感悟最深的片段来写,10 月 30 号之前要写和体育节相关的感悟,10 月 20 号之前要写东方绿舟军训的感悟,11 月 20 号之前写文史相关的感悟,其他的体会和感悟也可以记录在手册中,还要记录他们自己获得的成果,自己阶段性的思考与感悟。随着页面不断增加,他们可以通过同类的内容进行归类,通过前后的对比思考,在调整中发现自己的发展方向和路径,自己掌握自己的规划。

不同学校有各自不同的做法。例如,建平中学,学生自我介绍的素材分五个学期,教师指导学生如何进行典型材料的梳理,每个学期制定不同的要点。第一学期主要是在认识自己,自己的兴趣、个性、学习计划;第二学期开始关注自我实践,参加一些学校的活动;最后到高三上的第五学期,就重点关注自己未来的专业方向和职业规划。每个学期都有各自需要重点整理的内容,不是每个学期都重复写同样的方面。学校通过综合素质评价纪实报告中自我介绍要做的事情,将所有的生涯教育环节都加以落实。

四、学校特色建设集中落实到人才培养目标上

上海除了 56 所市级实验性示范性高中以外,还有一大批一般的普通高中。多年来,985 等高水平高校的招生基本上被市实验性示范性高中"垄断",一般的高中可以进 985 高校的学生凤毛麟角。要想在毕业生进高水平大学的人数和比例方面有所突破,高中学校一定要有自己的人才培养特色。浦东新区有一所原来很普通的学校香山中学,着力打造美术特色,2017 年有 58 个学生被一流高校录取。如果按照以往的做法,没有在人才培养特色方面予以突破的话,这样的学校可能有五六个学生进入一流高校就算是很好的成绩了。

现在高中学校非常重视特色建设。以往的做法是比较注重课程,落实在人才培养上,不是看培养出来的学生和其他学生有什么不一样,而是说培养的学生高考分数提高,进好学校的多,这只是升学率方面的考虑。现在在综合素质评价里,设置了一个"学校特色指标",这个指标的填写要求和其他的表格都不一样。其他所有的表格内容全部都是要求基于客观事实,或者是数据导入,没有主观性的等第评价,只有"学校特色指标"项是打等第的,最后出来的结果是等第。

教育部给出的综合素质评价设计导向是谁用谁评,因此几乎所有省市都要求高中负责记、高校负责评。但事实上,这片面强化了综合素质评价的人才选拔功能,从综合素质评价作为高中人才培养的方式和环节的角度说,要让高中学校也用这个信息,高中学校自己也要进行评的工作,不能只是把数据记载下来,还要自己去分析,并给学生反馈。高中学校发展也可以通过自己给出的评价结果为高校提供参考,这是高中学校发挥主动权的地方。目前上海有 1/3 的高中学校提出了特色指标。例如,上理工附中申报了工程素养培养的特色高中,其学校特色指标分三个:一是工程基础能力,二是设计创新能力,三是实践应用能力。工程基础能力关注人类面临的全球性挑战,培养与工程设计和谐共生、协同发展意识、情感和态度。设计创新的素养,要求关注工程热点问题,掌握工程技术相关知识和技能,妥善处理实际问题。实践应用能力,要求自觉践行工程素养,重点看在生活实践体验及日常行为中的表现,通过日常的生活实践和行为观察应用表现。一个学生如果要在该项指标上的表现性评价上得到 A 等,就要达到"杰出"水准,包括参加所有 C、D 层面(工程素养课程分层)的工程素养课程,学分评价结果得到优秀,还要参加相关的竞赛,获得全国的等第奖、上海的等第奖;要取得 B 等的评价,就要达到"良好"水准,包括参加 E 层面以上的工程素养课程学习,学分为良好,参加相关竞赛获得奖项等。

综合素质评价中学校特色指标的设置,给了学校一个给不同的学生打等第的权力,评价途径也可以更加多元。其他的表格都是客观记录,也有很多学者提出争议,说这不是评价,只是档案

记录。确实,教育部就说是档案,上海文件将之命名为"纪实报告"。高中学校应该给出评价,怎么样给出评价,需要研究。上海的做法是首先让学校在特色指标上有自己的评价权。

五、学科类、活动类的拓展型课程日趋丰富和结构化

上海基础教育二期改革提出了拓展型课程的要求,但学校之间差别很大。作为高考综合改革重要举措的综合素质评价,要求拓展型课程在课表上做记录,看似评学生,但汇总起来就是评学校。例如,学校开多少拓展型课程,课程之间是不是有结构,以及是真的能够培养学生高阶思维的有逻辑的课程,还是拼盘式课程设计,等等。

不少学校一开始为了做好综合素质评价的推进,开出了很多的拓展型课程。例如,控江中学,2015 年开始依据综合素质评价内容要求,梳理学校原有的课程资源,推进社团课程化,筹备实施生涯指导课程,全面落实研究性学习,多元拓宽学生学习经历体验活动,原来不是课程的也都做成了课程。但到 2016、2017 年,他们觉得课程太多,要调整布局,所以又根据前期实施的结果,对拓展型、研究型课程进行了全新的布局和规划,形成了专业导航系列课程设计,推出九大课程包,并利用在线平台开发了先修课程,拓宽学生学习的时间和空间,同时也加快课程配套的硬件建设,像实验室、生涯指导中心等,主动对接各大高校的科研机构,为校本课程开发助力。到了2018 年,学校进一步优化提升,形成了一个学生生涯发展和课程结合在一起的、一纵一横的指导范式,确立了学生发展、课程导航的核心价值。学校这个专业导航系列的课程,梳理了线上线下平台,梳理了院校资源,以及各类课程学习的经验;设置了三大课程板块,包括导航课程、社团课程、讲座课程;覆盖四大课程领域——科创、原创、人文、艺体,共计 12 个课程模块。例如,科创模块包括数学逻辑、物理与工程、化学与环境、生物与医学、编程与人工智能等。

原来在课程教学计划里只是要求研究型课程多少时间,拓展型课程多少时间,没有很细的规定。课时总是有限,就把拓展型、研究型课程都打通,组成一个课程模块,时间落实在原来拓展课、研究课的时间,安排在下午第八、第九节。结合学生不同的发展方向,对研究性、拓展性作系统规划,课程就更系统、更丰富、更有结构。

六、高中学校的软硬件建设迈上新台阶

随着综合素质评价实践的快速推进,上海高中学校的软硬件建设都得到了明显提升。

软的方面,最明显的变化是加大了高学历、高水平教师的引进力度。要指导学生做研究,原来的教师力量明显不足够,很多办得比较有活力的学校都努力引进很多年轻的高学历教师来充实师资队伍,以满足综合素质评价实践的需要。例如,同济二附中,近几年引进了很多高学历教师,像康乃尔大学的生物学博士后,进校之后领衔建设了一个生物学实验室,实验室该配什么设备都是他来定。整个实验室配置非常先进,甚至比某些高校的同类实验室还先进。

硬件方面,最明显的变化是创新实验室的建设步伐加快。根据上海市教委的数据,2015 年

底,71％的公办高中创建了创新实验室,到 2017 年底这个数字提高到了 86％,目标是要在 2020 年实现全覆盖。虽然不能说创新实验室的建设都是综合素质评价的需求推动的,但时间序列上非常同步。虽然很早就提倡建设创新实验室,但一开始进展缓慢,建成的很少,而最近几年增长非常快,某种程度上是因为学校在这方面的需求被激活了。

第三节　综合素质评价在高校招生工作中发挥"参考"作用

综合多方面的信息判断,如果用一组比较简明的数据来概括高考综合改革试点推进过程中,上海高校本科招生中使用高中学生综合素质评价信息的情况,可以归纳为"8-1-2-1"格局。其中的 8 指向高校,1-2-1 则均指向学生群体。展开来说,即:

8——约 80％的本科高校拟定了招生中参考使用综合素质评价信息的办法;

1——约 10％的本科线上考生进入参考使用综合素质评价信息的招生通道;

2——约 20％通过综合评价批次录取的学生如走统招批次可能未必被录取;

1——约 10％统招批次录取的学生如走综合评价录取批次可能未必被录取。

本节将重点分析高校招生录取工作中参考使用高中学生综合素质评价信息的情况,以及由此给高校招生工作带来的改变。

一、本科招生参考使用综合素质评价信息呈现"8-1-2-1"格局

近年来上海高校在春季招生、高水平大学自主招生、综合评价批次录取、专科层次自主招生等招生类型和批次中不同程度地参考使用了高中学生综合素质评价信息。

(一) 约 80％的本科高校制定了招生中参考使用综合素质评价信息的办法

就本科高校来说,上海前几年有 38 所高校招生,其中,试点执行综合评价录取招生改革的高校,最初有 9 所,后来为 10 所高校;实行春季招生改革试点改革的高校有 23 所;其中有两所高校(上海大学、上海中医药大学)在两个批次中都有招生。如此,共计有 31 所本科高校在不同批次招生中参考使用高中学生的综合素质评价信息,占上海所有招生本科院校的 80％左右。

课题组根据上海市教委网站发布的各高校综合素质评价信息使用办法进行了分析整理,发现上海本科高校招生中使用高中学生综合素质评价信息的环节依次为:作为校测面试评分的参考依据,占比接近四成;作为同分录取的参考依据,占比超过四分之一;作为专业调剂录取的参考依据,占比将近五分之一;作为资格初审的参考依据,占比超过八分之一。

在专科层次自主招生中,大部分招生院校都使用综合素质评价信息,将其作为重要的参考依据。有的学校按照招生章程规定的专业录取原则,将考生的综合素质评价信息作为专业调剂录取和综合能力测试面试环节的重要参考依据;有的学校将综合素质评价作为同分录取和专业调剂的重要依据;也有学校采取依据高中学业水平考试成绩、职业适应性测试情况和综合素质评价信息录取的方式,等等。

（二）约 10% 的本科控分线上考生进入参考综合素质评价信息录取的通道

整合各种渠道公开、可获取的招生数据信息进行测算,近年来,每年的高考学生中,本科批次招生中进入参考使用综合素质评价信息录取通道的比例大概占到本科控分线上考生的 10% 左右。具体情况如下:

将上海 2017—2019 三年参加高考并达到本科各批次录取控制分数线的学生以 5 万人计,[1]本科批次各类招生中参考使用综合素质评价信息的招生数量分布大致为:春季招生 2 100 余人,高水平大学自主招生 200—300 人,综合评价录取批次招生 2 100 余人,合计 5 000 人以内,占比大概在 10% 左右。

当然,如果按照投档人数计,高考学生中被高校招生部门调阅综合素质评价信息的人数和比例都明显更高。其中,春季招生的调阅:录取比大概在 2.2∶1,高水平大学自主招生调阅:录取比大概在 6∶1,综合评价批次招生的调阅:录取比达到 8.5∶1。如此,实际调阅综合素质评价信息的数量将可能达到 2.4 万人次,总体调阅:录取比达到 5∶1 左右。

此外,上海还有 29 所院校实施专科层次自主招生,每年自主招生计划在 3 500 人左右,绝大部分参考使用高中学生的综合素质评价信息。

（三）20% 综评录取和 10% 统招录取学生可能因综合素质评价改变录取结果

根据华东师范大学袁振国教授课题组与高校招办负责人的访谈和相关统计分析发现,在 2016 年度、2017 年度的综合评价录取中,按照 1∶1.5 投档后,因校测成绩优异而被录取的考生比例分别为 20%、17%。有高校招生办主任反映,校测面试 30% 的成绩在最后的录取中发挥着非常重要的作用。[2] 总体而言,从上海有自主招生权限的大学实际录取学生的情况和浙江"三位一体"招生录取的情况看,在按综合素质评价招录的学生中如果仅凭录取分数线的话,有 20% 的学生可能进不了他们现在所进的学校。换句话说,在综合评价录取批次中,约 20% 的学生尽管按高考成绩不能被录取,但因综合素质评价得分较高而被录取了。而同时与之形成对比的是,如果按照综合素质评价的标准,则有 10% 左右的普通批次招录学生不会被录取。浙江的情况与这个比例也相差不大。[3]

二、高校招办主任对参考使用综合素质评价信息招生的评价与反馈

招办主任是高校各相关部门和人员中最早接触和深度思考高中学生综合素质评价信息使用

---

① 综合上海市教育考试院主办上海招考热线发布的相关年度"考生高考成绩分布表"信息,上海 2017—2019 年实际参加高考并达到本科各批次(含艺术、体育类)录取控制分数线:2017 年 261 分,2018 年 261 分,2019 年 262 分;线上学生数为:2017 为 43 103 人,2018 为 43 409 人,2019 为 44 048 人。其中:
2017 年见 http://www.shmeea.edu.cn/resource/upload/www/201706/23201812d0da.pdf.
2018 年见 http://www.shmeea.edu.cn/download/20180623/1_all.pdf.
2019 年见 http://www.shmeea.edu.cn/20190623/gkcjfbb.pdf.
② 田爱丽,严凌燕.高校综合评价招生的理论、实践与展望——以上海市高考综合改革试点学校为例[J].华东师范大学学报(教育科学版),2018(3)(新高考改革研究专刊).
③ 袁振国.在改革中探索和完善具有中国特色的高考制度[J].华东师范大学学报(教育科学版),2018(3)(新高考改革研究专刊).

议题的人,因为按照上海市教育委员会的工作安排和要求,每个学校都要由招办牵头拟定各自学校在不同招生批次中如何参考使用高中学生综合素质评价信息的使用办法,并与招生简章一起公开发布。为此,高校招办主任对该议题的认知、理解和接受程度,在相当程度上决定着各高校具体招生工作中使用高中学生综合素质评价信息的可能性和基本格局。

上海电化教育馆曾经于 2016 年 5 月对上海市普通高等学校的招办主任进行过一次无记名的问卷调查——上海市普通高中学生综合素质评价高校调研问卷,从四个方面了解高校招生负责人对综合素质评价的整体认知、观点和态度,具体包括综合素质评价的必要性、评价内容、结果呈现、结果使用。[①] 调查回收到 33 份有效完整的问卷,得到的反馈信息,择其要者大致可综合概括如下:

1. 近六成高校认为有必要在高考和学业水平考基础上提出综合素质评价

58%的招办负责人认为非常有必要,但是普通本科、高职高专院校认为完全没有必要。主要是因为目前使用综合素质评价信息的比例很低,对于大多数的学生来说没有体现出必要性。如果没有自主招生的机会,在高校招生只有半天的时间、要完成几千人招生任务的情况下,综合素质评价信息根本不可能有机会看。真正有自主招生的高校数量又是极其有限的。凡是没有机会使用综评自主招生的高校,综合素质评价信息等于没有什么机会可以用到。

2. 七成的招办负责人认为上海的评价内容能够较好地反映学生综合素质

73%的招办负责人认为上海四方面的评价内容,能够较好地反映考生的综合素质,12%的人认为能够非常好地反映综合素质,但也有 15%的人认为一般。主要的困惑在于这些指标到底能不能反映综合素质,看到相关数据信息能不能很好地了解一个人。

从评价结果的角度看,67%的招办负责人认为上海的综合评价结果比较合理,认为非常合理的占 30%,说明大部分招办主任对综合素质评价指标是认可的,觉得这种指标有利于学生的全面成长,也反映了高校和中学共同的价值观。

3. 半数以上的招办负责人认为修习课程和学业成绩可参考性最高

在上海四个方面的综合素质评价领域中,超过半数以上的招办负责人认为,修习课程和学业成绩可参考性最高,是绝大部分的招办主任都肯定的方面。另外 3 个参考模块,认为可参考性最高的也不足 20%,说明评价方案对学习成绩之外的各项素质评价信息、效果和信誉度都受到一定程度的质疑。招办主任认为分数可以很好地反映学业成就,但是综合素质中多个项目,如道德、创新素养等,都不太能够通过数据很好地反映,比较难以获得认可。如何把难以被测量的数据通过数据采集变成可测量,是一道难题。

4. 在应该呈现分等的排名数据还是分类的属性描述上分歧最大

综合素质评价究竟应该呈现分等的排名数据还是分类的属性描述,是各高校招办主任分歧最大的一个问题,认为应该是分等排名的占 55%,认为应该是分类属性的占 45%。相当部分的高

---

① 张治. 大数据背景下普通高中综合素质评价研究[M]. 上海:上海教育出版社,2017.

校不用排名,认为没有意义,高中不管怎么排名都不看,只看高考分数。但倒过来分类的描述,即质性评价的信息又相当缺乏。

5. 综合素质评价信息能否在高校人才培养环节继续发挥作用

高校对于综合素质评价结果的使用,除了在高校招生录取的环节发挥作用,是否还可以在人才培养过程中继续发挥作用,也开始受到关注。34%的招办主任认为在录取环节结束后,学生进行具体专业选择时可以使用。教育部分管领导到上海调研时,时任上海市教委主任苏明教授也曾表示:综合素质评价不仅仅是服务于招生,还要把这个数据库给到高校,让高校帮助学生在大学期间进行专业化的选择和指导。目前系统平台的数据没有用到这个程度,学生一旦进入高校后,基本上高中的档案就封存了,接下来重新建立一套人事档案。这个数据伴随学生发展,技术本身没有问题,关键还在于高中和高校之间的鸿沟没有解决。

三、高校招生参考使用综合素质评价信息的主要模式

根据课题组调研中所了解到的信息,目前上海的几所一流大学建设高校(新高考综合改革启动时还叫"985高校")在高中学生综合素质评价信息使用方面的做法各有特点,体现出学校层面对高中学生综合素质评价信息使用的思考和价值导向,也代表了目前大部分高校在招生录取过程中参考使用高中学生综合素质评价信息的基本做法。

(一)A大学:筛选符合学科特质的学生

A大学参考使用高中学生综合素质评价信息的理念和模型备受关注。概括来说,就是在所公布的《普通高中学生综合素质评价信息使用办法》中,明确要求综合评价招生的录取对象应体现本校人才培养特色,以"知识、能力、人格"全面发展的创新型人才为培养目标,重点考察考生的学科特长、创新潜质,依据研究性学习经历与专题报告等信息考察考生的独立探究、创新精神和实践能力,通过学生学科类、科技类等市级及以上奖励、自我介绍及其附件等信息了解其专业兴趣和学科特长,通过高中前五个学期的基础型课程成绩和自主选修学习情况了解考生的学习能力。在使用综合素质评价信息对潜在生源进行分析时,遵循"先分类再分层"的基本原则。学校让每个二级学院都把自己最想要的生源特质列出来,把最想要看到的要素及其表征罗列出来,包括各要素的优先级、权重等。然后,请综合素质评价信息管理系统平台把报考学生的综合素质评价信息数据给到学校,学校内部会按照各二级学院所希望学生具备的特质,通过一定的程序查看报考学生是不是相关学院所需要的人。比如,面试的环节组织来自设计学、人文、理学、心理学、外语、工学等不同学科领域的专家,全面考察考生的专业兴趣、学科特长、创新潜质、综合能力等。

每个学院提出的生源特质都有所不同。例如,设计学院想要的学生素质跟其他理工科学院完全不一样,设计类专业可能更加强调社会的敏感性、责任心和价值观的东西。对照各二级学院提出的最需要的生源应具备什么特质,然后从学生的综合素质评价信息记录里找相应的数据和证据,证明这个孩子的某些特质确实比较强,哪怕高考分数低10分也可以考虑录取。这里反应了A大学的价值观念,不在分数上斤斤计较,而是对符合某些专业人才培养特质的学生,只要过了

一定的控制线都可以纳入录取的视野。

上海市电化教育馆开发的摩尔系统研究过程数据，现在也被 A 大学招办作为参加某项生源基地类计划[①]的必须条件，即参加 A 大学该项生源基地类计划的学生必须在摩尔系统上做课题。因为学校方面看重这个系统可以很好地记录和呈现孩子做课题研究的过程属性，包括潜质、天赋、爱好、创新精神，全部都有所体现。系统负责把真实的原始数据予以呈现，高校招办、教授等自主进行判断。

（二）B 大学：赋值折合计入高考总分

B 大学致力于培养具有人文情怀、科学精神、国际视野和专业素养的人才，着力选拔符合学校培养目标的拔尖人才。其曾经设想的基本做法，是由高中学生综合素质评价信息管理系统平台将各种数据发给学校，由学校组织专家进行赋值，折合成为高考总分的一定比例，比如 10%，计入高考招生总分系统中。这种操作简单便捷，对于高校招生办主任来说，转化成为分数是最容易操作的选择。报考学生的综合素质好不好，首先用学校自己的方法进行一个综合评判，例如，社会实践赋值权重 10%，研究型学习赋值 30%，在校期间的表现等，各赋多少权重值，最后形成一个总分，即形成综合素质评价的总得分。比如，满分总共折合成 60 分，某个学生得了 50 分，就把 50 分加到高考总分里去，作为最终录取的依据。当然，他们所开发的赋分折合模型每年都在不断改进。

与 B 大学采用类似办法的高校还有不少，一个基本的考虑是每个学生的综合素质评价信息数据非常多，在有限的招生时间段里，让面试教授们逐个做质性分析很难，做一个数据模型，给学生的综合素质评价信息数据作出加权赋值，折合成分数，加入高考分数，是最容易的操作。但这个最容易的操作恰恰把招生的艺术性全给丢掉了。就像有专家批判性地指出的：这样的招办主任很好做，只要会算术就可以，找个机器人都可以做，为什么要一个高校的教授做招办主任。这是目前的一个困境。

但近年来，B 大学越来越强化面试专家与考生多轮一对一的模式，考生分别与来自文、理、医等不同学科领域的多名专家进行面谈。在与学生面谈前，专家阅读学生提交的个人材料，以确保对学生的基本认识。面试过程中专家根据学校的人才培养理念，注重学生的品德、学习习惯、自主学习能力以及是否热心公益事业和社会活动。面试结束后，专家对每位考生独立评判打分，并

---

① 该计划试图通过大学教育主动前移，在不影响中学正常教学的前提下，利用 A 大学的学科优势与中学的素质教育和研究型课程相结合，把大学教育和中学教育贯通为一个体系，经过过程培养，共同引导学生兴趣、特长，促进能力和人格养成培养，努力使学生们能做到"知识、能力、人格"协调发展，为创新人才培养打下坚实基础，同时实现过程评价，为建立有利于学生健康发展的科学人才选拔模式提供依据。

该计划从培养着手，注重过程，有效培养了学生的专业兴趣、学科特长，克服了应试教育的倾向，彻底打破了传统的招生理念，把招生工作融入人才培养的过程中，真正实现了高校在培养中选拔人才；学生在学习中选择高校（专业），将招生与人才培养有机结合；充分、合理地利用了中学素质教育和研究型课程的时间，听学生感兴趣的课、做学生感兴趣的项目，打破按部就班的教育惯例，真正做到因材施教，为创新人才和拔尖人才的培养开辟了快速通道。同时，为共享大学教育资源，共同推进卓越人才培养迈出了关键的一步。

进行排序。

（三）C大学：赋予面试教授作出综合判断的权力

C大学基于以学生为中心，知识探究、能力建设、人格养成"三位一体"的育人理念，本着具有社会责任感、创新精神、实践能力、人文情怀和国际视野的拔尖创新人才培养目标，注重考察学生的理想抱负与社会责任感、学习与认知能力、创新精神与实践能力。面试采取"三对一"两轮模式，每名考生由两组共计六位专家面试，每位专家根据同一评分规则独立打分，以综合考察学生在考试成绩以外的其他综合能力，增强学校与学生的匹配度。面试前，学校将学生的综合素质评价记录信息呈现给专家，供专家在面试中使用和参考，将其作为面试评分的重要依据。在学校2016年公开发布的"综合素质评价信息使用办法相关问答"中，学校强调"对考生综合素质评价信息的解读是将考生放在其所处环境与背景中进行综合的判断……希望学生跳出分数，聚焦于做最好的自己"。面试专家围绕学校人才培养目标，基于综合素质评价信息，结合面试情况，对学生进行全面综合评价。

简单说，C大学的做法是，高中学生综合素质评价信息管理平台负责把学生的综合素质评价信息数据库给到学校，由学校招生部门将数据库中的学生综评纪实报告打印出来交给参加面试的教授，至于教授怎么作判断，招生部门及相关部门都不会具体介入。因为他们一直秉持的一个理念是，虽然一个教授的打分可能会有偏颇，但是如果有5个教授，甚至更多的教授同时或先后对同一个人进行打分，然后取一个平均值，就会无限趋近客观判断。他们完全相信自己大学的教授，相信他们的判断。

第四节　高考学生及社会公众对综合素质评价政策实施的感受

新高考改革试点推进过程中，上海市教委高度重视作为政策调节对象的高中学生及其家长等的感受度、获得感和满意度评价，不同的职能部门从各自分管工作的角度切入，委托或组织开展了多个轮次的跟踪调查评价，其中有关综合素质评价是其中重要的调查块面。调查结果显示，综合素质评价改革实践总体得到高考学生及其家长等的较高认可，但也从改进和完善的角度提出了若干期许。课题组成员先后有多人次深度参与相关调查，从调研方案设计，到调研提纲拟定和问卷项开发，再到回收数据的分析整理等。征得教育行政管理相关部门的许可，本节将集中对三次调查中有关综合素质评价的结果予以呈现。

一、2017年8月开展的典型样本访谈和问卷调查结果

在新高考改革落地之初的2017年8月，课题组即受上海市教委委托，着手开展了"上海新高考改革落地情况社会感受度与满意度跟踪调查"。课题以对典型样本开展深度访谈研究方法为主，以问卷调查研究方法为辅，相关样本涵盖媒体代表、专家代表、高一至高三各年级学生代表及家长代表，其中高三年级（即参加高考时间为2017年6月）学生代表招考方式涵盖综合评价录取

试点批次招生考生及统招批次普通投档考生。在此截取报告中有关综合素质评价的相关内容予以呈现。[①]

（一）调查对象对高中学生综合素质评价制度的理念及其价值的感受与评价

调查结果显示，所有受访者均对高中学生综合素质评价的理念予以充分肯定。虽然有高三学生代表表示作为改革第一届考生，学校综合素质教育的宣传和开展略显滞后，但高一高二学生代表都积极踊跃介绍其参与的研究性学习项目、各类校外志愿服务及实践活动，体现出综合素质评价制度日趋成熟，并越来越为学生重视，高一高二学生有了更有规划的综合素质教育发展空间。从问卷数据看，超六成的受访者认为最能体现高中学生综合素质评价意义的是"综合素质评价是多元评价的重要方式之一，体现人才培养成效，有助于提高人才选拔水平"，超五成的填写人同意"引导学生在学习、考试之余，更加关注自我成长，更多参与创新与实践，符合素质教育导向"，认为这两个方面最能体现高中学生综合素质评价的主要意义。另外也有近一成的填写人更为看重操作性角度，认为"学生可以根据部分高校提出的综合素质评价重点考察信息，规划高中阶段综合素质积累的方式方法"。关涉对高中学生综合素质评价后续发展的意见和建议，近半数的填写人认为应当"进一步与高中教育教学课程体系相衔接，切实加大素质教育力度"。

可以说，高中学生综合素质评价作为高校招生的参考实施之初，构建完善综合素质评价作为素质教育制度化的重要体现，已经深入人心，综合素质评价的记录和应用随之成为多方关注的焦点。尽管对综合素质评价制度的理念设计持较为一致的肯定意见，但在综合素质评价的记录和应用方面，约四成受访者（主要集中在刚经过高考的高三家长与学生代表中）对综合素质评价具体记录和应用的公开、公平、公正性提出了保留意见，其主要原因是"因为不了解"，建议"有规范、公开的标准，并加大宣传力度"。从问卷数据来看，也有近四成的填写人认为下一阶段应当"进一步建立客观、真实、准确记录综合素质评价信息的监督机制"。

（二）调查对象对高校招生参考使用综合素质评价信息的感受与评价

根据课题组的典型样本访谈和问卷调查结果，高中学生综合素质评价信息制度的建立，为高校多元化的选拔方式提供了可能，尤其是在综合评价录取招生试点中成效显著。受访者（主要是高考生及其家长，另有部分教育政策研究专家及媒体方面的代表）普遍反映，高中学生综合素质评价、教育的整体理念获得了社会各方的充分肯定，随着跨部门合力的形成、家校协作为学生提供了越来越多志愿者服务、研究性学习的机会，综合素质拓展教育活动安排及评价已日渐成为高中教育教学、全方位育人制度设计的重要组成部分。2017 年试点高校采取的综合评价录取招生试点给予了高校一定的空间，以面试等方式自主开展基于综合素质评价信息基础上的综合评价录取人才选拔的改革举措受到了约八成受访者的认可，其中有两成受访者以亲身经历详细阐述了通过综合评价录取招生方式获得录取的过程和心得，表达了对打破"唯分数论"局限、采取多元化选拔方式的充分肯定。问卷数据反映，超半数的填写人也支持"进一步扩大参与综合评价录取

---

① 王歆妙，等.上海新高考改革落地情况社会感受度与满意度跟踪调查报告[R].2017.

改革试点院校的范围,使综合素质评价得到更广泛重视"。

综合素质评价招生试点的公平公正性仍是多方关注的焦点。尽管整体评价向好,但仍有两成受访者对综合素质评价招生试点持保留态度,主要为未参加综合素质评价招考、以普通投档方式录取的受访代表,其表示主要原因在于"未参加所以不了解细节,但是认为没有公开透明的标准"。从问卷数据来看,确有近四成的填写人认为下一阶段应当"进一步加强高校在使用综合素质评价过程中的公正公开公平"。尽管综合素质评价招考也有水平较高的投档线,且也仍以考分为主要基础,真正受到政策惠及或因此无缘意向高校的考生可能仅在录取名额的10%左右,但在目前综合素质评价制度改革刚刚起步、"分分计较"的社会心态尚未完全破除的大形势下,加大宣传力度、进一步完善综合素质评价招考的制度设计应当成为重要的工作方向。

二、2017 年高考结束后开展的专项调研结果

2017 年高考结束后,由上海市教育委员会领衔、委托华东师范大学牵头成立上海市新高考改革成效调研课题组,第一时间进行了专项调研。调研对象涉及各区分管教育局长、教育专家、高校分管副校长、招办主任、高中校长、教师、学生和家长,以及部分知名媒体记者。调研课题组在系列座谈会(11 场)基础上,编制了针对不同对象(高中校长、刚参加完高考的高三学生、任教过刚参加完高考的高三学生的科任教师、各区县主管教育局长、高校招生办主任、参加综合评价录取招生的高校专家等 6 组群体)进行了问卷调查,最终有 108 位高中学校校长、1 889 位教师、717 位学生参加了问卷调查。调研结果表明,"通过综合素质评价,破解唯分数论,引导素质教育"作为高考综合改革的目标之一,得到了较好实现,认同度达到 70%以上,受访者普遍认为综合素质评价引导素质教育,培养并提升了学生的社会责任感和实践能力。本部分将基于调研课题组公开发表的调研报告,抽取呈现其中有关综合素质评价的若干要点。[①]

1. 学生参与社会活和研究性学习的积极性得到提升

调研课题组的调研数据显示,超过八成的校长认为学生参加学校社会活动的积极性有所提高,其中近四成认为明显提高;近八成的校长认为学生参加学校研究性学习活动的积极性有所提高,其中有四分之一的校长认为有明显提高;超过半数的学生表示对社会活动的积极性有提高,对参与研究型课程的积极性也有提高。

2. 有效提升了学生的社会责任感和问题解决能力

调研课题组与校长、教师的访谈发现,通过实施综合素质评价活动,高中学生的社会责任感、问题解决能力以及高层次思维能力等都有不同程度的提升。问卷调查结果显示,超六成的校长表示综合素质评价的实施提升了学生的社会责任感,超五成的校长认为增强了学生解决问题的能力。

---

① 上海市新高考改革成效调研课题组. 社会反应符合预期,实践成效好于预期——上海新高考改革成效调研报告[J]. 华东师范大学学报(教育科学版),2018(3)(新高考改革研究专刊).

3. 推动了学校办学理念的落实和特色发展,促进了学校的内涵发展

上海在综合素质评价方案中专门设有学校特色指标,旨在反映高中特色办学、促进学生个性发展、满足学生个性发展需要方面的成就。调研课题组的调查显示,六成的校长表示综合素质评价的实施有利于落实学校的办学理念和办学特色,进而为学生有特色、个性化的综合素质发展和提升提供了独具特色的平台,奠定了较好的基础。

4. 综合素质评价结果在一定程度上影响了学生的录取结果

调研课题组的统计结果显示,在 2016 年、2017 年度的综合评价录取中,按照 1∶1.5 投档后,因综合素质评价得分高而被录取的考生比例分别为 20%、17%。717 名高三毕业生的问卷调查显示,有超过 12% 的学生表示综合素质评价纪实报告帮助其进入了理想的院校和专业,超过 10% 的学生表示因综合素质评价成绩不理想而没有进入理想的院校和专业。近六成的校长赞成进一步扩大综合评价录取的招生比例。

新高考成效调研课题组最后得出的结论是:整体而言,本次高考综合改革目标达成度高、考生获得感强,综合素质评价对基础教育特别是普通高中阶段形成行之有效的"引逼"机制,为中小学深入实施素质教育创造了更大的空间。

三、2018 年 11 月组织的跟踪调研分析与结论

2018 年 11 月,上海市教委再次组织华东师范大学、上海市教育科学研究院有关专家(其中多位为本课题组成员),开展新高考改革专项调查,对新高考模式下的前两届考生(当时的大一、大二在校生)共 5 557 人进行了跟踪调研,同时对将陆续参加高考的后两届考生(当时的高二、高三在校生)共 13 892 人进行了摸底调研,侧重于了解考生对新高考改革的感受度、获得感,并了解高中学生综合素质评价所发挥的作用。本研究集中抽取其中有关综合素质评价的问卷调查结果予以呈现。①

从调查结果看,综合素质评价在促进学生德智体美劳全面发展方面成效初显,对基础教育和高等教育阶段学生发展具有积极而深远的影响。主要表现在以下五个方面:

1. 综合素质评价促使学生更加积极参与社会实践,提升了社会责任感

调研结果显示,进入大学以后,上海学生通过与全国各地同学进行对比与交流,能更清楚地认识综合素质评价对于促进自身参与社会实践的积极作用。超过四分之三的受访大学生表示,高中阶段综合素质评价让其愿意更多地参加社会实践活动,超过五成的受访大学生认为自己比其他省市的同学更愿意参与社会实践活动。随着综合素质评价深入开展,社会实践已成为中学教育教学的重要组成部分。超过九成的受访高中生表示,学校在课堂学习之外,也重视他们参加社会实践活动的情况,他们也因为综合素质评价提升了社会责任感,更加关注社会实践活动,超过八成的高中生多次参加有关活动。

---

① 本部分主要调查结果的呈现得到上海市教委相关部门的支持和许可,在此表示衷心感谢!

2. 综合素质评价促使学生更加积极地参与研究性学习，提升了学习能力

近六成的受访大学生认为，高中时在综合素质评价中参与研究性学习的经历，有助于其更好地适应大学学习。超过九成的高中生在研究性学习中参与过课题研究，近五成的高中生更是参加过多个课题。研究性学习在中学教育教学中已蔚然成风，促进学生不断提升学习能力。

3. 综合素质评价促进学校落实正确办学理念，进而促使学生进一步提升综合素质

综合素质评价作为高考综合改革的重要一环，不但渗透在中学教育教学的各个方面，而且已经深入人心，成为一种自觉意识和行动。在之前2017年的调查中，多数受访高中校长认为综合素质评价有利于学校落实办学理念和办学特色，在本次调研中，近七成的中学生也认为综合素质评价有助于引导学校开展素质教育。

学生对于综合素质评价促进自身发展的获得感强烈。近七成的受访中学生认为综合素质评价有助于其意识到需要德智体美劳全面发展，近七成的受访中学生认为综合素质评价有助于其综合素养提升，超过六成的受访中学生认为综合素质评价有助于其个性特长发挥。同时，近六成的受访大学生也认为综合素质评价有助于自身全面而有个性地发展。随着教育要"提高人民综合素质、促进人的全面发展、增强中华民族创新创造活力"成为全社会的共识，综合素质评价的重要作用将更加凸显。

4. 综合素质评价更全面反映学生成长状态，增强了学生全面发展意识

调研结果显示，大学生中认为"用综合素质评价更能反映其成长"者占比将近六成，是认为"用一张成绩单更能反映其成长"者的4倍；而在高中生的调研中，这个比例则提升到7.5倍，充分表明了学生的自我发展与全面发展意识进一步增强。

5. 综合评价录取改革试点践行"两依据一参考"，引领素质教育，提升了考生获得感

上海综合评价录取改革试点作为率先探索落实"两依据一参考"人才选拔方式的重要举措，与普通高中学生综合素质评价体系的制度设计紧密对接，对于以科学的教育评价导向引领中学素质教育，在保证公平的基础上克服"唯分数论"，发挥了重要作用。近九成的受访大学生认为，综合评价录取改革试点使其获得了更多展示自己和公平进入大学的机会。超九成的高中生表示愿意参加综合评价录取改革试点选拔。亲身参加过综合评价录取改革试点的学生中有近六成认为，这一选拔方式在反映自己的综合素质上具有显著作用。

整体而言，无论受访的大学生还是高中生，都对综合评价录取改革试点普遍认可，特别在高中生中间，认同度呈现显著的高位分布，仅有9%的大学生和4%的高中生认为综合评价录取改革试点还需进一步完善。

第五章 综合素质评价实施过程中的共识、争议与隐忧

导语：经过近 20 年的政策推进和实践探索，综合素质评价在对学生综合素质培养方面的成效之外，对相对宏观层面的教育改革发展也产生了令人瞩目的成效。从素质教育理念落地实施的真切抓手到协同育人体系的逐步建立，再到人才评价观念和选拔机制的革新，贡献有目共睹。但与此同时，也时不时会有质疑、争议、分歧或担忧的声音此起彼伏，包括诸如综合素质评价究竟指向什么、能不能分解、可不可以进行量化评价，政策推进到如今究竟在人才培养和选拔中发挥了多大作用，以及会不会造成新的教育机会不公平，等等。本章将结合对相关实践的观察和思考，对综合素质评价实施过程中的积极成效和共识、分歧与争议、问题隐忧与面临的挑战等进行概要的分析和梳理。

第一节 综合素质评价实践推进促进教育改革发展形成共识

从某种意义上说，综合素质评价制度在当前教育领域人才培养理念变革、人才选拔评价探索方面，发挥了一个重要支点的作用。除了对学生综合素质培养方面的直接成效外，还对相对宏观层面的教育体系改革发展产生了衍生和辐射效应。从为素质教育理念真正落地实施找到社会实践和研究性学习这两个实践推进的路径和真切抓手，到跨学段、协同社会资源等的育人体系逐步建立，再到人才评价观念和选拔机制的革新，贡献有目共睹。

一、为素质教育的真正实施探索了实践路径和推进抓手

综合素质评价政策和实践推进的首要贡献，是将承载了素质教育目标的课程改革理念付诸实践，为素质教育战略目标的真正落地创设了一条比较切实可行的实践路径和推进抓手。用一位教育行政官员的话说：综合素质评价最重要的贡献是促使"多年来一直想办法落实但始终未能落实的办学行为得以落实，一直想办法规范始终未能规范的办学行为得以规范"。

世纪之交，我国基础教育新课程改革提出了基础性课程、拓展性课程、探究性课程等结构化的课程类型，提出了学生培养的学科发展目标和基础性发展目标等。但是多年过去，课程结构在某种程度上并没有像预期的那样建立起来，在现实和实践中遭遇了这样或那样的问题，而归根结

底还是学科发展目标依托基础性课程等得以实施的程度相对较充分,而基础性发展目标、拓展性和探究性课程等比较难以落地。

按照国家相关文件的规定,综合素质评价强调学生的全面发展,特别强调培养学生的社会责任、创新意识和实践能力,上海综合素质评价特别看重学生的社会实践、志愿服务/公益劳动和研究性学习。在推进社会实践上,上海明确提出高中学生志愿服务的要求。上海市教委副主任曾经在介绍相关政策时明确强调:"在落实高中综合素质评价方面,上海市以推进学生社会实践和研究性学习为两个主要抓手,积极引导学生学习方式和对学生进行评价方式的变革。"社会实践、研究性学习,是我国长期以来素质教育最需要突破的方面,在综合素质评价的政策框架下,上海探索实践了实现的路径和工作推进的抓手。这一点得到了教育部领导的高度肯定。

(一)社会实践

世纪之交启动的全国第八次课程改革,最终目的是"构建符合素质教育要求的新的基础教育课程体系",希望能够改变学生的学习环境乃至生存环境,把中小学生从"课堂上被动地听老师讲,课堂外埋头于书本,专心做大量与实际生活严重脱离的练习"中摆脱出来;从过于沉重的课业负担中走出来,还给他们应有的自由时空,让他们快乐健康地度过青少年时期,让他们睁开眼睛看自然界、看社会、看生活。体现在课程结构设计中,是在学科课程的基础上,丰富完善活动课程和综合课程;在课程内容设计中,强调正规教育、非正规教育和非正式教育课程内容的协调整合,即除了学校教育或制度化教育的正规教育之外,为学生的全面发展留出充分的时间和空间,以促进学生自主、多样、持续发展。为此,要动员"任何在教育体制以外进行的,为人口中特定类型的成人或儿童有选择地提供学习形式的有组织的、有系统的活动"的非正规教育,以为每位学生的未来发展和终身学习打基础,为提高全民族素质打基础。

社会实践,在当前的综合素质评价框架中,包括学校课程化安排的学农、军训、社会调查等,也包括学生利用周末、假期等开展的志愿服务和公益劳动。这些没有考试要求的教育安排,在应试教育的大环境下,往往被挤占。随着综合素质评价政策明确要求逐步落地,学校对这些教育模块的重视程度明显提高,督导部门也将其作为重点进行督导检查,从而促进了相关教育工作的真正落地。

综合素质评价,激发了学校、基层教育行政部门、校外教育和社会实践部门共同关注校外教育资源的开发开放,电子信息平台又将志愿服务、公益劳动、社会实践等的资源和学生的实践集成在一个平台之上,实质性地促进了学生社会实践的落地,对于教育价值观从单一走向多元、从单次走向全程、从片面走向全面、从经典走向发展起到了前所未有的推动作用,对学生层面、高校层面、家长层面、政府层面、社会层面都带来了一些显著的转变,尤其是共同育人的理念、全面而有差异化发展的价值观被越来越多的人广泛接受。对于在基础教育领域全面实施素质教育,培养学生鲜明的社会责任感、健全的人格、创新精神和实践能力、终身学习的愿望和能力、良好的信息素养和环境意识等,具有重要意义。

在高考综合改革落地的第一年,上海市教委副主任在介绍上海改革进展时,不无自豪地说:

"我们也作了初步统计,99％的学生是能够完成60学时的课程要求,而且绝大多数的学生都是超学时完成,还有不少优秀学生把参加公益劳动也作为一种自己的生活方式来对待。"

(二)研究性学习

新世纪初,国家第八次课程改革大张旗鼓地提出"一切为了学生的发展"的核心理念,旨在促进学习方式和教学方式的转变,尤其要改变课程过于注重知识传授的倾向,强调形成积极主动的学习态度,使获得知识与技能的过程成为学会学习和形成正确价值观的过程。教的方式的转变,最终目的是为了学生学习方式的转变。可以说,新课改的目标就是促进传统学习方式的"被动性、依赖性、统一性、虚拟性、认同性"向现代学习方式的"主动性、独立性、独特性、体验性与问题性"转变。学校的教育教学及一切课外活动,都要把目标锁定在能够有利于学生终身发展之上,有利于学生在学校获得今后走向社会所需的基本生存能力——自主学习的能力、与人合作的能力、信息收集与处理能力、学会办事的能力以及独立生存的能力。

此次课程改革过程中,借鉴美国大力提倡的"以问题为中心的学习"和"以项目为中心的学习"的成功经验,引入了"研究性学习"的新课程。在教育部2000年1月颁布的《全日制普通高级中学课程计划(试验修订稿)》中,研究性学习是综合实践活动板块的一项内容。它是指学生在教师指导下,从学习生活和社会生活中选择和确定研究专题,主动地获取知识、应用知识、解决问题的活动。研究性学习与社会实践、社区服务、劳动技术教育共同构成"综合实践活动",作为必修课程列入《全日制普通高级中学课程计划(试验修订稿)》中。开展研究性学习的意义就在于通过改变学生的学习方式,赋予学生自主学习能力、与人合作能力、自主决策能力、收集处理信息能力和解决实际问题能力。最主要的是引导学生关注人类面临的重大问题,以培养学生的创新精神与实践能力以及对人类、对社会的责任感。

在上海,早在1998年,中小学二期课改启动之初就突出基础型、拓展型、研究型课程三类课程的有机融合,在全国率先提出研究型课程学习,引导学生不仅通过接受性学习获得知识,还通过研究性学习提高学生的创新意识和实践能力。2003年,上海市教委发布了课程指南,为基础型、拓展型、研究型课程三类课程的协调发展指明了方向。研究型课程作为上海中小学二期课改的创生性课程,其设立是基于原选修板块与活动板块中研究性学习和小课题研究等要求,在二期课改课程结构中,单列一类独立的课程予以保障。上海率先推出研究型课程主要基于以下思考:研究型课程具有核心育人价值,能培养学生发现并解决实际问题的能力,形成正确的规则意识、良好的做事习惯,掌握解决问题的关键技能以及具备一定的高级思维能力。研究型课程是三类功能性课程中通过问题导向发展学生解决实际问题综合能力的主要课程。作为一门全新的功能性课程,研究型课程承担着培养学生运用各类学科知识与技能,综合解决各类实际问题能力的培养,其植根于研究性学习的土壤。

有人也许会问,研究性学习与研究型课程之间是什么关系。仔细斟酌一下,就会发现:"研究性学习"作为一种学习方式,渗透于学生的所有学科、所有活动之中。"研究型课程"是为"研究性学习方式"充分展开所提供的相对独立的、有计划的学习机会。具体而言,是在课程计划中规定一定的课时数,以更有利于学生从事"在教师指导下,从学习生活和社会生活中选择和确定研究专题,主动地获取知识、应用知识、解决问题的学习活动"。①

在高考综合改革试点过程中,上海特别把学生研究性学习的经历作为综合素质评价的一个重要组成部分,在高中学生综合素质评价"创新精神与实践能力"模块强调重点记录学生参加研究性学习、社会调查、科技活动、创造发明等情况,是对二期课改研究型课程和研究性学习改革发展成果的巩固和深化。一个最典型的表现是将上海各所高中学校积极推动的学生课题研究工作的质和量都推上了一个新的台阶。学校一方面充分挖潜学校现有的资源,如各类创新实验室、陈列室等硬件资源,为学生提供课题研究的良好平台;另一方面想方设法,利用社区和高校等外部资源,为学校开展课题研究提供助力;同时充分利用各种校内外资源,组建课题研究指导教师队伍,对学生课题研究进行全方位指导;并积极探索指导高中学生组成课题研究活动团队,以量身定制的形式为每一位参与课题研究的学生设定角色,承担相应的研究工作,充分发挥每个学生的特长,群策群力地推动每一个课题研究的开展。

二、体系化、全方位育人的理念开始落实到实践中

学生的综合素质评价信息用于高学段学校的招生录取参考,以及某些研究性学习项目的开展,一定程度上促进了跨学段人才培养体系的贯通;诸如社会实践、志愿服务、研究性学习专题开展等,相当程度上要动员和争取社会教育资源的加入,因而在动员社会资源投入学校教育和人才培养方面,走出了一条新路;而回到学校内部,深入挖潜,充分发挥校内各种资源的育人功能,也成为学校努力的重要方向之一。

(一)跨学段育人体系尝试打通

长期以来,我国教育一个最典型的特征是明确划分学段,原则上每个学段都只负责管好相应学段的教育工作。有人比喻说,这就像铁路警察,各管一段。其结果是在一定程度上导致不同学段相互之间的关联被人为隔断,教育最后"合拢"的情况差强人意、遭受诟病,一定程度上导致不同学段之间推诿扯皮,甚至相互指责。

虽然,我们可以说,如果教育最后没有"合拢",一定程度上有分段教育的影响在,但根本原因并不是因为分段教育制度设计的必然结果,而是因为某个或某几个学段没有很好地完成各自的任务导致学段之间的衔接断裂所致,所以正确的学段意识就显得非常必要。分段教育管理本身没有错,办好教育一定要有学段意识。而所谓正确的学段意识,是要充分认识到各学段是分工协作的关系,不同学段之间既有分工又有衔接,每个学段既不必抢跑也不能欠账,各自把本学段的事做好,做好与上、下学段的有机衔接,最后教育一定能够"合拢"。各学段孩子的年龄特点、身心发育特点、智力发展水平各不一样,每个学段的阶段性目标必然不一样,应当体现各学段的特点。但不能各自为政、筑高隔断墙,而是需要统筹规划,需要明确一个统一的目标——为学生的全面、

① 上海高中生"研究性学习"知多少[EB/OL]. (2016 - 08 - 18)[2019 - 01 - 24]. http://www.shedunews.com.

健康、个性化的终身发展服务。

在当今义务教育全面普及、高中阶段教育加速普及、高等教育已迈进普及化阶段,每个学段几乎都已经成为前一个学段学生的"全入"式接盘手。这种情况下,不同学段之间的转段、衔接就更加迫切需要培养目标、培养模式等贯通基础上的提升和转换。综合素质评价制度的设计和实施,实质性为不同学段之间人才培养目标、模式的相互关联、转换和提升开辟了通道,奠定了跨学段育人体系贯通的实践基础。

以普通高中的创新实践和研究性学习为例。创新实践、研究性学校的设置和实质性实施,对高中学生创新意识、创新能力的培养,对于高中学生学业兴趣爱好的发现、培育、延续与深化都有着重要意义,而这些同时又是高校进行生源选拔、高质量开展专业教育特别看重的基础素养。综合素质评价对学生创新实践的关注,为普通高中和高校人才培养搭起了一座桥。

山东省教育厅张志勇巡视员曾专题分析了高考综合改革框架下高中与高校人才培养体系打通、合作育人的重要创新价值和相关推进措施。① 他说,新高考改革方案确立的"双向选择"机制,打通了高中与高校人才培养体系,使两者之间建立了有机的衔接关系。过去高校与高中之间只有分数的简单对接,其结果正如中国海洋大学原校长管华诗院士曾对进入海洋大学读书的学生讲过的一番令人振聋发聩的话:"中国海洋大学海洋专业的学生入学分数很高,但培养潜力不大,因为他们缺乏对海洋的兴趣,缺乏一定的海洋专业基础,更缺乏海洋专业发展的志向,对于毕业后是否从事海洋领域的工作,也很茫然。"但这次高考综合改革促进了高中教育与大学教育关系的变革,基础教育与高等教育的连接将发生重大变化,从单一的分数对接走向多元对接。包括学习兴趣的联结、专业学习基础的双向联结以及综合素质的双向联结。将体现学生综合素质的标志性成果纳入高校招生依据,考察的是高中学生的综合素质与高校专业学习的相关性,突破了过去高校招生只看冷冰冰的分,而忽视活生生的人的局面。

基于上述判断,作为高考综合改革的配套改革,山东省大力实施高等学校和高中学校联合育人计划,尤其是支持本科高校与高中阶段学校联合开发课程、共建共享教育资源。具体包括:支持高等学校发挥学科专业资源优势,指导普通高中开发高中特色课程,举办特色课程实验班,组织开展具有专业特点和创新特色的研究性学习、科普讲座、夏令营、科学营等活动,培养学生的专业意识、专业兴趣和专业志向;支持高等学校建立大学先修课程联盟,共同开发高中学生先修课程,鼓励学有余力和具有潜质的高中学生先行修习;支持高等学校和普通高中学校成立创新人才培养发展联盟。探索创新人才培养的途径、策略和方法;支持高等学校通过与普通高中共建研究性实验室和实践基地等,高等学校要向普通高中学生开放图书馆、实验室;支持高等学校与普通高中合作开设职业生涯发展规划课程,提高学生对职业生涯规划的认知能力,引导学生科学规划人生。

---

① 张志勇. 请大学告诉高中,你们需要什么样的学生[EB/OL]. (2018 - 06 - 12)[2019 - 01 - 24]. http://www.sohu.com/a/235380829_112404.

（二）社会教育体系的制度化程度得以提高

长期以来,我国教育另外一个典型的特征是"围墙学校"。所谓的围墙,不只是物理意义上的,更是制度意义上的。毫无疑问,学校教育有目的、有计划、有组织地对受教育者在知识、技能、情感、态度、价值观等实施影响,使其身心等素质朝着教育者期待的方向发展,相对于其他形式的教育,学校教育是教育的正规形态和主导形态,是制度化教育。

然而,学校不只是追求考分的地方,更是学生成长的地方,成长还需要走出课堂,离开校园,亲近自然,融入社会,融入生活,在实践中增长知识,在探索中增长才干,体验感悟生命的价值。如果继续抱持"闭门办学"的态度,以学校围墙为界,将学校与外界社会隔离开来,必将成为"教育孤岛"。不能让学校成为教育的围墙。[①] 教育的制度设计要着力消除传统学校教育弊端,唤醒学校的教育活力,改进教育生态,推进教育的有效性,已经成为全社会的教育共识。[②] 学校和教师积极开展教学社会实践,把"活动"变成"课程"的时候,就会更加严谨科学地来组织实施,拓展课堂空间。教育需要现实的经历和体验,让学生走进生活、走进社会,使生活生活更充实,积极践行素质教育,视野逐步开阔,拓展思维,拓宽知识面,张扬个性,锻炼品格,磨练意志,才能真正实现全面发展,明显提升育人效果。

以中小学生的志愿服务和社会实践为例。社会教育资源与中小学学校资源的结合,志愿服务和社会实践基地等的拓展,将博物馆、科技馆、红色教育基地等的教育和育人功能通过机制化的制度设计,更加充分地发挥出来。例如,相关教育部门和项目管理人员的设置、政府专项经费的拨付等,都将社会教育资源育人功能的发挥、社会教育制度化程度提升到了一个新的高度。

有学校通过建立生涯教育和综合素质培养的"双导师制",充分整合各类资源,从校友、家长、高校教师和大学生、社区、社会志愿者等人群中选拔合适的人员作为学生进行综合素质拓展的校外导师,通过"双导护航"促进学生社会实践活动的丰富性,提升学生必备品格和关键能力。类似的探索在发挥学校、家庭、社会的育人合力方面形成了制度化的安排,取得了较好的实践效果。

（三）校内全员全面全方位育人的动员和实现达到新高度

虽然我们一直说,学校内部各要素都有教育功能,真正好的教育就是要充分实现校内各要素的教育功能。但事实上,囿于教育的大环境和社会压力,中小学校内部,往往更注重学科课程教学,尤其是考试科目的强化,除此之外,学生的全面发展,非考试科目的小学科、校外和社会实践、拓展型课程、研究性学习,包括学校特色的打造等,更多都是一种形式上的存在。但随着综合素质评价办法的实施,考试科目之外的各要素所受到的重视程度、组织化程度以及发挥教育作用的实际效果等,都进入一个新的阶段。

一方面,学校在课堂教学之外,创设各种可能的设施和机构,拓展多样化的实施路径。如打

---

① 彭建平. 学校不该是教育的围墙[N]. 光明日报,2019 – 08 – 20(15).
② 朱永新. 不要设立围墙,让学校成为"教育孤岛"[EB/OL]. (2017 – 07 – 21)[2019 – 01 – 24]. http://edu. china. cn/2017-07/21/content_41256823. htm.

造实验中心、人文中心、艺体教育中心、学生发展指导（心理健康）中心等，兼顾学生全面发展和个性成长的需要，为学生发展提供场地和机制保障。例如，结合学校办学特色，创设有特色的生涯辅导共享课程、综合实践活动课程以及主题活动课程等。其中，生涯辅导课程体系，包括"看一看"系列课程视频、"听一听"专家讲座、"访一访"老专家、"讲一讲"理解和思考，以及"做一做"课题研究；综合实践课程，包括社团活动课程、创新实验室系列探究课程、创意漂流课程、头脑奥林匹克体验课程、海外综合学习课程；主题活动课程，包括科技节、读书节、社团节等。

另一方面，学校的分层分类综合管理体系网络化格局逐步明晰。学校大多专门设立了学校学生综合素质评价领导小组，统筹协调以教导处（教学处）牵头的特色课程管理部门和政教处（德育处）牵头的社会实践活动管理部门。例如，有学校明确规定，教学处统筹教研组、备课组、图书馆、体育组等相关部门力量，负责学科学习能力、校本课程选择、课外阅读情况、学习生活质量、体能测试及强项等的课程、实践和数据采集等工作；德育处协同心理指导中心、教务处等，开展心理素质及倾向、社会实践活动、艺术科技素养等的教育和培养；另外，还有专门的信息组，通过信息中心开发网络软件平台，采录和集成相关数据。

有学校甚至明确提出三大育人体系、五大育人体系，乃至十大育人体系，如课程育人、探究育人、实践育人、文化育人、网络育人、心理育人、管理育人、服务育人、资助育人、组织育人等，不一而足，但其中的核心思想还是全员、全面、全方位育人，是统筹学校工作各领域、教育教学各环节、人才培养各方面的育人资源和育人力量实施三全育人的具体化。

三、从育分转向育人的理念日益广泛深入人心

综合素质评价的政策设计和逐步实施到底给学校教育带来了什么变化、产生了什么实际成效，这是大家非常关注的议题。张治教授基于对上海高中学校综合素质评价实施成效的观察，在论坛报告中总结道：综合素质评价的全面实施，体现出来的第一个也是最大的价值、最大的导向是让我们意识到教育还有这样的评价方式，让全社会都意识到了，家长、学生、校长、招办都意识到了，这就是最大的价值。他说这既是党中央的要求，也是上海对中国教育的贡献。①

评价方式的改变，背后是评价理念、育人理念的根本改变。北京市教育督导与教育质量评价研究中心赵学勤主任这样界定和评价北京市这些年来促进和落实中小学生综合素质评价的宗旨理念和实践进展成效：综合素质评价更多的是促进人的发展过程和结果优化的功能，因此要好好发挥综合素质评价的教育功能，让学生在原来的基础上真正得到发展，能够应付任何考试，这才是真正的成功。学生综合素质评价，从在学校教育中的实现看，就是通过优化过程实现结果优化，就是真正朝着学生综合素质发展的方向去努力。学校要按照这个思路不断深入地推进，朝着能力发展的方向，改变原有教育的一些东西，改变学生的发展过程。综合素质评价强调教育和发

---

① 取自张治教授在 2018 年 11 月 28 日课题组召开的"中小学生综合素质评价研究专题论坛——聚焦综评信息在高校招生中的应用"研讨会上的报告速记稿。

展的过程,不能为了最后的结果而牺牲了过程,要让学生感受到过程中的教育性和人文性,所受到的尊重、鼓励和支持。在教育过程中去实现这些,是教育工作最核心的任务,当然也是相当有难度的任务。

教育部基础教育质量监测中心副主任、北京师范大学辛涛教授也强调,综合素质评价不仅要看到综合素质评价在考试评价和招生方面的功能,而且更要看到它在育人方面的功能。综合素质评价从一个更加全面的角度评价学生,记录学生学习,有助于打破"唯分数"和"一考定终身"的定式思维,让教育关注点从中高考备考转移到日常教育教学当中,从中高考一次性的考试结果转移到教师教学和学生学习的全过程,而这个过程与育人过程不谋而合。中高考引入综合素质评价,大力宣传综合素质评价,并让它切实发挥作用,能够保证让教育回归到"育人"这一根本任务上。[1]

"人才观的转变,将推进高中教育深层次变革。"上海市教育科学研究院副院长陆璟研究员说,教育质量不只体现在最后的学习结果上,更体现在教育教学的全过程中,体现在学生的活动和行为表现上,是远比分数更丰富多样的学生能力和品质。陆院长提出,我们应该重新定义所谓"学习能力强"的孩子,一定不是那些听话、安静、记忆力强、解题能力强的学生,而是有强烈的好奇心、喜欢提问和质疑、喜欢与他人讨论和分享、能形成自己的理解并且能创造性地表达自己的想法、遇到困难能够坚持、善于合作和解决问题的学生,因此,研究性学习的经历对学生至关重要。

综合素质评价信息的记录,其意义就在于全面反映学生成长的过程,体现学生综合能力中课堂上学不到的东西、考试里考不出的东西。综合素质评价为高校选拔人才提供了重要"参考"。同济大学本科生院院长、招办主任黄一如教授表示,综合素质评价信息在高校招生中的使用,推动高校招生模式的改革,实现了"招分"向"招生"的根本转变。对基础教育而言,改革的导向作用同样清晰可见。综合素质评价信息真实、真用,倒逼所有高中学校转变理念和思维,实现"育分"向"育人"的回归。有中学校长表示,改革前,我们习惯"脚踏实地",做好自己的备考教学等工作,改革后,我们多了"仰望星空"的意识,会探讨如何创新研究性课程,促进校本教学研究,改革为破除"唯分数论"打开了通道。

四、切实为高学段学校人才选拔提供了重要和可靠的参考

以目前高校招生录取为例,高中学生的综合素质评价信息,因为有着格式化的报告输出格式模板和电子化集成的平台呈现,因此在相当程度上为高校招生面试环节提供了重要的且核心数据要素大体一致的参考信息。而多所试点学校对参考使用学生综合素质评价信息招收录取的学生进行的跟踪调查发现,他们的发展往往比统招批次以更高分数招录的学生综合发展更好。

(一)综合素质评价信息为高校招生面试环节提供了重要参考

从高校的角度说,高校很想使用高中学生综合素质评价的信息记录,只要有校测环节,他们

---

[1] 辛涛.综合素质评价落地是育人变革关键[N].中国教育报,2019-03-27(5).

就充分加以利用。例如,上海大学在综合评价录取招生批次和春季招生录取批次中都不同程度地采用了高中学生综合素质评价的信息。上海大学参加招生面试的教授反映:没有综合素质评价信息记录时,跟学生半个小时的面试是没有依据的,有了综合素质评价纪实报告之后,学校一般先把材料给到面试的教授,教授先对学生的情况有一个大致的了解,提问和交流就有了参考的依据,同时也可以有针对性地根据学生研究性学习的成果,直接跟学生进行专题性的深入交流,相当于对分项作一个等第评定,使得面试的针对性大大提高。

另一方面,无论是对高校还是对考生来说,面试要求提交和需要准备的材料有了一个基本参照,有了一个相对标准化的要素要求;对学生来说,要提交的材料更多都是高中就读期间过程性的积累,无需面试前临阵磨枪,大大减轻了材料准备的压力。

上海市新高考改革成效调研课题组的调研显示,近五成的高中校长和面试专家都认为综合素质评价信息能够真实反映学生的综合素质。对 51 位参加综合评价录取招生的高校面试专家的问卷调查显示,超六成的专家认为通过查看综合素质评价纪实报告记录的信息,有助于筛选适合本专业学习的学生。其中,有近六成的面试专家表示会重点查看学生的"创新精神与实践能力",有两成的专家表示会重点查看"品德发展与公民素养",有 12% 的专家表示会重点查看"修习课程与学业成绩",另有 10% 的专家表示会重点查看"身心健康与艺术修养"。参加高校综合评价录取批次招生的学生,七成表示面试时考官结合其综合素质评价信息记录进行了提问。而高校招办负责人的座谈则反映出,通过面试招生,既是高校了解学生综合素质的过程,也是学生了解高校专业的过程,通过双向了解,高校能够选拔出更加适合本专业培养的学生,学生也能够选出更加适合自己的专业,从而提高高校与考生的匹配度。[①]

(二)参考综合素质评价信息招收的学生综合发展更优

与上海同属于第一批高考综合改革试点的浙江省,于 2011 年开始在浙江工业大学和杭州师范大学试点"三位一体"综合评价录取招生改革,即依据高考成绩、高中学业水平考试成绩并参考综合素质评价进行招生录取。"三位一体"综合评价录取制度以学生中学综合素质评价合格或相应等第为前置条件,将学生学业水平测试、综合素质测试(由高校组织)和高考成绩以一定比例合成综合成绩,并按综合成绩择优录取。2012 年新增了浙江师范大学等 12 所本科院校。

夏青对浙江理工大学 2012—2015 级"三位一体"学生的追踪发现,尽管"三位一体"招录学生在高考成绩方面普遍低于一般招录学生,但一年后的专业学习质量基本能与普通学生持平。相比较而言,"三位一体"学生校内获奖较多,在社团、学生组织参与以及学院综合评价等方面超过普通高考招录学生。[②] 浙江师范大学课题组以本校学生为研究对象,比较分析了"三位一体"综合评价录取学生和同专业普通高考浙江省内招录学生的各项表现,发现:尽管存在专业和年度差

<hr />

① 上海市新高考改革成效调研课题组.社会反应符合预期,实践成效好于预期——上海新高考改革成效调研报告[J].华东师范大学学报(教育科学版),2018,(3)(新高考改革研究专刊)。
② 夏青.高校"三位一体"生源质量跟踪研究——以浙江理工大学为例[J].浙江理工大学学报(社会科学版),2016(4).

异,高考成绩全面落后的"三位一体"综合评价录取学生却在专业认同、平均学分绩点、党组织与学生组织参与、获奖、竞赛、荣誉等方面整体优于参照群体。[1] 浙江省教育考试院对三位一体招生改革成效的调研显示:与通过统一高考录取的学生相比,通过三位一体招生方式录取的学生,专业素养稳固,特长优势突出,时间管理和职业规划能力更强,担任学生干部比例和活动参与度更高,评奖评优表现更好,心理调试能力更强,综合素质更优秀。

这一点在上海高校的相关跟踪评价中也得到了印证。担任复旦大学招办主任多年的丁光宏教授曾经专题介绍,学校在对招生录取工作提出改革方案时同步设计了一套追踪系统,从2006年至2016年共跟踪了7426人。将上海生源自主选拔招生的学生跟上海高考统招批次招收的学生进行对比,把浙江生源自主选拔招生的学生跟浙江高考统招批次招收的学生进行对比,在学生绩点、奖学金获得比例、学术研究、国际交流、毕业后出国深造等方面等得出了若干结论:概括而言,从定量分析的维度看,几乎所有的指标,在所有的地区、所有的年级,自主选拔的学生都呈现出明显的优势。这进一步强化了学校做好参考综合素质评价信息的综合评价录取试点改革、自主选拔学生的信心和决心。[2]

第二节 综合素质评价实施过程中的若干分歧与争议

虽然综合素质评价政策的实践推进一直在不断深化,也取得了诸多被业界公认的直接和间接的成效,但有些分歧和争议的问题点仍然存在。比如,最为根本的一个问题就是,综合素质究竟是一种什么样的存在;进而,综合素质可以用什么方法进行评价;以及,当前评价结果的科学性究竟如何、信息是否可用等。在这些根本性的问题上,业界一直有两极化的甚至是针锋相对的声音存在,没能达成基本共识,甚至短期之内仍较难达成充分共识。

一、综合素质究竟是什么样的存在

虽然综合素质评价实践如火如荼地推进,但对"综合素质究竟是指什么"的元认知拷问,却一直在持续,尤其是学理界、研究界对这个术语的内涵所指、使用语境等的界定,到目前为止并没有达成广泛共识。

简单而言,对综合素质评价的认识、理解以及接受与否,首要的分歧和争议集中在"综合素质"的"综合"究竟如何理解。即,综合素质到底是指多方面素质的组合,而该组合是可以分解的,还是作为一种综合化程度比较高的单一能力或素质,具有不可拆解的性质。这是学者们在对综合素质进行界定时出现的第一个重要分歧。

---

[1] 李云星,等. 高校"三位一体"综合评价录取质量与公平的个案研究[J]. 华东师范大学学报(教育科学版),2018(3)(新高考改革研究专刊).

[2] 丁光宏,朱晓超,王阳,等. 复旦大学综合评价自主选拔录取改革的探索与实践[J]. 中国考试,2017(4).

目前相对占优势的两种理解和说法,可以说正是针锋相对的。一种观点认为,"综合素质"就是各种素质的组合,"综合"的背后就是全面,是各方面素质和能力的集合,包括思想品德、公民素养、学业成绩、学习能力、身心健康、实践能力和个性发展等各个方面。而另一种观点则认为,"综合素质"即为某一类素质,比如,与"学科学习目标"相对应的"基础性发展目标",又比如,像布卢姆教育目标分类学中第五层级的"综合",是一种可以测量或表现的能力类型,其虽然与理解能力、分析能力并列存在,但是要高于分析能力和理解能力。

而考察"综合素质"和"综合素质评价"概念提出和发展的时代背景和现实情况,很显然是旨在克服实践中片面强调学生考试成绩的弊端,引导学生全面发展。北京市教育督导与教育质量评价研究中心赵学勤主任在接受课题组的调研时曾反复强调:综合素质评价具有强烈的问题导向。综合素质评价要具有针对性,要针对中国学生共同的问题。他举例说那段时间备受关注的中国留学生"百人作弊"事件,就反映了中国学生的诚信问题,综合素质评价就要去解决诸如此类的问题——诚实地评价别人,诚实地评价自己,我们要在发展过程中给他们种下诚实守信的种子。包括针对高中学生选科过程中所暴露的投机博弈、选择容易拿高分的学科、避开学校弱势学科等现象和问题,也要反思教育的培养目标导向,要强化学生更多考虑将来国家、工作的需要或自己的兴趣,即使再难也要往上冲的精神,为此综合素质评价要能够给学生创造一个机制或平台,成为让学生能够认识自己、反思自己、规划自己、发展自己的途径,来解决中国学生当中普遍存在的问题。总之,就是要用学生综合素质评价作为一种导向,为学生真正的发展创造机会和空间,导向学生真正个性化的发展。

综合素质评价提出的立意指向无疑具有积极的现实意义,它在相当程度上承载了纠偏的预设性功能,因此可以说,"综合素质评价"首先是教育政策术语,其作为教育评价概念以及教育实践的一方面均衍生于此,概念尚处于"愿景状态和探索初阶"。[①]

也正因如此,"综合素质"概念的界定和术语的使用,带有很强的操作性定义的特点。[②] 即,根据可观察、可测量、可操作的特征来界定其含义,从具体的行为、特征、指标上对其进行描述,从而将抽象的概念转换成可观测、可检验的项目。这在一定程度上可以解释,为什么现在文件和实践的综合素质评价都将其分解为若干个方面。

二、综合素质究竟该当如何评价

跟"综合素质"术语究竟指向什么密切关联的第二个分歧和争议,就是综合素质能不能准确地进行量化评价,不同素质维度相互之间能不能简单加总,不同维度的素质之间能否比较优劣,

---

[①] 杨九诠. 综合素质评价的困境与出路[J]. 华东师范大学学报(教育科学版),2013(2).

[②] 最早提出操作性定义的是美国的物理学家布里奇曼(P. W. Bridgman)。1923 年,他提出:一个概念的真正定义不能用属性,而只能用实际操作来给出;一个领域的"内容"只能根据作为方法的一整套有序操作来定义。简单说,是根据可观察、可测量、可操作的特征来界定变量含义的方法。即从具体的行为、特征、指标上对变量的操作进行描述,将抽象的概念转换成可观测、可检验的项目。从本质上说,下操作性定义就是详细描述研究变量的操作程序和测量指标。

以及综合素质及其构成要素在群体中的分布区间是怎样的格局,区分等第是否科学等一连串跟评价可行与否相关的问题。

就目前各地综合素质评价所列出的基本内容维度来看,有些方面和指标是可以量化的,如劳动志愿服务时间,但也有些指标很难量化,如德育、品德等。有教育学专家甚至非常决绝地表示:所有把品德量化的行为注定都是要失败的。也有学校和地区经过实践探索之后,得出了相类似的判断和结论。例如,北京某名牌高中学校多年前就自主开发了校本的综合素质评价记录平台,对每个学生平时的活动随时进行记录,力求量化、精准,最后生成一个综合性的报告,并与北京的招生平台链接打通,在当时是很有创新、很有特点的做法。但南方某学校在实际用过他们的系统之后,就提出了很多问题,其中最关键的问题就在于他们把所有的东西都算成分数,使学生变得非常功利化,这有悖于教育的价值取向。而课题组在潍坊的调研中,潍坊市教育局和相关部门表示,他们推进初高中学生综合素质评价的基本理念,是让学生立诚,通过综合素质评价的实施和反馈,培养学生的诚信品质。他们的这一做法受到比较广泛的赞赏,也给课题组留下了深刻印象。

另外,综合素质评价的内容维度涵盖的范围较广,不同维度之间如何权衡轻重的问题也备受关注。例如,有学者就明确提出,有的学生拿到了创造发明大奖,是不是可以说他一定比体育特长生水平更高。又如,物理奥林匹克大赛获奖的学生,是不是一定比世界技能大赛获奖者更优秀。如果一定要赋分并加总计算的话,非同质的内容相加如何让人信服。所以,某种意义上说,综合素质评价还是需要进一步细分到同类项,才能够有相对比较的可能和价值。

再有,综合素质评价是否可能简单地划分等第。浙江省的相关文件规定,"学校要通过民主评议方式,组织学生和教师对每一个学生的品德表现、运动健康、艺术素养、创新实践逐项进行评定。评议采用学生互评和教师评议相结合的办法,依照事先约定比例合成评定结果,其中学生互评权重不低于70%。""评价结果分三等,用 A、B、C 表示,分别代表"优秀""好""尚需努力"。各地应充分考虑所属学校的类别、特色,合理确定各校测评项目的等第比例。以市或县级区域为单位,A 等比例不超过应届学籍人数的 25%,C 等比例不超过 5%。有多科目合成的评定项目,每一科目各学年均需控制适当比例,确保多科目合成后符合总体比例要求。"[①]这个规定受到不少诟病,最大的质疑聚焦在:是不是所谓的综合素质评价维度都可以划分等第,以及这样的三个等第的结果为高学段学校招生录取提供参考的价值究竟有多大等方面。

三、综合素质评价信息究竟是否可用

对综合素质进行准确评价是一个业界公认的难题。奥巴马在任美国总统期间,曾多次呼吁美国联邦教育部门和各州的教育机构要改革发展教育评价的做法,不仅测量学生的学业成绩,还要测量反映学生 21 世纪素养,包括判断思考、团队合作、创造性及问题解决的综合能力等。美国似乎到目前也没有找到好的解决方法。大规模评价如何找出个人的创新素养和批判性精神是一

---

① 浙江省教育厅.关于完善浙江省普通高中学生成长记录与综合素质评价的意见(浙教基〔2015〕45 号)[Z],2015.

件比较有难度的事情,道德品质、责任感也都有这个特点,即只有在特定的情景下才能有所判断。在利益面前、大是大非面前、危险面前,某些品质才可以表现出来,但在日常环境中,有些素质很难衡量。所以说,综合素质评价的某些关注点具有表现的显示性和评价的情境性特点。而在多个综合素质评价的维度或指标呈现出来的信息都比较有限的情况下,要获得一个准确的量化结果其实是很难的。这种情况下,评价的结果信息能否反映学生的实际状况,也就可想而知。

作为记录学生综合素质评价信息的学校,在实际操作中不同程度出现了虚化现象,即被当作任务去完成,甚至出现应付的情况,导致评价方法、形式空虚化,评价记录结果的作用和价值有限,甚至无价值。尤其是综合素质评价兴起早期,学校迫于政府行政指令的要求简单化操作的情况比较普遍,要么因为评价主体的认知差异,失之于结果呈现千差万别,几乎没什么参考价值,要么因为评价主体的好人思想,失之于几乎所有学生都得到了同样的评价等级。因为评价结果的信度不高,高校对中学的综合素质评价基本上不信任,也基本上不参考、不使用,劳民伤财,家长、学生、教师、学校都不满意,甚至抱怨连天。[1]

当前与高学段学校招生录取相结合的综合素质评价的基本制度设计,采用的做法仍然是记录、评价相分离的做法,即由生源供给学校忠实记录学生在德、智、体、美、劳等方面的表现,为高学段校招生录取时提供参考。但不同老师、不同学校记录的方法和内容不尽相同,记录的准确性和可靠性也存在差别。有调研结果显示,仍有为数不少的校长和专家对学生综合素质评价信息的真实性和科学性存在顾虑。有课题组的调研结果就显示,四成的高中校长和五成的高校面试专家都认为难以判断综合素质评价信息是否真实反映了学生的综合素质。这种对信息真实性和科学性的顾虑,不仅影响到综合素质评价信息在高校录取中的使用,而且将给高校对学生的综合素质评判带来更高的成本,因此有必要思考如何在引导素质教育、提升学生综合素质的同时,提高高校选才的科学性和专业性。[2]

国内一些中外合作办学的大学,如上海纽约大学、宁波诺丁汉大学、西交利物浦大学等在招生录取环节对学生的综合素质进行评定时,借鉴了国外大学的录取方式,能给予我们某些启示。例如,综合素质的内容主要是看学生在面对复杂问题时综合运用所学知识解决问题的能力;评价的手段主要由一系列测评环节构成,如提交报考志愿、参加小组讨论、合作完成学习任务、完成临时布置的任务、辩论、进行课题设计等。增强综合素质评价和使用评价结果科学性的关键,在于注重程序和内涵的研究与运用,尽可能地避免综合素质评价结果的不可用甚至误用。

第三节 综合素质评价实施中的若干隐忧与挑战

综合素质评价政策的实践推进,在多方面取得实质性成效、继续承受若干分歧和争议的同

---

① 张治. 大数据背景下普通高中综合素质评价研究[M]. 上海:上海教育出版社,2017:67.
② 袁振国. 在改革中探索和完善具有中国特色的高考中制度[J]. 华东师范大学学报(教育科学版),2018(3)(新高考改革研究专刊).

时,还面临着可能由于改革不断深化而新产生或暴露出来的一些问题和挑战。例如,备受关注的一个首要问题就是,综合素质评价因为其对多种教育资源的高依赖性,会不会导致或引发新的教育不公平,尤其是资源弱势地区和资源弱势学校,如何保障和满足学生综合素质发展的实际需求;以及综合素质评价信息的记录及其在招生环节的"参考"使用和"结合"使用,如何避免寻租和博弈的可能。又如,综合素质评价信息在高一级学校招生中参考使用的面是否可以大幅扩大,真正发挥初高中学生每个人都有的综合素质评价信息纪实报告的"参考"和"结合"作用;以及初高中学校如何在做好记录、为高一级学校招生录取提供参考的同时,更好地将信息用于当前教育教学和人才培养的诊断性、形成性和发展性评价和改进。

一、综合素质评价会不会引发新的教育不公平

(一) 欠发达地区和资源弱势学校教育资源供给与需求之间的矛盾将扩大化

如前所述,综合素质评价要求的提出和实践,一定程度上是落实素质教育战略目标的重要机制,促进了不同学段之间、学校教育资源与社会教育资源之间的协同和体系化育人机制的确立。而社会教育体系的构建,相当程度上取决于社会教育资源的丰富程度,部分欠发达地区资源相对缺乏,会不会因为综合素质评价的实施导致新的教育不公平问题的出现。这是当前不同地区在推进综合素质评价实施过程中最为担心的事项之一。有专家将"综合素质评价可能加剧城乡或区域教育不公平现象"列为目前对于综合素质评价能否落地以及如何落地等问题存在存在的三方面争议之二。[①] 学生家长和社会公众的确也普遍担心或倾向于认为综合素质评价会对部分地区和学校学生造成不利从而造成教育不公平,这也是许多人质疑综合素质评价政策的一个基本理由,是制约综合素质评价在社会文化层面获得认同的障碍。

课题组曾经参与上海市教委领导接待甘肃等中西部省市研讨交流高考综合改革的经验与借鉴,在选考机制设立和学生综合素质评价实施方面,他们最大的障碍和局限就是教育资源的不足,前者主要是师资力量的局限,而后者主要是校外教育资源的缺乏。课题组也曾赴各地调研,对部分第二批、第三批高考综合改革试点省市在推进高考改革中的实际进展情况,包括综合素质评价推进的情况进行了解。有课题组成员及接受我们调研访谈的同事都感慨,综合素质评价是不是只有上海能做,即便是其他老牌的直辖市,跟上海各方面条件最接近、差异比较小、整体教育水平都比较高,也觉得是有相当挑战的。尤其是方案设计中要有一个综合素质评价实现的大平台系统,没有系统的支撑,平台无法取得社会公信力。就只从这方面来讲,他们就觉得是一个非常大的挑战。当然,还有整个地区的学校、教师在实施综合素质评价过程中,最核心的要素——人——自身的能力和视野局限等问题。

除了地区层面外,资源禀赋差异明显的学校之间,也可能会产生更进一步的分化。上海新高考成效调研课题组 2017 年的调查结果也显示,有近五成的校长在认可综合素质评价重要性

---

① 辛涛.综合素质评价落地是育人变革关键[N].中国教育报,2019－03－27(5).

的同时,认为实施成本过高。除此之外,不同类型的高中学校在教师、课程、社会实践、家长等各个方面的资源上都有很大差异,而这些差异在一定程度上会对学生的综合素质教育实施和评价结果产生一定的影响。与此同时,综合素质评价的开展,增加了高中学校的工作量和教室用地等,也提高了对学校教师的要求,资源弱势学校在社会实践和研究性学习开展方面会受到一定程度的局限。教育均衡程度和发展水平在全国首屈一指的上海,不同学校之间的差异尚且如此,可以想象其他相对欠发达地区的资源弱势学校将在资源需求和供给方面面临什么样的困难和挑战。

(二)公众对综合素质评价信息记录和使用的客观公平问题一直心存疑虑

随着新高考改革方案的落地,关于高考公平性的讨论也愈演愈烈,讨论特别集中在综合素质评价信息的记录和使用的客观性问题上,因为高中学校在记录学生的综合素质评价信息和高校在参考使用综合素质评价信息时需要人为参与,这不同于高考成绩的相对客观,家长和学生担心在参考综评信息录取时"寻租"的可能性,担心学校在使用综评信息时是否能做到公平公正。

公众对综合素质评价信息记录和使用的客观、公平问题一直有顾虑。《中国青年报》曾针对综合素质纳入高校招生做过一项调查。结果显示,有65.2%受访者认为实施的最大难度是统一评价口径和标准。杜绝人情、作假等"水分",综合素质如何定级,学生互评的公允性,都是受访者担心的内容。上海新高考改革实施成效调研课题组的调研中,部分高中校长表示,实施综合素质评价后高校的招生自主权有所扩大,但是仍然需要保证过程的公平性。由于社会诚信体系尚未建立,加之学生并没有全面了解高校对综合素质评价信息的使用方法,因此在综合素质评价中是否会存在"拼爹""开后门"等现象,成为家长和学校所担忧的问题。

这一类担心的存在,一个重要的原因就是普遍认为在目前社会诚信体系没有建立起来的情况下,学生综合素质评价结果可能不客观。这也是当前对于综合素质评价能否落地以及如何落地等问题存在的三方面重要争议之一。

目前开展的综合素质评价能够呈现的东西不多,或者说能够提取出来作为高学段学校招生考试参考的数据非常有限,只有几个相对刚性标准的指标信息可以发挥有限作用,更多的海量信息则因为其只能作为一种软性的存在而可能遭到大家质疑,只能淹没在数据库底层。公众之所以对综合素质评价信息的记录和使用心存疑虑,主要的原因正是在于其软性有余而刚性不足的问题。与以考试成绩为依据相比,综合素质评价的主观性、灵活性比较强,难有硬性标准。在公众惯常的概念中,评价标准、等级不统一,教师滥用评价权力,根据对学生的喜爱程度来评价,学校为追求升学率,教师与家长联合起来造假等问题都有可能发生。①

这就对综合素质评价体系的科学性、评价标准的权威性、评价程序的可执行性以及整个评价工作的公开程度等提出了很高的要求。

---

① 李一陵.公平是中考综合素质评价的关键[N].中国青年报,2016-09-22.

二、高校招生参考使用综合素质评价信息的范围能否扩大到统招批次

目前,虽然新高考对高校特色办学提供了某种程度上的制度保障,但具体实施过程中依然存在这样那样的过渡性特征或局限,使得作为高校特色办学重要起点的招生工作环节仍然面临系列挑战。高中学生综合素质评价信息在高校招生中参考使用的比例比较低,绝大部分学生的综合素质评价信息档案都处于"死档"状态,高中学校师生家长等抱怨付出的心血没有得到重视。那么,高校招生参考使用高中学生综合素质评价信息的范围是否有可能扩大,不只是自主招生和综合评价录取批次的招生计划扩大,而是完全彻底地扩大到整个统招批次。讨论这个问题的前提是要对我国当前的招录机制有个基本的分析和认识,也要对高校及其不同的学科专业是否明确自己的办学理念、特色定位,以及是否了解什么特质的生源更适合自己的学校或专业有一个基本的把握。

(一) 集中录取机制的桎梏

如前所述,高校招生录取工作中,只要是有校测的环节,高中学生的综合素质评价信息都或多或少作为参考使用。但作为一项统揽全局的改革举措,只在占比很小的一部分学生身上予以采用,怕是不足以实现改革的初衷和目标。在上海、浙江的新高考中,都有部分学校进行自主招生试点、综合评价录取或三位一体招生试点改革,但自主招生、综评录取、三位一体等渠道录取学生所占的比例相当有限,且都还是和集中录取制度相嫁接。① 目前高校招生工作中,仅有少数高校拥有试点综合评价录取、自主招生的权力,也只有少数学生可以通过综合评价录取、自主招生等渠道或方式进入自己心仪的高校,而绝大多数考生只能通过统招批次被高校招录。那么,在量大面广的集中录取环节能否参考使用学生的综合素质评价信息,是改革走到目前碰到的最大困境,而且是体制性的困境。

目前我国高校招生仍然采用集中录取机制,集中录取是我国招生录取的最大特色,而且可能还要持续很长一段时间。在这样的体制之下,从投档到录取结果确定只有短短的几天时间,而且这个批次不能说学校看到学生的综合素质评价不好就退档,基本不允许退档,投档比例是100%。换句话说,目前的录取体制没有给统招批次的招生录取工作太多时间和空间,时间和边界调整非常有限,根本不可能有时间审核、查阅学生的综合素质评价信息。而欧美国家的招生体制,留有大量的时间、有大量的招生官,可以根据需要集中一段时间讨论如何审核学生的材料等,而我们没有这个准备和查阅审核的时间。如此,综合素质评价信息如何发挥作用,以及能够发挥多少作用,能不能实现由点到面的覆盖,就成为一个几乎无解的困境。

在可见的未来,综评录取、自主招生等,是否仍然是极少数高校行使招生自主权的试验场? 统招批次外的各种招生方式将在多大范围发挥作用? 统招批次一统独大的格局是否可能被突破,其招录工作的时间窗口是否会开放,以及是否可能预留足够的时间给招录者参考考生的综合素质评价信息? 如果不能,绝大多数高校在招生选才方面的自主权将没有太多用武之地。

---

① 新高考:扩大学生权利后的改革建议[EB/OL]. [2019 - 01 - 24]. https://news.uc.cn/a_15126051372931423350/.

（二）高校是否清楚自己需要什么特质的生源

课题组在对上海纽约大学招生工作进行调研的过程中,印象最深的要点之一就是他们强调"优秀且适合",即他们所要录取的学生在"优秀"的前提下还要"适合"上海纽约大学办学的理念和特色。为此,他们设计了有利于选拔出他们认为适合学校办学特点的生源的招生程序和标准。

回过头来看我们传统的普通高校,每逢招生季,全校上下最最关注往往也是最最焦虑的问题,始终是今年的录取分数线不能比去年低,不然招办乃至整个学校都会面临来自各方面的巨大压力。至于上线的考生是不是适合本校的人才培养目标和培养模式,或者有多大潜力可以挖掘和发挥,根本就不是招生工作所要考虑的问题,甚至都不是高校办学者所关心的问题。更进一步的问题是,学校有没有自己清晰的办学理念与特色定位,有没有考虑过什么样的生源特质与自己学校的办学特色相匹配,然后才是如何筛选出与办学特色相匹配的生源的问题。如果前两个问题没有明确的答案,那么就无从谈起如何筛选合适的学生。

对带有生源供给任务的高中学校开展学生综合素质评价工作而言,如果说政府的政策、文件、要求更多发挥的是推力的作用,高校招生时参考使用学生综合素质评价信息的做法,则发挥的是重要的拉力作用。要发挥好拉力的作用,就需要高校首先要清楚自己的定位及对生源的要求、筛选的标准与程序安排等。

（三）学校的办学特色能否涵盖不同学科专业的生源需求

本轮新高考综合改革,一个重要的特点是打破或取消之前的一本二本投档招录机制,代之以院校专业组投档,目的在于淡化高校的层次之分,强化高校不同的学科专业都能办出特色、办出水平。按照这个逻辑,不同的学科专业应该有自己清晰的办学目标定位和生源要求,然后对照这个要求参考高中学生的综合素质评价信息进行生源选拔。这样,同样一所高校内部,不同学科专业所看中的学生的特质也应该是有差异的。高校一定要承认自己录取的学生是有差异的,用统一分数给所有学生排队的话,对于现阶段来说已经不太合适了,因为现实是每个学科专业对生源的需求可能不同,那么就需要有自己的分门别类的人才评价测量标准,有能够体现各自学科专业特色的评价指标和维度,才能够真正派上用场。

除了相对通用的学术能力之外,每个专业还看重其他哪些方面的能力,需要确立什么样的评价标准和评价维度。假如体制方面集中录取的桎梏可以打破,高校不同学科专业是否有能力清楚界定自己对生源特质的要求,以及能否组织专业的队伍对潜在生源进行评价和筛选。

（四）高校能否准确把握"参考"的尺度

虽然教育行政主管部门极力推动高校制定、公布有关综合素质评价信息的使用办法,并提供了办法的文本框架要点供参考,但从前期陆续公布的办法文本看,仍普遍存在行文空泛、表述模糊、规定粗放的问题。

行文空泛:部分学校的文本只是原则性地通告将在招生中参考使用综合素质评价信息,但并没有结合学校自身的情况稍作具体展开,尤其是在学校特色的表述和重点考察的综合素质评价要素等方面,几乎没有触及。

表述模糊：有些学校在最核心的部分，即如何使用综合素质评价信息方面，只说是参考、参考使用、重要参考等，并没有进一步具体的表述。

规定粗放：使用综合素质评价的办法应该有细则，如使用者、组织者、如何使用、公示、计分等应该有一些基本的规定，但现在的办法文本基本没有涉及。

与此同时，作为招生录取时"两依据"之外的"一参考"，"参考"的边界和尺度能否客观准确地予以把握。高等学校在高考招生过程中，如果将综合素质评价信息进行量化，折算成分数，再计入高考成绩，进行招生录取，是不是意味着"参考"变成了"依据"，将"两依据一参考"变为了"三依据"，而超过了"参考"的程度。如果只在招生的过程中看一下综合素质评价信息，最终仍以高考成绩作为考生入学的决定性标准，仍重复"考试成绩定终身"的模式，综合素质评价信息将变得"可有可无"。高等学校在高考招生的过程中，如何把握综合素质评价信息从"依据"到"可有可无"之间的度，是新高考改革所面临的重大难题之一，如何拿捏这个"度"，仍是学界和实践界需要深入研究的问题。

上海在对高考综合改革落地第一年的工作进行总结时，在"深化改革需要关注的问题"部分就特别指出：高校用好高考改革"红利"的意识尚待加强。通过改进考试选拔方式，撬动和引领高校人才培养模式改革，这是此次高考综合改革的初衷。但是从试点情况看，不少高校因自身办学定位还不是特别清楚、分学科和专业的人才培养目标还没有完全明确等原因，学校内部存在一定程度的"招"与"教"割裂的现象，注意力普遍集中在如何吸引高分考生，人才培养部门对招生的关注度和参与度不够，用好高考改革"红利"来优化人才培养模式的意识还不够强，措施还不够到位。

三、高中学校如何在记录综合素质评价信息的同时发挥其评价功能

目前有一种担忧，认为近年来纳入招生考试制度综合改革的学生综合素质评价，过多强化了为高学段学校选拔人才服务的功能，带有生源供给任务的低学段学校越来越沦为综合素质评价信息、档案资料的"过手"记录者，而没有很好地或有意识地将综合素质评价信息记录过程及其积累作为学校和教师自身教育教学、人才培养改进的参照，发挥其用于学校教育教学工作的形成性、诊断性、发展性评价的作用，挖掘其中使教育评价成为育人过程中的重要环节的价值，导致综合素质评价出现了某种程度的应试化倾向，在综合素质评价过程、育人与结果性选拔筛选之间的关系中出现了"一头翘"的问题。

张治教授曾经对招生考试制度综合改革启动之前的综合素质评价工作做过"类似应试化"的评价。他说："实践中，综合素质评价出现了类似应试化的现象，即轻视过程与过程性评价，重视评价结果与评价结果的量化；轻视评价的育人与诊断教学的功能，重视评价的甄选功能与评价等级"。典型的做法是"将文件要求的六个方面，规定为一级指标，然后具体细化为二级指标、三级指标，然后由评价主体对各三级指标进行量化打分，这是典型的评价指标应试化表现"。虽然这种做法方便操作与比较，但是素质本身是一个高度概括化的教育术语，也许并不适合被具体量

化,过分追求量化可能导致综合素质评价空有其形而无其实,加重学生负担,增加社会群体性焦虑情绪。①

由于总体来说,综合素质评价与学校正常的课程教学处于一个相对隔离的状态:评价内容没有很好地与课程教学内容进行对接,评价结果不能用于改进教学,对学生生涯规划、学校特色办学、高校分类遴选等也不能提供实质性的帮助。因此,从师生视角看,综合素质评价成为相对孤立的鸡肋,似乎并没有政策所宣传或要求的那么重要,而是可有可无。如此,实际操作中,综合素质评价也就很自然地出现了操作虚化和僵化的现象。虚化表现在被各方当事人当作任务去完成,甚至出现应付的情况,导致评价的方法和形式空虚化,评价的作用和价值有限,甚至完全无价值。僵化则表现为各地基本上都是通过教育政策和行政命令在各学校推行,层层向下传递,创新不足,造成千校一面的僵化格局。

对综合素质评价虚化、僵化、简单化的操作,最终的结果可能就是大家对评价工作的满意度都不高。因为评价结果的信度不高,高校对中学的综合素质评价信息的信任度不会太高,可能基本上不参考、不使用,这反过来又进一步导致家长、学生、教师、学校的各种不满意,抱怨劳民伤财,做无用功。

因此,就制度设计来说,如何实现综合素质评价信息记录学校从"要我做"到"我要做"的升华,关键还在于要将该项工作转化为育人的环节和必需,将其纳入日常评价、学期评价等体系中,作为学校教育教学、人才培养工作的过程性评价、形成性评价的组成部分,使之成为教育教学改革、发展、完善的依据。

① 张治. 大数据背景下普通高中综合素质评价研究[M]. 上海:上海教育出版社,2017.

第六章　综合素质与综合素质评价：概念厘定与理论问题

导语：如前所述，在我国，综合素质评价的兴起首先表现为一项政策行动，之后才有学术研究陆续跟进。由此，综合素质与综合素质评价议题上的政策话语与学术话语分歧，一直在持续，其间到底有什么异同；综合素质概念之下，若干相近相似概念丛层出不穷，例如，近年来各种文献关注较为集中的核心素养、21世纪能力、综合技能等，其与综合素质又是什么关系？综合素质评价，区别于其他教育评价的关键是什么？什么样的教育评价方法适用于综合素质评价？目前相对公认的可用于综合素质评价的方法有哪些？本章将着重对上述问题进行梳理和分析。

第一节　政策话语与学术研究话语中的综合素质与综合素质评价

综合素质评价实践的推进更多表现为一项自上而下的政策行动，是一个政策话语体系中的实践活动。政策实践活动，一定程度上得到学术理论研究的滋养和支撑，但由于受众的差异、语境的不同，政策话语体系不可能与学术话语的表达完全一致。一般而言，政策话语更多突出操作性层面的关注和阶段性工作重点，而学术研究话语则可能更多强调逻辑严密、内涵清晰和相对稳定等特征。反映在对综合素质和综合素质评价的关注上，也是大致如此。

一、政策话语、学术话语及其特点

一般来说，话语有着语境之分，小到某些术语使用，大到整个问题讨论的话语体系。无论是从语境来说，还是从话语体系而言，目前对综合素质和综合素质评价认知、理解和探索实践，一定程度上仍明显存在着学术话语和政策话语的分歧。

话语体系（Discourse system）是"在一定价值观念、方法体系与理论体系支撑下，由合理有序的架构将话语符号整合在一起的有机语词体系"，[1]是作为人际交往沟通手段的言语活动在一定社会境遇中运用的范式，即承载说话群体的主观意志和思想的完整有序的话语建制。

学术话语体系，具有特定的语境，专指在人文、社会、自然研究、教育等领域里运作的话语体

---

[1] 韩璞庚.学术期刊、学术话语与学术原创[J].岭南学刊,2017(3).

系,它不仅带有特定的问题、观点、假设、表达和理解方式,而且还有特定的话语主体、传播渠道、社会地位、历史和文化关系等。学术研究与交流通常是在一定的专业范围内进行的,学术话语体系常常含有特定的专业知识背景、涉及专业的专用词汇,这些词汇有着专业背景下的特定含义,是业内人士一望而知,或者学术共同体约定俗成的。但是,对这一专业系统不那么熟悉的人,或非专业人员,在涉及某些专业背景知识的专业术语时或阅读拥有许多专业词汇的学术文章时,会一时难以理解或者难以准确理解,但是难懂并不是学术文章或学术话语特意追求的效果。学术话语体系是有机整合各种学术话语符号元素的产物,代表着一种规范的学术表达方式,强调运用共同接受或认可的术语、概念、范畴对学术问题进行言说与表达。① 因此,从某种意义上说,学术语言的存在恰恰是为了准确、简洁、客观与追求普适性。

与学术话语相对,政策话语体系,是为了获得受众对政策的理解、接受与认可,发挥政策规范管理人们思想行为、调节不同群体间的利益关系的作用,因此具备公共性的特点。同时,政策作为引导实践活动的方针策略,不仅要求在言语表达方面的精确、简洁,而且还要求最大限度地降低那些有疑问、有歧义或者表述模糊的概念和说法。因此,政策话语一般具备凝练、严谨等精致性特点。② 但更为关键的是,政策话语体系是政治话语体系的重要组成部分,体现为思维视野、执政理念、制度设置和实践方法等诸方面的政策诠释和认识,体现出政治话语的权威性和强制性等特色。

二、政策话语中的综合素质与综合素质评价

我们说,我国的综合素质评价首先是一个政策行动,因此对综合素质评价系列核心概念的界定必然需要首先从相关政策文件中予以析出。换句话说,综合素质和综合素质评价首先是政策话语,而不是学术话语。

(一)政策文件中对综合素质、综合素质评价的操作性定义

目前基本的共识是,我国综合素质评价体系在国家政策层面系统确立起来,始于 2002 年教育部颁发的《关于积极推进中小学评价与考试制度改革的通知》。在这个通知中,综合素质指向学生的六大"基础性发展目标",即道德品质、公民素养、学习能力、交流与合作、运动与健康、审美与表现。而"综合素质评价"作为一个专用术语,是在教育部 2004 年的一个工作文件《国家基础教育课程改革试验区 2004 年初中毕业考试与普通高中招生制度改革的指导意见》中首次出现的。在此之后比较长的一段时间里,"综合素质评价"术语的使用并没有呈现压倒性优势,在教育部后续若干年发布的相关文件里使用频率较高的还是诸如"综合评价"等表达,如直到 2013 年 6 月发布的《教育部关于推进中小学教育质量综合评价改革的意见》及其《中小学教育质量综合评价指标框架(试行)》等,使用的都还是"教育质量综合评价"的术语。

---

① 韩璞庚. 学术期刊、学术话语与学术原创[J]. 岭南学刊,2017(3).
② 齐绍平,李丹. 教育政策话语与新闻媒介话语间的解读与沟通[J]. 湘潭大学学报(哲学社会科学版),2015(4).

《国家中长期教育改革和发展规划纲要(2010—2020年)》发布以后,随着综合素质评价日益明确地被纳入高学段学校招生录取"参考"的视野,综合素质和综合素质评价等核心术语在国家和地方政策文件话语中的使用开始趋于一致和高频。《国务院关于深化考试招生制度改革的实施意见》中的相关描述是:"综合素质评价主要反映学生德智体美全面发展情况,是学生毕业和升学的重要参考。建立规范的学生综合素质档案,客观记录学生成长过程中的突出表现,注重社会责任感、创新精神和实践能力,主要包括学生思想品德、学业水平、身心健康、兴趣特长、社会实践等内容"。《教育部关于加强和改进普通高中学生综合素质评价的意见》则进一步明确提出:"综合素质评价是对学生全面发展状况的观察、记录、分析,是发现和培育学生良好个性的重要手段,是深入推进素质教育的一项重要制度。"评价内容要"依据党的教育方针,反映学生全面发展情况和个性特长,注重考察学生社会责任感、创新精神和实践能力"。

很显然,从综合素质评价政策的肇始至今,相关政策文件对政策话语中的核心术语都采用了一贯的定义方式,即"操作性定义"——根据可观察、可测量、可操作的特征来界定变量含义,从具体的行为、特征、指标上对变量的操作进行描述,将抽象的概念转换成可观测、可检验的项目。从本质上说,操作性定义最典型的特征就是详细描述研究变量的操作程序和测量指标,基本要求就是要使抽象的概念成为可观察、可测量、可检验的项目。目前主流政策话语语境中的综合素质和综合素质评价术语的界定和使用,就是采用了将抽象概念分解为具体若干方面的做法。当然,也因为如此,学术话语主张者一直持续质疑相关概念和术语的使用,以及具体的评价方法是否真正符合所谓"综合"的意旨。

(二) 综合素质评价与综合评价录取

近年来,作为"综合评价、多元录取"的招生考试综合改革的试点政策之一,又出现了一种带"综合"字样的招生方式——综合评价录取。综合评价录取,是一个招生批次,是一个切实参考高中学生综合素质评价的招生批次。简单地说,综合评价录取是近年来部分地区和高校实行的一种新的综合评价招生模式,是把考生的综合素质评价、高校的自测评估成绩、高考成绩按照一定比例折算成综合分,最后按照综合分择优录取的一种招生方式。

在上海,综合评价录取方式最早见于2014年上海交通大学工科实验班的招生中,2015年复旦、交大成为两所试点高校,2016年试点范围扩大到9所上海211工程院校。这9所学校分别是在沪的8所教育部直属高校——复旦大学、上海交通大学、同济大学、华东师范大学、上海财经大学、上海外国语大学、华东理工大学、东华大学,和上海市属的上海大学。2019年,上海中医药大学也进入了综合评价录取招生试点高校行列。

这项改革的基本原则是突出强化公平性、不断深化科学性,基本做法是:以基于高考成绩为基础,以高中学业水平考试为重要依据,参考高中学生综合素质评价信息,结合以面试为主的学校测试进行选拔;评价标准上,主要是试验评价学生专业潜能的科学方法,以及反映学生综合素质的有效办法;被普遍认为是对高考"两依据一参考"招录模式改革的有益探索。

综合评价录取不同于自主招生,①由于其报名条件只要求考生"具备在沪高考资格""学业水平考试全部合格",因此也常被认为是一个"门槛较低"的升学方式。也正因为审核门槛低,自从综合评价录取宣布在上海试点后,就受到考生和家长热捧。但事实上,虽然报名门槛不高,但面试入围和最终录取的门槛却并不低。因为通常情况下,高校会根据资格审核通过的考生的高考分数,按照招生人数1:1.5的比例划定投档线,不低于报名高校投档线的考生可进行志愿填报。高校根据投档情况确定入围面试名单,然后安排测试,形成每个考生最后的综合成绩。高校将以综合成绩排序,根据招生计划在综合评价批次完成对考生的录取。一般来说,综合成绩＝高考投档成绩(占60%)＋面试成绩(占30%)＋高中学业水平成绩(占10%)。之所以说是综合评价录取,最直观的理解就是因为录取不只是看高考分数,还要看面试校测情况,参考高中学业考情况,尤其是综合素质评价信息反映的学生综合素质方面的情况。

综合评价录取招生方式推出之初,如果高考成绩不理想或优势不大,参加综合评价招生的面试也有可能成为逆袭的机会。但随着近几年报名考生快速增加,有些学校或某些院校专业组招生分数甚至高出统招批次的录取分数线。因此,综合评价招生的优势对考生来说,越来越多地体现为在高考填报志愿之前提前确定录取,或者比别的考生多一次高考录取机会方面,但是对高校而言,却可以通过综合评价在高分考生中招录到与学校人才培养目标定位与和专业人才培养模式更加匹配的优质生源。

综合评价批次的招生,与高中学生综合素质评价的一个密切关联就在于:其最大的特点是,高校将考生高中阶段的综合素质评价信息作为高校审核的重要内容,供专家在面试中使用,综合择优选拔综合素质评价优秀的考生。综合评价录取,在参考高考成绩的基础上,进一步参考学生的高中学业水平、能力测试和专家面试等相关成绩,并对这几项参考因素进行综合,从而建立起了学生与高校之间的互动,给予双方相互选择权,学生可以借此机会向自己心仪高校抛出"橄榄枝",而高校也可以进一步考核,筛选出那些真正适合本校定位与人才培养模式的学生。

综合评价录取,在浙江、北京、江苏等地也都有实施。虽然使用的未必是同样的术语,但招生方式大致相同或类似,如浙江的"三位一体"招生即为此。

应该说,高校的综合评价录取招生是目前高中学生综合素质评价信息使用最为充分的招生方式之一。

---

① 自主招生,是我国高等教育招生改革扩大高校自主权的重要措施,具体是指获得自主招生资格的各类高校通过自行组织的测试,对优秀生源给予不同程度的加分或降分、给予入围资格甚至直接提前录取,以便使参加自主招生考试的考生能够更加顺利地被录取的招生方式。2015年起,根据国务院考试招生改革要求,自主招生考试应将安排在全国统一高考后进行。目前看,高校自主招生招收的主要对象是具有学科特长和创新潜质的优秀学生。一般来说参加自主招生的考生基本包括3类:(1)高中阶段学习成绩优秀、品学兼优、综合实力强或取得优秀荣誉称号的高三毕业生;(2)在一定领域具有学科特长,在各类比赛及竞赛中获得奖励的考生;(3)高中阶段在科技创新、发明方面有突出表现并获得奖励的考生。

三、学术研究话语中的综合素质与综合素质评价

国内学术领域对"综合素质评价"的研究始于21世纪初,研究范围和问题伴随着中小学评价与考试制度改革等国家相关教育政策变化和中小学课程评价改革实践推进不断拓展和深化。有学者认为,"综合素质评价"是针对我国教育政策和实践而创设的一个基本概念和理论构想。而作为"综合素质评价"之"基础概念"的"综合素质",事实上也是作为一个新的概念术语得以产生和应用。

"综合素质评价"这一概念的提出和发展,旨在克服实践中片面强调学生考试成绩的弊端,引导学生全面发展。这一立意无疑是正确的,但从国内相关文献来看,有关"综合素质评价"的内涵界定远未达成共识,甚至对更为基础的"综合素质"的概念也没有达成共识,更遑论要落实到实践层面的综合素质评价的指标和内容要点了。究其原因,一个很重要的情况就在于,"综合素质评价"首先是教育政策术语,其作为教育评价概念以及教育实践的一方面均衍生于此,概念尚处于"愿景状态和探索初阶"。①

要研究和界定什么是"综合素质",显然需要从"综合素质"的"元概念"——"素质"入手。事实上,可以肯定的是,相关学者和研究文献的确也都是从对"素质"概念的理解和界定入手,阐述"综合素质"的内涵与外延。应该说,"素质"是一个非常广谱的概念,"综合素质"更是一个含义非常丰富的概念,但也正是因为其丰富,不同的人理解起来都会有自己的角度和关注,因此学术界关于"什么是综合素质"一直存有争议,进而对于"如何评价素质和综合素质"的问题,就更是难以达成共识。

在"综合素质"的内涵究竟是什么、外延到底在何处的问题上,归纳目前相关文献看,学者们的见解和表述所体现出来的分歧主要集中在如下几个基本问题点上。

(一) 综合素质是多种素质的组合,还是指向某种不可拆分的单一素质

综合素质到底是指多方面素质的组合,而该组合是可以分解的,还是作为一种综合化程度比较高的单一能力或素质,具有不可拆解的性质。这是学者们在对综合素质进行界定时出现的第一个重要分歧,即,"综合素质"的"综合"究竟如何理解。

目前相对占优势的两种理解,可以说正是针锋相对的。一种观点认为,"综合素质"就是各种素质的组合,"综合"的背后就是全面,是各方面素质和能力的集合,包括思想品德、公民素养、学业成绩、学习能力、身心健康、实践能力、个性发展等各个方面。而另一种观点则认为,"综合素质"即为某一类素质,如与"学科学习目标"相对应的"基础性发展目标",又如像布卢姆教育目标分类学中第五层级的"综合",是一种可以测量或表现的能力类型,与理解能力、分析能力并列存在,但是要高于分析能力和理解能力。

也有学者将上述两种观点作了折中性质的处理,将其作为界定综合素质内涵的两种策略。例如,孙彩霞在2014年的文章中就说:目前人们对什么是综合素质这个问题的认识并不统一,通

---

① 杨九诠. 综合素质评价的困境与出路[J]. 华东师范大学学报(教育科学版),2013(2).

常采取两种策略来界定综合素质的内涵,"第一种策略是对应的方法,将那些纸笔测试、总结性考试无法反应出来的素质就统称为综合素质",另一种策略是分解法,即"将综合素质分为'道德品质、公民素养、学习能力、交流与合作、运动与健康、审美与表现'六个方面"[1]。很显然,在离开纯学术语境、考虑政策实施的可行性时,概念界定也采用了操作性定义的方式。

(二)综合素质是否包含学业能力

关于综合素质评价的内容,由于对"综合素质"这一前提概念认识视角的差异,不同学者对综合素质评价内容的理解差别较大。一个突出的争议在于,是否包含"学业能力"。综合素质是更多指向学生课业学习表现等之外的要素,还是包含学业能力(也有称学习能力、学术能力)在内,甚至更直白一点说,是否包含学业成绩方面的相关情况。这是学者们在讨论综合素质时遭遇的第二个分歧的焦点。

首先,我们说,这里有多个概念的混用,如学业能力、学习能力、学术能力以及学业成绩等。这若干个概念因不同学者的使用喜好而分别出现在不同的文献中,但严格地说,其间没有任何两个概念是完全等同、可以等价替换的关系。

比如,学术能力,常常被狭义地界定为从事学术研究的相关素质。一般来说,一个人的学术能力具体表现在以下六个方面:问题的发现与提出能力、文献的收集与整理能力、概念的生成与厘定能力、作出学术命题的能力、设计研究过程的能力以及对学术前沿的敏感。学术能力首要的方面就是发现问题与提出问题的能力。[2] 但相对广义的理解,不一定是严格指向学术研究工作,而是指向相对广义的问题发现、问题分析和问题解决能力。从这个意义上说,有点类似于学习能力的含义。例如,美国由教育测试中心(ETS)承担命题及阅卷工作的"学术能力评估测试"(Scholastic Assessment Test,SAT)考试,作为世界各国高中生申请美国大学入学资格及奖学金的重要参考,分为阅读、文法和数学三部分,重点考察的是推理和语言能力等。

我们在讨论学习能力时,更多强调一个人学习的意愿、学习的态度、学习的方法、学习的成效等。学习能力不完全等同于学术能力,学习能力是一种相对广泛的能力,而学术能力相对聚焦在学术活动方面,良好的学习能力是学术能力的基础和前提。而所谓学业能力,某种意义上来说,对象更多指向学生,是学生在学业(学科课程等)方面的学习能力和学习结果的整体呈现。基于对上述概念的分析和梳理,此处相对合适的术语,个人倾向于选用"学业能力"。

由此,接下来的问题,就是综合素质的内容中是否包含学业能力,或者更进一步说,是否包含基于学业能力基础上作为表现性结果的学业成绩。多数学者主张包含"学业能力",但在实践中也有一种把综合素质理解成了"非学术能力表现"的主张。

一种观点将综合素质界定为非学术能力。持这一观点的代表是崔允漷教授和柯政博士等,他们在文章中明确强调:教育部以及各地对综合素质评价具体内容的理解相差很大,但是存在着

---

① 孙彩霞. 区域间高中综合素质评价标准的比较研究[J]. 基础教育,2014(1).
② 肖川. 何谓学术能力[J]. 基础教育参考,2008(7).

一个很大的相同之处,那就是基本上大家都把综合素质理解成了"非学术能力表现"……把综合素质大体等同于学生所拥有的非学术性能力。很显然,这一观点与教育部相关政策文件中的表述具有一致性,或者说,教育部相关政策文件的表述得到了部分学者的认可。例如,《教育部关于积极推进中小学评价与考试制度改革的通知》就是将学生在道德品质、公民素养、学习能力、交流与合作能力、运动与健康、审美与表现等方面的整体发展水平作为基础性发展目标,区别于学科学习目标来体现的。

另一种观点坚持认为综合素质应该是学术能力和非学术能力的综合。靳玉乐、樊亚峤就明确提出:"学生的综合素质应该由'学术能力'和'非学术能力'两部分组成。"[①] 罗祖兵也多次明确地说:"'综合素质'应该是包括学业成绩在内的各方面的素质。"[②]"综合素质应该是一个人各方面素质的综合,它包括学术素质,也包括非学术素质。"[③] 而多位学者在对诸如美国、英国、加拿大、新加坡等国家和地区进行国际和比较研究之后也指出,"他们都认为学生的学术能力或者学业成绩是学生综合素质的一个重要组成部分",[④]"新加坡的学生综合素质评价包括两方面:一方面包括学生的学术能力或者学业成绩,另一方面包括非学术能力。"[⑤]

目前作为一种探索,或者说折中的处理方式,是认可综合素质评价可以强调过程性和成长性,学期或学业考试的成绩,尤其是成绩变化的趋势、研究性学习专题等,应纳入综合素质评价的考虑范畴。

(三) 关于综合素质属于什么性质评价的问题

关于综合素质是否可评,以及如若可评是属于什么性质的评价的问题,是有关学术研究中存在的第三个较大的分歧。

在是否可评的问题上,有观点认为综合素质是测试无法反映出来的素质,所以测评的难度很大,甚至有观点干脆认为,综合素质评价具有不可测量、不可量化的特点;有观点强调,不能以某一方面的素质代表综合素质,应尽可能体现多个方面的综合;有人提出疑问,如果可以量化,不同素质之间,有无权重的问题;也有人关心,不同个体之间的综合素质相互之间是否可比的问题,等。

在综合素质评价是一种什么性质的评价这个问题上,通过对该政策发展沿革历史脉络的细致梳理可以发现,综合素质评价的引入,所针对的主要问题是对学生的评价只见分不见人,其最大的贡献也是对学生的评价从之前只"见分"到现在开始"见人"。原教育部基教二司巡视员、教育部课程与教材中心原主任朱慕菊曾在"为了孩子健康快乐成长"论坛上描述了一味追求升学率带来的弊端。她说:"升学率的内涵只剩下了分数,导致不能用分数衡量的重要教育价值,如健

① 靳玉乐,樊亚峤. 中小学实施综合素质评价的意义、问题及改进[J]. 教育研究,2012(1).
② 罗祖兵,吴绍萍. 高中综合素质评价统一性的问题及其对策[J]. 教育科学,2011(4).
③ 罗祖兵. 分析式综合素质评价的困境及其突围对策[J]. 教育科学,2014(5).
④ 崔允漷,柯政. 关于普通高中学生综合素质评价研究[J]. 全球教育展望,2010(9).
⑤ 刘志军. 关于高中学生综合素质评价的研究与政策建议的报告[R]. 教育部基础教育二司,2011.

康、道德、人格、世界观、价值观、人生观、快乐等都被忽略。"① "综合素质"作为学生先天禀赋和后天环境（教育）交互作用并在个体身上所体现出来的结果，虽然在心理学、课程理论等学科有着各自不同的解释方法，但关于综合素质评价的本质，得到多数学者认同的观点是，综合素质评价属于个性发展评价，是真实性和过程性的评价。②

有专家说，综合素质评价与单项素质评价相对应，其实质就是从单项素质评价转向多种素质综合评价，从单次考试（如高考）评价学生变为全过程的成长性评价，从片面注重分数的评价走向注重德智体美全面发展的评价。从本质上说，综合素质评价就是倡导全面评价、过程评价、多元评价观的具体应用，其价值导向就是全面和谐发展、个性特色发展、科学甄别遴选和可持续发展的教育理想，是科学育人、公平选拔、因材施教、分类培养、持续发展的教育治理导向。③

（四）综合素质可以用什么方法进行评价

评价方法对教育改革和发展实施过程中扮演着重要的角色，对教育改革发展目标的实现具有决定性的引领作用。如果说，理念是评价的灵魂，决定着评价的性质和取向，则技术和方法就是评价的骨骼，支撑和架构起评价的各相关因素，决定着评价完成的质量。④ 综合素质评价，也必须要与推进综合素质教育的初衷相吻合，引导学校教育教学向重视学生全面发展的方向转变。为此，综合素质评价过程中，评价方法的选择和使用至关重要，哪些评价方法适合开展对学生的综合素质评价，既有的各种评价方法，其评价过程、评价结果、具体手段途径、适用范围等是否适用，有哪些新的方法可以更好地适应综合素质评价的需要。自素质教育被确立为国家教育战略目标、综合素质评价被国家教育文件正式提出以来，为数众多的教育研究和实践人员对此进行了广泛深入的探索和实践，从理论层面给出了很多综合素质评价的方法，如档案袋评价法、表现性评价法、问卷调查法、情境测试法等。总体来看，相对集中在两种主要的评价方法上，即档案袋评价、表现性评价（见表 6 - 1）。

档案袋评价（Portfolio Assessment）是在西方"评价改革运动"中产生的，于 1990 年左右在美国应用于教学实践中，是目前中小学使用越来越多的一种质性评价方法。有学者称其为进行综合素质评价最基本的方法。所谓档案袋评价，是指"教师依据教学目标与计划，请学生依特定目的持续一段时间主动且系统地收集、组织与省思学习成果的档案，以评定其努力、进步、成长情形"⑤。

表现性评价（Performance Assessment）自 20 世纪 90 年代以来在世界范围内得到广泛运用。所谓表现性评价，是指"为测量学习者运用先前所获得的知识解决新异问题或完成特定任务能力的一系列尝试。具体来说，就是运用真实的生活或模拟的评价练习来引发最初的反应，由高水平

---

① 当前教育升学率崇拜显著　官员称政府对此大有可为[N]. 中国青年报，2011 - 12 - 30.
② 李雁冰. 论综合素质评价的本质[J]. 教育发展研究，2011(24).
③ 张治. 大数据背景下普通高中综合素质评价研究[M]. 上海：上海教育出版社，2017.
④ 李雁冰. 课程评价论[M]. 上海：上海教育出版社，2001.
⑤ 李坤崇. 教学评估：多种评价工具的设计及应用[M]. 上海：华东师范大学出版社，2011.

评价者按照一定标准进行直接的观察、评判。其形式主要包括建构式反应题、书面报告、作文、演说、操作、实验、资料收集、作品展示"[1]。

表6-1　档案袋评价与表现性评价的主要特点[2]

评价方法	评价过程	评价结果	评价手段与途径	适用范围
档案袋评价	开放性；持续长时间	记录性	展示型、文件型、评价型和课堂型等	各种能力素质
表现性评价	相对开放性；持续一段时间	综合性	建构式反应题、书面报告、作文、演说、操作、实验、资料收集、作品展示等	各种能力素质

四、政策话语与学术话语中的综合素质评价是一个有机整体

综上所述，一个基本的共识是：综合素质评价概念首先是在政策话语体系中提出和发展的，学术语境中的理论研究工作是随后跟进的。当然，考虑到我国的教育理论研究工作者越来越多地介入政策的前期预研究和论证工作中，而教育行政部门主管人员越来越多地具有教育理论研究的视野和意识，所以，将综合素质评价和综合素质的研究与关注一定要壁垒分明地说先有政策话语后有学术话语，怕是过于绝对了。事实上，相对比较符合实际的表述，可能应该是教育理论研究、教育政策研究和制定在过程中不断磨合、最后形成的一个融合性的结果。至于其首先出现在政策文件中，之后才有学术研究的相关成果出现，熟悉或参与过教育政策研究工作的学者应该也都是理解的，尤其是如考试招生制度改革等高敏感性的话题，这样的出现顺序更是情理之中的事情。

作为政策话语，一个概念术语的使用，可能更多强调的是操作性定义，如其可见、可测、可比，阶段性的工作重点等；而作为学术研究的概念术语，则可能更多强调界定的逻辑严密和严谨，内涵和外延的边界清晰以及相对稳定性等。

上海市电化教育馆馆长，上海市综合素质评价系统开发与管理、上海市研究性学习教育专家系统开发建设等大型项目主持人张治教授，作为在综合素质评价议题上横跨学术研究、政策研制、实践落实的"全流程"深度参与的"全域"专家，曾系统对比分析了行政导向下的综合素质评价和学术视角下的综合素质评价，构建了综合素质评价的冰山模型（见图6-1），不无深刻地指出：综合素质、综合素质评价、综合素质评价指标，这三个概念是整个综合素质评价从理论到实践的根基，缺乏这个根基，理论的进一步发展缺乏坚实的基础，往往就事论事，浮于表面，导致实践操作层面的评价工作很难顺利开展，也难以说服教育工作者去践行，即便通过行政力量推行，也容

---

① Stiggins Richard J. Designed and Development of Performance Assessment [J]. Educational Measurement：Issues and Practice，1987(6)：199-201.
② 王永利. 中小学生综合素质评价方法及其改进[J]. 教学研究，2017(3).

易因缺乏理论指导而造成种种混乱。① 行政体系中固有的"硬性",使其与学界研讨中众说纷纭、百家争鸣的"软性"形成了两条不同的路径。行政体系中的综合素质评价可定性为一种"制度",如果默认"制度"的各个利益相关者在实际操作中是循规蹈矩、公平公正、诚实可信的,那么我们可将这种"制度"化的综合素质看作学生综合素质中最基础、最底层的一方面,而综合素质的研究则是从另一种开放探索的视角来发现学生。由此,制度视野下的综合素质评价是可见的、易测量的、有规模的,而学术取向下的综合素质评价则是不外露的、难测量的、混沌的,具有一定的局限性或争鸣性。综合素质评价是一个复合体,学术取向的综合素质评价并非是要否决行政视野下的综合素质评价,而是相互补充或是有机整合。

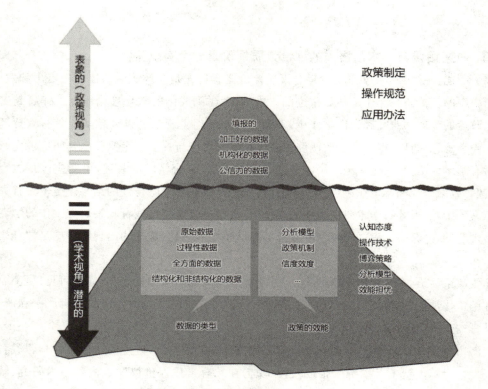

图6-1 综合素质评价的冰山模型②

第二节 综合素质相关及相近概念术语辨析

最近几年,在我们研究关注素质教育和综合素质评价的过程中,会时不时听到一些相关及相

① 张治.大数据背景下普通高中综合素质评价研究[M].上海:上海教育出版社,2017.
② 张治.大数据背景下普通高中综合素质评价研究[M].上海:上海教育出版社,2017.

近概念,如素养、核心素养、21世纪能力、21世纪技能、综合技能等,层出不穷。与素质教育语境中的核心词——"素质"一词历时多年仍不温不火的情况形成鲜明反差的是,教育领域"素养"、"核心素养"和"21世纪能力"的提法大为火热。华东师范大学课程研究专家崔允漷教授就曾非常明确地评论了这种"让人欢喜让人忧"的现象。他说,"近来,当你谈到有关教育的话题时,如果不提及'素养(Competence)',大概就算是 out 或太 low 了"。他甚至用了"膨胀"的措辞来描述"素养"术语在我国教育话语中的大热现象:"作为教育概念的'素养'一词,自上世纪90年代以来,一直是一个时髦甚至有点'膨胀'的概念。""我们经常感受到,大会小会言必称素养,新老媒体天天推送素养,论文课题全聚焦核心素养。甚至,有些习惯'起早'的学校声称已建构了学生核心素养的框架,并基于核心素养开发课程。仿佛'忽如一夜素养来,千学万校改得 high',以素养为标志的'教育梦'似乎马上就要实现。"①北京教科院褚宏启教授也说:"近几年来,在教育实践领域和教育研究领域,'核心素养'成为非常时髦的一个热词,谈论教育问题时如果不涉及核心素养,似乎有落后之嫌。"②

　　"素养""核心素养""21世纪能力",怎么会突然热起来,其具体指向什么,尤其是与我们相对传统话语体系中的素质教育、综合素质等表达又是什么关系。本研究对此做了专题性的文献梳理和分析,发现正如褚宏启教授所指出的,"对于核心素养这一概念的内涵外延,看法并不相同,聚讼纷纭,莫衷一是。滥用、泛用该词的现象比比皆是,随意性很强,乱象迭出。对此概念进行梳理,正本清源,拨乱反正,很有必要。"③

一、国际社会对核心素养、21世纪能力的研究和关注

　　通过系统梳理相关术语出现的相关文献,发现国际教育领域对"核心素养""21世纪能力"等的研究和关注主要包括如下方面的要点。

(一) 关于核心素养

　　"核心素养"(Key Competencies)这个舶来于西方的概念,最早出现在经合组织和欧盟理事会的研究报告中。经合组织1997年启动"素养的界定与遴选:理论和概念基础"(Definition and Selection of Competencies:Theoretical and Conceptual Foundations,即 DeSeCo)④研究项目,但此时尚未直接使用"核心素养"一词。"核心素养"概念的首次出现,是在欧盟的一个研究小组在2002年3月发布的研究报告《知识经济时代的核心素养》中,"核心素养代表了一系列知识、技能和态度的集合,它们是可迁移的、多功能的,这些素养是每个人发展自我、融入社会及胜任工作所必需的"。之后在经合组织2003年出版的 DeSeCo 项目最终研究报告《核心素养促进成功的生活和健全的社会》(Key Competencies for a Successful Life and a Well-Functioning Society)中,也使用

---

① 崔允漷. 素养:一个让人欢喜让人忧的概念[J]. 华东师范大学学报(教育科学版),2016(1).
② 褚宏启. 核心素养的概念与本质[J]. 华东师范大学学报(教育科学版),2016(1).
③ 褚宏启. 核心素养的概念与本质[J]. 华东师范大学学报(教育科学版),2016(1).
④ 因其 DeSeCo 的英文缩写,有人将其音译为"迪斯科"项目。

了该术语。为推进核心素养走进教育实践，2005 年经合组织又发布了《核心素养的界定与遴选：行动纲要》(*The Definition and Selection of Key Competencies：Executive Summary*)，以增强核心素养应用于教育实践的可操作性。2006 年 12 月，欧洲议会和欧盟理事会通过了关于核心素养的建议案《以核心素养促进终生学习》(*Key Competences for Lifelong Learning*)，标志着 8 项核心素养最终版本的正式发布。2010 年，欧盟理事会与欧盟委员会联合发布报告《面向变化中的世界的核心素养》(*Key Competences for a Changing World*)。有人统计，这个报告中，"核心素养"一词累计出现了 381 次，成为名副其实的"关键词"。

经合组织对"素养"(Competency)的界定是："素养不只是知识与技能。它是在特定情境中、通过利用和调动心理社会资源（包括技能和态度）以满足复杂需要的能力。例如，有效交往的能力是一种素养，它可能利用一个人的语言知识、实用性信息技术技能以及对其交往的对象的态度。"而"核心素养"(Key Competency)则必须满足如下三个条件：(1)对社会和个体产生有价值的结果；(2)帮助个体在多样化情境中满足重要需要；(3)不仅对学科专家重要，而且对所有人重要。

(二) 关于 21 世纪能力

在"素养"和"核心素养"术语大热期间，在国际教育话语中，与"核心素养"同样火爆的还有一个词——"21 世纪能力"(21st Century Skills)①。21 世纪能力的研究始于美国。2002 年，美国在联邦教育部的领导下，成立"21 世纪能力合作组织"，负责制订《21 世纪能力框架》，2007 年该组织发布了《框架》的更新版本(见图 6 - 2)。

图 6 - 2　21 世纪能力框架

---

① 有人将之译为"21 世纪技能"。例如，2011 年由天津社会科学院出版社出版、伯尼·特里林和查尔斯·菲德尔合著的"21st Century Skills：Learning for Life in Our Times"，译者洪友就将其译作《21 世纪技能：为我们所生存的时代而学习》。也有人将其译作"21 世纪素养"，如褚宏启教授。褚教授认为：实际上，英文中的 Competences 和 Skills，在描述人的发展的维度时，在词义上没有本质区别，没有必要为此大费口舌而耽误时间。而且在具体内容上，核心素养与 21 世纪素养也是大同小异。

在这个"21世纪能力框架"中,大的块面上是由四个层次构成的,自下而上依次为:"21世纪个人基本生活与职业技能""信息时代个人基本素养""21世纪个人核心竞争力"和"4C核心能力"。其中,最基础层次上的"21世纪个人基本生活与职业技能",包括灵活性和适应性、积极性和自主性、社会和跨文化技能、生产率和责制,以及领导力和责任感等五个方面;第二层次上的"信息时代个人基本素养",包括信息素养、媒体素养和信息通信素养三个方面;处于第三层次上的"21世纪个人核心竞争力",包括全球视野、金融经济商业素养、企业家素养、公民素养、健康素养、环境意识六个方面;而处于最高层次上的"4C核心能力"则包括了创造创新能力、批判性思维与解决问题能力、沟通交流能力和合作协作能力。

受美国影响,新加坡教育部2010年3月颁布了"21世纪能力",日本国立教育政策研究所于2013年3月发布了题为《培养适应社会变化的素质与能力的教育课程编制的基本原理》的报告,提出了日本的"21世纪能力"。之后,又有多个国家和地区都提出了各自的21世纪能力(见表6-2)。课题组梳理了15个国家(包括美国、英国、法国、日本、澳大利亚等)、地区(中国香港地区、中国台湾地区等)和国际组织(教科文组织、经合组织、欧盟等)近年来提出的"21世纪素养"要点,发现:在"语言素养""数学素养""学会学习""问题解决""沟通与交流""团队合作""信息素养""自我规划与管理""创新与创造力""社会参与和贡献"以及"国际视野"等11项公认的21世纪素养中,新加坡和中国台湾地区的相关文件中11项全部提及,美国、英国、中国香港台湾地区提及10项,日本、欧盟等提及9项,芬兰、澳大利亚、新西兰等提及8项;11项21世纪素养中,"语言素养""沟通与交流""信息素养"在15个国家和地区的文件中都有呈现,其次是"数学素养""团队合作"有13个国家和地区有呈现,"自我规划与管理"被12个国家和地区呈现,"创新与创造力"被11个国家和地区呈现,"学会学习"以及"社会参与和贡献"被9个国家和地区呈现。

表6-2　部分国家和地区21世纪核心素养对照一览表

指标	经合组织	欧盟	教科文组织	日本	新加坡	美国	芬兰	匈牙利	英国	加拿大	法国	澳大利亚	新西兰	中国香港地区	中国台湾地区
语言素养	√	√	√	√	√	√	√	√	√	√	√	√	√	√	√
数学素养	√	√		√	√	√		√	√	√	√	√	√	√	√
学会学习		√	√			√	√								√
问题解决				√	√	√	√		√			√			√
沟通与交流	√	√	√	√	√	√	√	√	√	√	√	√	√	√	√
团队合作	√	√	√	√	√	√	√	√	√	√		√	√		√
信息素养	√	√	√	√	√	√	√	√	√	√	√	√	√	√	√
自我规划与管理	√	√		√	√	√	√	√		√	√	√	√		√
创新与创造力		√	√		√	√	√		√		√		√		√
社会参与和贡献				√	√	√	√		√		√	√			√
国际视野		√			√	√	√	√	√			√			√

（三）核心素养与 21 世纪能力的关系

张华教授对比总结了经合组织、欧盟以及其他国际组织、地区、国家中专门研究"核心素养"的组织的相关研究，指出，国际上研究"核心素养"最著名、最有影响的是经合组织，经合组织为"新千年的学习者"的需要而设定的"核心素养的界定与选择"（Definition and Selection of Competences，简称"迪斯科项目"，DeSeCo），对"素养"（Competency）界定如下："素养不只是知识与技能。它是在特定情境中、通过利用和调动心理社会资源（包括技能和态度）以满足复杂需要的能力。例如，有效交往的能力是一种素养，它可能利用一个人的语言知识、实用性信息技术技能以及对其交往的对象的态度。"而"核心素养"（Key Competency）则必须满足如下三个条件：（1）对社会和个体产生有价值的结果；（2）帮助个体在多样化情境中满足重要需要；（3）不仅对学科专家重要，而且对所有人重要。经合组织关于"核心素养"的内涵所强调的要点包括：（1）它是一种高度综合而复杂的解决问题的能力；（2）这种能力能够满足个体和社会的重要需要；（3）这种能力既与特定情境相联系，又能在多样化的情境中具有广泛迁移性；（4）这种能力具有道德性，它能给个体和社会带来负责任的、有价值的结果；（5）这种能力具有民主性，它对所有人都重要；（6）这种能力具有 21 世纪信息时代的基本特征，它是"21 世纪素养"。经合组织关于"核心素养"的内涵所强调的要点之一，是"这种能力具有 21 世纪信息时代的基本特征"，因此它是"21 世纪素养"，是学生适应信息时代和知识社会的需要，解决复杂问题和适应不可预测情境的能力和道德，它由跨学科核心素养和学科核心素养所构成。为应对 21 世纪信息时代和知识社会的新挑战，当前全世界共同倡导的跨学科核心素养是 4Cs，即合作（Collaboration）、交往（Communication）、创造性（Creativity）和批判性思维（Critical thinking）。[①]

二、中国学生发展核心素养的研究与开发

在我国，自党的"十八大"将立德树人作为教育根本任务、十八届三中全会进一步提出将立德树人的要求落到实处之后，2014 年教育部研制印发《关于全面深化课程改革落实立德树人根本任务的意见》，提出"教育部将组织研究提出各学段学生发展核心素养体系，明确学生应具备的适应终身发展和社会发展需要的必备品格和关键能力"。在此过程中，由北京师范大学牵头的课题组和专家团队自 2013 年 4 月开始，历时三年集中攻关，并经教育部基础教育课程教材专家工作委员会审议，于 2016 年 9 月 13 日正式发布了"中国学生发展核心素养"研究成果。

"中国学生发展核心素养"研究成果以培养"全面发展的人"为核心，分为文化基础、自主发展、社会参与三个方面，综合表现为人文底蕴、科学精神、学会学习、健康生活、责任担当、实践创新六大素养；各素养之间相互联系、相互补充、相互促进，在不同情境中整体发挥作用；为方便实践应用，课题组将六大素养进一步细化为 18 个基本要点（见图 6 - 3），并对其主要表现进行了描

---

① 张华. 核心素养与我国基础教育课程改革"再出发"[J]. 华东师范大学学报（教育科学版），2016（1）.

述。① 按照课题组提出的研究建议,根据这一总体框架,可针对学生年龄特点进一步提出各学段学生的具体表现要求。

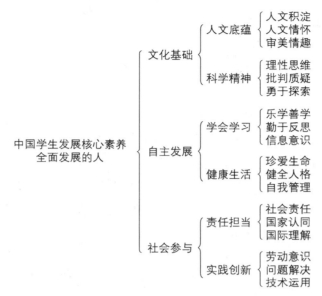

图 6-3　中国学生发展核心素养三个方面六大素养 18 个基本要点示意图

"中国学生发展核心素养"研究课题组负责人在回答记者提问时特别强调:核心素养是关于学生知识、技能、情感、态度、价值观等多方面要求的综合表现;是每一位学生获得成功生活、适应个人终身发展和社会发展需要的、不可或缺的共同素养;其发展是一个持续终身的过程,可教可学,最初在家庭和学校中培养,随后在一生中不断完善。学生发展核心素养是联接宏观教育理念、培养目标与具体教育教学实践的中间环节和桥梁,将教育方针转化为教育教学实践可用的、教育工作者易于理解的具体要求,明确学生应具备的必备品格和关键能力,将从中观层面引领课程改革和育人模式变革。②

教育评价专家、华东师范大学教育学部杨向东教授曾特别解读了核心素养与课程改革的关系。他说:教育部此次深化基础教育课程改革,在我国教育史上首次提出了"核心素养"这一概念,是在借鉴国际经验基础上,结合我国基础教育课程改革实际情况和现实问题,创造性地运用"核心素养"这一概念,试图通过研制我国核心素养体系,将基于核心素养的学业质量标准融入课程标准,引导和促进学习方式和育人模式的根本转型,从而实质性推动和深化我国基础教育课程改革,回答"培养什么人"和"怎样培养人"的问题。③

---

① 核心素养研究课题组. 中国学生发展核心素养[J]. 中国教育学刊,2016(10).
② 凝练学生发展核心素养　培养全面发展的人——中国学生发展核心素养研究课题组负责人答记者问[N]. 中国教育报,2016-09-14(二).
③ 杨向东. 核心素养与素质教育、三维目标、课程改革的关系[J]. 人民教育,2016(19).

三、核心素养、21 世纪能力与综合素质的关系

如上文所述,世纪之交,在我国基础教育界开始逐步将素质教育战略的实施聚焦到综合素质培养和评价的时候,国际教育界正开始引入和使用核心素养、21 世纪能力等概念。而随着核心素养概念的逐步扩散,我国在综合素质评价逐步推进的过程中,也开始着手开发我国的学生发展核心素养。

这其中,核心素养、21 世纪能力与综合素质,在内涵和外延上是什么关系,引发了很多人的关注。一个非常典型的例证就是"中国学生发展核心素养"研究成果发布时,记者先后问到了两个有关"学生发展核心素养"与"素质教育"和"综合素质评价"的关系的问题。这其中,一个问题是"学生发展核心素养与素质教育的关系是什么",另一个问题是"学生发展核心素质评价的关系是什么",课题组负责人逐一作了回应。

在回答"学生发展核心素养与素质教育的关系是什么"的问题时,课题负责人说:"素质教育作为一种具有宏观指导性质的教育思想,主要是相对于应试教育而言的,重在转变教育目标指向,从单纯强调应试应考转向更加关注培养全面健康发展的人。核心素养是对素质教育内涵的具体阐述,可以使新时期素质教育目标更加清晰,内涵更加丰富,也更加具有指导性和可操作性。此外,核心素养也是对素质教育过程中存在问题的反思与改进。尽管素质教育已深入人心并取得了显著成效,但我国长期存在的以考试成绩为主要评价标准的问题,影响了素质教育的实效。解决这一问题,要从完善评价标准入手。全面系统地凝练和描述学生发展核心素养指标,建立基于核心素养发展情况的评价标准,有助于全面推进素质教育,深化教育领域综合改革。"

在记者问"学生发展核心素养与学生综合素质评价的关系是什么"时,课题负责人回答:"综合素质是对学生发展的整体要求,关注学生不同素养的协调发展。学生发展核心素养是对学生综合素质具体的、系统化的描述。一方面,研究学生发展核心素养,有助于全面把握综合素质的具体内涵,科学确定综合素质评价的指标;另一方面,综合素质评价结果可以反映学生核心素养发展的状况和水平。"①

杨向东教授曾通过对"素养"和"素质"的对比分析,正面回应了素质教育和核心素养的关系。他说:在根本价值取向上,"核心素养"这一提法与我国 20 世纪 80 年代以来倡导的"素质教育"有着内在的一致性,是对素质教育在新时期的深化。20 世纪 80 年代末提出的素质教育旨在改变当时过分强调"智育唯一、分数至上"的"应试教育"弊病,促进育人模式的转型。此次提出"核心素养",研制基于核心素养的学业质量标准,试图进一步明确基础教育的质量观念,阐明人才培养要求,从而实现育人模式的根本转型。之所以采用"素养"概念,而没有沿用"素质"的提法,有如下几方面的考虑:(1)"素质"通常指的是个体先天禀赋和后天环境(教育)交互作用在个体身上所体现处来的结果。而"素养"更多指向后天习得的,通过教育可以培养的,可以更加凸显教育的价

---

① 凝练学生发展核心素养　培养全面发展的人——中国学生发展核心素养研究课题组负责人答记者问[N]. 中国教育报,2016 - 09 - 14(1).

值。(2)虽然国内已有大量有关"素质"和"素质教育"的讨论,但一直没有形成公认的系统理论体系、课程模式和实施途径。相比之下,"素养"是与国际科研文献一致的科学建构,存在大量相关研究和成果,可以在借鉴国际理论和研究模式的基础上构建我国"核心素养"的理论体系。(3)从推进策略的角度讲,选择"核心素养"而不沿用"素质"的用法,更加容易赋予其新的含义,引发公众的关注和思考,免除旧有概念可能蕴含的思维定势。①

褚宏启教授在对《核心素养的概念与本质》进行系统梳理之后,也明确地回应了核心素养与素质教育、综合素质的关系,认为:"就我国而言,在新的国内外形势下,核心素养是对素质教育、三维目标、全面发展、综合素质等的聚焦强化版和升级转型版。"②

石鸥教授特别讨论了核心素养与学科的关系,明确指出,核心素养不能说成是学科核心素养。"学科核心素养"容易产生歧义。核心素养指向人本身,唯有人,才可以用素质与涵养—素养—及其程度或水平来衡量。欧盟2005年发表的《终身学习核心素养:欧洲参考架构》正式提出八大核心素养;经合组织于新世纪之交开展了"素养的界定与遴选"项目研究,将核心素养体系概括为"人与工具""人与自我"和"人与社会"三个方面。多数国家强调的核心素养涉及学会学习、自主发展、信息技术素养、团队合作等方面。核心素养是每个人发展与完善自我、融入社会及胜任工作所必需的基础性素养,是适应个人终生发展和社会发展所需要的必备品格与关键能力,是个体应具有的起基础和支撑作用的素养。核心素养不能衡量或修饰学科。学科可以达成某些核心素养,但它不等于核心素养。核心素养是跨学科素养,任何核心素养都不是一门单独的学科可以完成的。任何学科都有其对于核心素养发展的共性贡献与个性贡献。学科的育人价值主要在于对特定核心素养的贡献,这是需要不断明晰化的过程。只有明晰本学科在特定核心素养形成和提升上的教育意义,揭示学科与核心素养的内在关联,才能发现学科的独特育人价值。③

————————

① 杨向东.核心素养与素质教育、三维目标、课程改革的关系[J].人民教育,2016(19).

② 褚宏启.核心素养的概念与本质[J].华东师范大学学报(教育科学版),2016(1).

③ 石鸥.核心素养的课程与教学价值[J].华东师范大学学报(教育科学版),2016(1).

第七章　综合素质评价的国际视野与比较借鉴

导语： 从国际范围看，伴随着全球范围内对教育质量的普遍关注，21世纪以来，一些国际组织和国家相继出台了与学生综合素质相关的教育质量评价体系，反映出各国对教育质量内涵认识是多方位、全过程、多层次的。在内容上既包括学业，也包括学习的态度和运用知识的能力，以及适当的价值观和生活方式等。这些教育质量评价体系对于本课题研究学生综合素质评价的功能定位具有重要借鉴意义。除此以外，更为关键的是，部分国家和地区的一些传统做法也非常契合我国当前政策倡导的"综合素质评价"理念。例如，美国大学入学申请材料就是一种关于学生综合素质评价的证明，入学申请书一定程度上全方位地呈现了一个学生申请学校前的经历、课程及其所受到的评价，能够较为客观自然地反映出一个人的综合素质。它不仅在学校选拔学生方面发挥了重要作用，而且也具有作为一种基于教育活动和课程的评价的本质。为此，本章将对美国、英国高校招生中对高中学生综合素质实施考察评价的做法进行专题梳理和分析，以对关于综合素质评价结果在中、高考中的应用提供国际视野的借鉴和参考。[①]

第一节　美国高校招生对申请人综合素质的考察

美国并没有专门以"高中学生综合素质评价"为指称的特定的评价活动，但全人教育理念与综合素质评价较好地落实并体现在高校的招生办法及高中教育之中。美国高校的招生录取，一直是被作为综合评价录取的模板和典范来解读。因此，比较研究部分将首先剖析美国高校招生中对高中学生综合素质的关注。从高校招生录取角度反观美国基础教育阶段尤其是中等教育阶段对学生综合素质的培养和综合素质评价的要求，也是一个必要和可行的视角。

一、美国高等教育及高校招生简介

在美国，中学后教育机构大约7000所，2017—2018学年，有资格授予学士及副学士学位的高

---

① 本章前三节，美国、英国高校招生对申请人综合素质考察的国别和比较分析，由华东师范大学张会杰博士执笔。统稿时略有调整。

等学校共3883所,其中2407所四年制学院提供学士及更高学位课程,1476所两年制学院提供副学士学位和其他证书。① 四年制学院往往具有强大的研究优势。两年制学院一般侧重于提供一系列以职业为导向的证书和副学士学位课程,并帮助学生准备转入四年制学院。

2017—2018学年,27%的四年制高校招生采用开放入学政策(不进行选拔,录取所有的申请者),29%的高校经选拔后录取75%及以上的申请者,30%的高校经选拔后录取50%—75%的申请者,14%的高校竞争激烈,所有申请者中仅有不到50%能被录取。

2017—2018学年,全美290万高中毕业生中44%直接升入四年制高校,23%直接升入两年制高校,其中男性高中毕业生的直接入学率(61%)低于女性高中毕业生(72%)。②

二、高校招生采用综合评价的选拔机制
(一)美国高校可自主确定招生标准,招生模式非常多元

2017—2018学年,全美遴选程度较高(只有不到50%的申请者能被录取)的高校大约有337所。录取比例10%及以下的高校,即全美最难被录取的、选拔性最强的高校共21所,其中私立高校20所,公立高校仅1所(美国海军学院,United States Naval Academy)(如表7-1所示)。

表7-1　全美最难被录取的前21所高校要求提交的申请材料

(2017—2018学年)③

高等学校	必须提交的申请材料	建议提交的申请材料	仅作参照
布朗大学(8%)、加州理工学院(7%)、克莱蒙特麦肯纳学院(9%)、纽约哥伦比亚大学(6%)、杜克大学(9%)	③、④、⑤、⑥	①、②	
柯蒂斯音乐学院(5%)	⑤、⑦	③、⑥	
达拉斯护理学院(5%)	③、其他(Wonderlic, WISC-III等测试)	⑥	
达特茅斯学院(9%)	①、②、③、⑤、⑥	④	
哈佛大学(5%)	③、⑤、⑥	①、②	
麻省理工学院(7%)	③、⑤、⑥	①、④	
西北大学(8%)	①、③、④、⑤、⑥	②	
波莫纳学院(8%)	③、④、⑤、⑥		①、②
普林斯顿大学(5%)	③、⑤、⑥	①、②、④、⑦	
斯坦福大学(4%)	③、⑤、⑥	①、④	

① Characteristics of Degree-Granting Postsecondary Institutions〔EB/OL〕.〔2019-09-17〕. https://nces. ed. gov/programs/coe/indicator_csa. asp.

② Characteristics of Degree-Granting Postsecondary Institutions〔EB/OL〕.〔2019-09-17〕https://nces. ed. gov/programs/coe/indicator_csa. asp.

③ College Navigator〔EB/OL〕.〔2019-09-17〕https://nces. ed. gov/collegenavigator/? s=all&ax=10.

高等学校	必须提交的申请材料	建议提交的申请材料	仅作参照
斯沃斯莫尔学院(9%)	③、⑤、⑥	④	①、②
茱莉亚学院(8%)	③、⑤、⑦		
美国海军学院(9%)	①、②、⑤、⑥	④	③
芝加哥大学(7%)	③、④、⑤		①、②、⑦、⑥
宾夕法尼亚大学(8%)	①、③、⑤、⑥	④	
范德比尔特大学(10%)	①、③、④、⑦、⑥	②、⑤	
耶鲁大学(6%)	③、⑤、⑥	①、②、⑦	

备注：① 高中平均绩点(Secondary school GPA)；
② 高中排名(Secondary school rank)；
③ 高中成绩(Secondary school record)；
④ 高校预科课程的完成情况(Completion of college-preparatory program)；
⑤ 推荐信(Recommendations)；
⑥ 高校入学考试成绩(Admission test scores (SAT/ACT))；
⑦ 能力的正式证明(Formal demonstration of competencies)。
"高等学校"列中各高校后的百分数表示该大学本学年的录取比例。

　　美国高等学校具有充分的招生自主权，高校可以自主确立招生标准，由此导致美国高校招生模式非常多元，表 7-1 呈现的招生状况可充分证实这一点。除了布朗大学、加州理工学院、纽约哥伦比亚大学、杜克大学、克莱蒙特麦肯纳学院这五所高校采用相同的招生模式，其他 16 所高校的招生标准各有侧重，自成一体。高中生选择不同的高校相当于是在选择不同的招生模式。

（二）美国高校招生采用综合评价的选拔机制

　　美国高等学校招生采用综合评价的选拔机制(holistic admission)，[①]全美最难被录取的 21 所高校没有一所高校采用完全基于高中 GPA 或 SAT 考试成绩的"唯分取人"招生机制，全人教育理念已经落实到招生的测评体系之中，"考分高一点"≠"更优秀"≠"更适合"的招生观念有着广泛共识。当然，即使是综合评价招生，大学也只录取那些他们认为在学业上会成功的学生，SAT/ACT 的高分不能保证一定会被一流名校录取，但假如考试成绩明显低于正常水平，也很难被一流名校录取。具体而言，美国高校招生时学生需要提交的主流申请材料主要有以下几个方面：

　　1. 中学课程修习及成绩

　　美国高校的录取标准非常多元，各高校对中学课程修习的要求各有不同。有的高校，比如，八所常青藤盟校都不对申请者修读什么课程作硬性要求，有的大学则有，比如，密西根大学要求申请者必须完成四年英语、三年数学、两年生物和物理、三年历史和社会科学、至少两年外语(同一门外语)。尽管对必修的课程没有要求，但好大学一般都很看重学生选择课程的难度，关注申请者对一些难度大的高级课程或大学预修课程的修习状况。希望学生在可能的情况下多选修一

---

① Grove，Allen. What Are Holistic Admissions? Selective Colleges Consider More Than Just Grades and Test Scores［EB/OL］. ［2019-09-17］. https：//www. thoughtco. com/what-are-holistic-admissions-788426.

些难度高的高级课程或大学先修课程,如大学先修课(AP,Advanced placement:美国高中开设的大学低年级程度水平的大学课程),国际高中文凭(IB,International Baccalaureate,总部设在欧洲的一种国际高中文凭考试及其教育课程)。修习并通过这些课程的考试,无疑可以为大学申请成功增加筹码。

中学成绩是大学入学最重要的一项标准,包括中学年级排名(Class rank)和平均成绩(GPA)两种。通常情况下,年级排名只计算必修课程,而将选修课程(如音乐、体育等)和其他一些课外活动排除在外。美国高校也存在类似中国"高考指挥棒"一样的入学指挥棒,但并不片面追求高分数,而将其放置在学生的中学教育条件或家庭背景中综合评价,注重学生追求上进、挑战自我的精神。例如,条件好的高中一般都提供很多AP课程,如果考生只选了很少的甚至未选AP课程,招生人员会认为该生不求上进,缺乏挑战自我的精神。相反,一些教学条件差的中学,尽管只提供很少的AP课程,如果学生最大限度地利用了这些教育资源,那么即使后者的中学成绩不如前者,被录取的可能依然很大。尽管好大学在录取新生时大都会综合衡量学生各方面的条件,但一般的大学主要还是看中学排名或平均成绩,有些州对中学成绩在大学录取中的地位甚至给予法律保障。例如,得克萨斯州法律规定,中学排名在前10%的学生自动被该种任何一所州立大学录取。

近年来,美国许多私立中学和少数公立中学正在逐渐取消年级排名,此举给大学的录取工作带来很大的困扰。由于中学排名具有简单明了、易于操作等优点,在绝大部分公立中学和部分私立中学仍非常流行,有些大学甚至将平均成绩GPA按照某种标准重新换算成排名。例如,GPA在3.5—4.0之间的学生,一般被认为排名在年级的前25%之列,在3.0—3.49之间的学生,则被列入年级的前50%。

2. 标准化考试

美国的标准化考试主要有学术能力测试(AST,Scholastic Aptitude Test)和美国大学入学考试(ACT,American College Test)两种。标准化考试是仅次于中学成绩的主要录取指标,也是大学在排行榜位置的影响因素之一。近年来,伴随高等教育大众化,有些大学开始把标准化分数列为"可选条件"(Optional),或干脆取消这一入学要求。但四年制公立大学和私立大学极少有取消这一入学条件的,仍然十分倚仗它来保证录取新生的相应学业水准。

3. 课外活动

课外活动是一些大学尤其是一流大学较重视的指标。它不仅有助于大学考察学生对非学生活动或在学校以外社区活动的参与程度、承担的义务、所做的贡献,而且关注学生的特殊才能或成就。许多大学强调,学生参与课外活动不在于所列清单的长短,而在于参与的深度、贡献及影响力,特别是学生在其中所扮演的领导角色。一般大学在录取学生时只看其入学指数(Admission index),入学指数由GPA和标准化考试成绩两项推算而来。

4. 推荐信

推荐信在入学申请中亦占一定分量,一般要求学生提供由高中主要课程任课教师所写的推荐信。有的学校还欢迎提供由雇主、教练、宗教领袖、朋友、家人等写的额外推荐信。

5. 才艺证明材料

由于希望选拔到全面发展的学生，一些大学还鼓励申请者提交自己在艺术、体育或写作方面的才艺证明。例如，普林斯顿大学规定，申请者若有特殊才艺，可将音乐表演或美术、文学创作等作品直接寄给招生办，由招生办安排相关系科的教师观看、鉴赏和评估这些幻灯、磁带、唱片或其他发表作品。对于一些有运动特长的申请者，则由学生和学校相关教练直接联系，安排考核。这些相关教师和体育教练向录取工作人员提供的特殊才能信息，在审核入学时会被考虑。

6. 短文或个人自我陈述

一些竞争激烈的大学一般还要求考生提交一篇短文（Essay）或个人自我陈述（Personal statement），有的大学则要求同时提供这两份材料。这些材料加上推荐信和中学报告等，可以使大学在考试分数和成绩之外，了解学生的思想、信念、态度、个性品质、爱好、兴趣、生活经历等信息。有的大学会给学生提供一些参考选题，申请者的出国旅行经历、特殊的生活环境、对自己影响最大的学术经历或读过的书等，有的甚至就是命题作文。这些题目很多是从上一届新生中征集而来，一般大学申请表中专门有一栏征集作文题目的内容，请申请者为下一届学弟学妹出一个作文题。学生可以和别人讨论，但必须自己完成写作。

7. 面试

面试也是一些大学录取评价的内容之一。面试并不在校园内由招生人员完成，而是由散布在全美各地（乃至全世界）的校友志愿者们代表学校在当地进行，让校友就近对申请人在可能的条件下进行面试。校友通过面试，考察申请人的综合素质，为学校提供录取与否的参考意见。一般大学在招生指南中都会强调，没有得到面试机会（入学申请提交得越早，得到面试机会的可能性越大）的申请者并不会在入学竞争中处于劣势。面试与其说是入学条件之一，不如说是学生与大学之间架起的一座桥梁，或者说是大学向学生推介自己的一个渠道。

美国高校录取新生没有固定的程式，而是综合评价（Holistic review），既重视学生的考试成绩，也注重平时的学业成就，既从考试分数或年级排名等客观的硬指标来评判学生，又从充满个性与人情味的推荐材料中了解学生的另一面。既重视"德智体美劳"的全面发展，又不错失"专才"乃至"偏才"。具体而言，大学通过推荐信、课外活动（尤其是社区服务）、个人陈述、面试等途径，多方考察与鉴识学生的"德"；通过中学课程的选择及其难度与成绩、标准化考试分数、中学报告等评价学生的"智"；通过才艺证明、课外活动、个人陈述、推荐材料等了解学生的"体美劳"，个性特点及其他特殊才能与成就，等等。特别是美国的体育教育，美国大中学生的体育有着良好的社会文化氛围，美国每年有超过 1/3 以上的中学生参加与美国大学生体育协会（National Collegiate Athletic Association，NCAA）对接的 20 个项目的运动竞赛，从而形成了庞大的竞技体育后备人才队伍。[①] 需要说明的是，美国高校招生以及高中教育中对学生综合素质的评价采取的是一种与我国不同的路径。它并没有像我国把综合素质演绎划分成道德、审美、公民等方面的素

---

① 于振峰. 新时期我国竞技篮球项目后备人才培养研究[M]. 北京：北京体育大学出版社，2012.

质,进而发展一系列指标。相反地,它将学生的综合素质作为一个整体,采取了模糊评价、总体评价的方法。入学申请书全方位表现一个学生的经历和课程及所受到的评价,自然反映出一个人的综合素质。美国的综合素质评价是一种基于教育活动和课程的评价,它与学生的教育活动和课程结合紧密,更偏向一种经验性的信息收集,通过这种路径所收集的信息既是可测的,又是真实的,从而保证了评价的可操作性。

（三）不同类型高校对综合素质的关注点不同

秉持不同教育理念的高校对学生"德智体美劳"综合素质的关注点各有侧重。比如,2013 年,哈佛大学教育学院发起创立"共建关爱工程"（Making Caring Common Project,简称"MCC 工程"）,①MCC 工程指向的核心问题是当今大多数年轻人过度关注个人成就,欠缺关爱他人的良善情怀。高等学校包括顶尖名校培养出许多不关心民众疾苦、漠视社会发展的利己主义者,这远远背离了美国的传统价值观。MCC 工程面向学生家庭、高中学校以及高校招生部门分别发起"逆转潮流"的系列倡议,2016 年 1 月发布的《力挽狂澜:通过高校招生让关爱之心普及》的招生倡议倡导变革高校招生以激励学生关怀他人和社会公益,并分别给出了建议（具体内容如表 7 - 2 所示）。②

表 7 - 2 哈佛大学《力挽狂澜》的招生倡议

改革方向	具体建议
促进更有意义地贡献他人、服务社区的公益活动	建议 1:有意义的、持续的社区服务。建议学生承担至少一年持续性的服务或社区参与。服务关键在于实质性和持续性的贡献,包括学生对自己家庭实质性的贡献,例如,在外面工作为家庭提供所需的收入。招生过程应明确,重要的不是服务发生在哪里,或是否是领导人,重要的是学生是否沉浸其中,得到积极的经验和情感体验,包括由此产生的道德意识和技能经验。 建议 2:应对社区挑战采取集体行动。鼓励学生以团体合作等集体形式应对社区挑战,如本地需关注的公园、学校或社区的欺凌现象、社区某种形式的环境退化等。 建议 3:真实、有意义与多样性的经历。当前更关注"做了什么",不关注与谁一起做,这很难激发服务者对社会结构和不平等更深刻的理解。应鼓励学生与不同背景的多样化的学生群体在学校或在社区"一起做事"。 建议 4:服务过程中发展感恩意识以及对未来的责任感。鼓励学生参与社区建设、服务和反思,欣赏前人的贡献,懂得自己的生活是建立在他人的服务之上的,培养他们的时代责任。
评估学生的道德参与和贡献方式	建议 1:对自己家庭的贡献。招生过程应明确,学生对家庭的贡献,比如,照顾幼小的弟弟妹妹,承担重大家务或在外工作以提供家人生活所需,同样有价值。在大学申请中,学生应有明确的机会声明这些家庭贡献。 建议 2:更有效地评估学生是否在日常生活中有道德责任感,关心他人和所在社区。招生方面,学生的日常行为比一时的、短暂的工作更重要。

---

① MAKING CARING COMMON PROJECT. Our Misson [EB/OL]. [2019 - 09 - 17]. https://mcc. gse. harvard. edu/about/mission.

② MAKING CARING COMMON, A PROJECT OF THE HARVARD GRADUATE SCHOOL OF EDUCATION. Turning the Tide: Inspiring Concern for Others and the Common Good through College Admissions [EB/OL]. [2019 - 09 - 17]. https://static1. squarespace. com/static/5b7c56e255b02c683659fe43/t/5bae62a6b208fc9b61a81ca9/1538155181693/report_turningthetide. pdf.

改革方向	具体建议
降低学业压力、重新定义成就	建议1：优先考虑活动的质量而不是数量。从学生学习的深度来定义学生的潜力，以及他们的智力和道德的参与。
	建议2：意识到AP/IB课程的过度学习。招生办公室应该明确地告知学生，接受大量的AP/IB课程往往不如在持续有限的领域内取得稳定的成绩更有价值。有些学生能从大量的AP/IB课程中受益，但更多的学生可能从少量的AP/IB中受益。
	建议3：不鼓励"过度辅导"。招生官、升学辅导员和其他利益相关人应该提醒家长和学生，真实、自信、诚实是反映学生的最好声音，并考虑让学生（和家庭）反思他们在申请过程中面对的道德挑战。
	建议4：减轻与入学考试（SAT/ACT）相关的压力。建议SAT/ACT成为可选项，招办清楚描述考试成绩在招生过程中发挥的作用，以及不鼓励测试做两次以上。
	建议5：拓展关于"好"大学的思维。招生官员、升学指导顾问应挑战这一误解：优秀的大学只有极少数，这些大学对今后就业工作有着至关重要的网络关系。全国有很多优秀高校，学生在这里毕业后一般都有各种各样成功的职业。

《力挽狂澜》发布伊始即得到了哈佛大学、耶鲁大学、哥伦比亚大学、康奈尔大学等80余所高校招生部门负责人的联名支持。[①] 三年后，包括全部常青藤盟校在内的175所高校的招生部门加入MCC工程中。[②] MCC工程完全是通过理念感召力、技术方法的领导力、相对完备的测评服务供给及持续的改进和完善等吸引志同道合高校的主动参与。这些高校遵循一致的招生理念、采取类似的步骤和方法，在共同行动框架内积极探索，与成员通过互助与深度协作步调一致地推进共同目标的实现。

（四）高校招生注重学生全面而有个性的发展

如前所述，在美国，选拔程度高的一流名校的招生没有一所采用"唯分数论"的招生机制，事实上，美国教育考试从业人员普遍遵从的行业标准在标准细目中明确规定："在进行对学生可能产生重要影响的决定时，不能单凭考试分数，还必须依据其他信息。"[③]因此，除关注以考试为主要测评手段的学术能力的发展，学生本人、高中学校及学生家长还必须把非认知能力的发展纳入学生的教育规划中，这有助于学生的全面发展。

教育同时也是一个主张个性化和差异性的领域。美国高校招生体系体现了对学习者复杂多

---

① MAKING CARING COMMON, A PROJECT OF THE HARVARD GRADUATE SCHOOL OF EDUCATION. Turning the Tide: Inspiring Concern for Others and the Common Good through College Admissions [EB/OL]. [2019 - 09 - 17]. https://static1. squarespace. com/static/5b7c56e255b02c683659fe43/t/5bae62a6b208fc9b61a81ca9/1538155181693/report_turningthetide. pdf.

② MAKING CARING COMMON PROJECT. Turning the Tide College Admissions Campaign, Join college admissions officers in reshaping the college admissions process to value ethical and intellectual engagement [EB/OL]. [2019 - 09 - 17]. https://mcc. gse. harvard. edu/research-initiatives/turning-the-tide-college-admissions-campaign.

③ American Educational Research Association (AERA), American Psychological Association (APA), National Council on Measurement in Education (NCME). Standards for educational and psychological testing [S]. Washington, DC: AERA, 2014.

样性的尊重,尊重学习者的天赋差异。由于招生模式非常多元,高校的选材标准多样化而非单一,客观上也营造了一个竞争各有侧重、竞争结构各不相同的教育生态。每年数以百万计学生的多样天性与成百上千所高校的多元标准相对应,高中生完全可以根据自身发展、优势领域、发展潜能及价值偏好主动选择最契合自己的高校,向更适合自己的高校提交入学申请。与“千军万马挤独木桥”相比,错峰竞争的教育生态相对宽松,更具“安全性”,学生的选择可以是任性的,因为大千世界总有一所高校适合他,个性化、独特化的选择也有很大甚至更大的可能性升入一流名校。整体而言,美国一流名校确实是更青睐有特点的、有趣的学生,学生可以不必过于迎合特定的选拔标准,美国师生常说“遵循你的热情”(Follow your passion),选择“成为自己”是常态,不会带来负面影响,还被真真切切地鼓励着,有助于大面积缓解片面追求升学的应试压力。学生可以释放天性,腾出时间精力全身心地发现、确立并持续发展自己的特长和优势领域,从而使学生的好奇心、探究欲和创造力得到一定程度的保护。通过学生自主选择过程中自然地过滤和分流,教育较好地帮助学生发现自己的特性、天赋和志趣所在,那些在多元智能领域天赋异禀的学生就能脱颖而出。

三、高中教育对综合素质的关注及其测评

2017 年 5 月,位于克利夫兰的霍肯学校(Hawken school)发起成立了 MTC 联盟,这个联盟由来自世界各地的 100 多所公立和私立高中联合组成,这些高中负责创建一个支持掌握学习、能反映每一位学生特殊技能、毅力和兴趣的高中成绩单。掌握学习成绩单采用测评新模式(A New Model)和传统的成绩单相比,新模式不打分不评级,只是持续追踪、记录、评估学生的八大能力,分别是分析与创造性思维、口头和书面表达等复杂沟通能力、领导力和团队协作能力、数字化和量化分析素养、全球视野、适应性主动性和冒险性、道德与诚信的决策力、思维习惯(见图 7 - 1)。这八大能力通过细化为 61 个二级指标以方便进一步观测。

MTC 联盟的愿景在于改变学生为大学、职业和生活做准备的方式。[①] 从本质上看,这份学生档案袋评价实际是美国精英高中基于学生全面能力素养培养的标准参照评价结果,既包括了如信息技术及数理能力、分析能力、口头及书面表达等明确的认知能力,也包括了如心智习惯、领导力及团队合作能力、适应性与探索力等大量的非认知技能,还包括了如全球视野评价中兼有认知和非认知能力的诸多要素。[②] 掌握成绩单测评模式的核心目标是全面科学地评价学生,同时还要便利于大学招生。认可其理念和方法的高校可申请成为该联盟的高等教育工作组(MTC's growing Higher Ed Working Group)的会员。一些高校,比如,作为会员的佛罗里达大学、东北大学等在招生时已经开始参照该联盟高中学校给高中生出具的成绩单。佛罗里达大学招生负责人使用后表示,掌握学习成绩单提供了更加丰富的信息,是招生过程中获取对学生全面了解的一个

---

① MTC. OUR MISSION [EB/OL]. [2019 - 09 - 17]. https://mastery. org/about/about-us.
② 刘清华. 美国私立高中学生评价新模式的教育价值[J]. 中国考试,2018(5).

图 7 - 1　MTC 联盟掌握学习测评模式示意图

非常强大的工具。[①] 除了 MTC 联盟高等教育工作组成员的直接应用，高中学生成绩测评新模式目前已获美国入学、资助以及成功联盟（Coalition for Access，Affordability and Success）的支持。使用 CAAS 申请系统的学校包括哈佛大学、耶鲁大学、密歇根大学等 80 余所美国著名高校。MTC 联盟完全是由非政府、非行政力量发起的测评服务组织，其经费主要来源于创始学校承诺为 Mastery Transcript 的技术平台筹集的 200 万美元以及爱德华·E. 福特基金会捐赠的 200 万美元。[②]

四、美国高校招生向处境不利的高中生倾斜

2009 年，《波士顿环球报》记者监督了名校阿默斯特学院的录取程序。一位来自科罗拉多州的申请者资料平平，但招生委员会发现，其父亲离家出走多年，母亲失业，他生长在犯罪率极高的社区，这种环境下能够取得这样的成绩已经非常不容易，委员会一致决定录取该申请者。与之形成鲜明对比的是，一名女生的申请材料是成绩全 A、女童子军成员、舞蹈家、同学的辅导老师，却未获录取。这样的选才过程，大学把社会和家庭因素当作了衡量学生"品质"的一项指标。[③]

---

① Higher Ed in Focus [EB/OL]. [2019 - 09 - 17]. https：//mastery. org/higher-ed-zina-evans；Jenny Barker. Mastery Transcript Takes Center Stage at Northeastern [EB/OL]. [2019 - 09 - 17]. https：//mastery. org/mastery-transcript-takes-center-stage-at-northeastern.

② Terry Dubow. Thank You，Edward E. Ford Foundation [EB/OL]. [2019 - 09 - 17]. https：//mastery. org/thank-you-edward-e-ford-foundation.

③ 陈为峰. 美国名校本科招生综合评价之录取决策过程[J]. 中国考试，2010(6).

关于高中生的社会经济地位,美国高校招生时主要是通过"个人陈述"以及父母职业及家庭财务状况反映的。个人陈述是每个人个性和独特经历的体现,并没有统一的语言要求和写作格式。有的高校会要求学生分别回答若干问题。在这种情况下,通常对答案的字数有严格的要求。有的高校要求学生以1—2页的篇幅来综合回答一个或若干个问题。个人陈述问题一般是要求学生讲述人生经历中对自己最有影响的人和事,怎样会对所申请的专业和学校产生兴趣,对于学习所申请的专业做了怎样的准备,对于未来的职业及人生发展有怎样的规划,或除了学业成绩和其他所递交的申请材料以外所不能体现的个人课外活动经历、兴趣爱好以及其他特质和潜力。以下是常见的美国大学在招生中要求学生在个人陈述中回答的问题:①

1. 你生活中有哪些人或事对你的人生产生了最大的影响?

2. 请描述你认为有意义的兴趣爱好和/或课外活动经历。

3. 你是什么时候开始对你的专业产生兴趣的? 什么经历使你认识到你是适合这个专业的? 是什么让你对你的专业产生更多兴趣的?

4. 你是如何通过正式(如上课)或非正式(如与专业人士的交谈)学习经历了解你的专业的?

5. 你生活中有哪些与众不同的方面?

6. 你事业上的目标是什么?

7. 你的成绩和你的真实学业水平有什么不符合的地方? 例如,你的平时成绩一开始处于平均的水平,但是之后不断上升。

8. 你是不是克服了生命中不同寻常的(如经济、家庭或身体上)困难和阻力?

9. 你有哪些个人特质(如诚信、同情心或耐力)能够使你在你的专业领域更加成功? 你如何展示你具备这些特质?

10. 你有哪些成绩所不能显示的能力(如领导力、交流能力、分析能力)?

11. 你能够让招生委员会对你感兴趣的最有力理由是什么?

评价个人陈述的是美国各大学的招生委员会,并没有统一的评判标准。招生委员会并不是逐字逐句地评阅申请文章,而是主要通过这篇文章来更好地了解申请者,更加全面地对申请者的资质作出评价,以决定申请者是否适合该学校或专业。以下是多所美国大学共同对于如何写好个人陈述所给出的一些建议:②

1. 首先,一定要准确地回答所提出的问题。

2. 讲一个故事。通过具体的经历来展示你自己。如果你的陈述越活泼、有趣和与众不同,你越会使自己脱颖而出。

3. 要具体化。如果你想要成为一名医生,就必须讲出具体的理由。申请应该是个人经历的

① How to Write a Personal Statement [EB/OL]. [2019 - 09 - 17]. http://www. unm. edu/pre/law/archuleta. htm.

② Writing a personal statement [EB/OL]. [2019 - 09 - 17]. http://career. uga. edu/graduate_school/getting_into_graduate_school/personal_statement.

水到渠成的结果。个人职业规划必须非常有逻辑。

4. 找到一个角度。学生所讲述的故事应该是有趣的。找到一个特定的角度来讲述故事,使故事能够吸引读者。

5. 开局段落非常重要。最开始的段落一般是最重要的,应该抓住读者的注意力,定下了整篇文章的框架。

6. 告诉别人你所知道的。文章的中间部分应该讲述你对专业领域特别感兴趣的地方,以及相关经历。尽量通过专业词汇来展示你的专业知识。谈谈你是从哪些渠道来了解该专业领域的(包括你的学习、工作或研究经历,你与专业人士的交流,你所读过的专业书籍以及你所参加的讲座等),以及你为什么适合该专业。你在文章中所包括的内容显示了你对于什么是重要的判断力。

7. 注意不要触及敏感话题。有些话题是不能在个人陈述里触及的,包括带有争议的宗教或政治问题。

8. 了解所申请的学校。如果一所学校要知道为什么你申请这所学校而不是另外一所学校,你需要适当了解所申请的学校。如果这所学校的地理位置或文化背景更适合你,你应该提一下。

9. 用词规范,文笔流畅。个人陈述属于正规的书面文体,用语最好符合书面语的规范。文章应该体现良好的文笔,用词准确,不应该出现语法错误。用清晰简洁的语言表达意思。不要超出规定的字数。一般以 1—2 页 600—800 字为佳,太长则令人没有耐心仔细读完。

10. 避免俗套。例如,对于美国学校来说,如果一个想要申请医科的学生阐述自己科学表现好并且希望帮助别人,那么这样的个人陈述是不出彩的。不要用经常会看到的句子。

整体上看,有研究通过对美国 311 名高校招生官员的实证模拟研究发现,[①]具有"整体背景""整体审查观点"的招生官员更倾向于录取社会经济地位较低的申请人。美国高校招生向处境不利的高中生倾斜,这一格局得益于美国高等教育倡导生源多样化以及 20 世纪 60 年代的《平权法案》对弱势阶层的倾斜政策所形塑的招生理念。

第二节 英国高校招生对申请人的综合素质评定

英国招生考试制度历史悠久、独具特色、影响巨大。世界上很多大学在招生录取时都接纳英国主要考试机构主考的普通教育证书高级水平(A-level)考试的成绩,一些国家或地区至今仍然采用英国的高校招生制度,因此很有必要对英国教育体系中的综合素质评价进行考察和梳理。

---

① Bastedo, M. N. Bowman, N. A. Glasener, K. M. et al. What are We Talking about When We talk about Holistic Review? Selective college Admissions and Its Effects on low-SES students [J]. Journal of Higher Education, 2018(5): 782 – 805.

一、英国的中学教育高级水平证书考试

2005 年,英国教育与技能部发布了《维持卓越进步的面向孩子和学习者的五年策略》报告(*The Five Year Strategy for Children and Learners:Maintaining the Excellent Progress*),[①]报告指出:基于高等教育提供者——大学或学院更多的自主权将有助于达成更高的教育标准和更好的教育服务,政府将在入学公平和问责框架下给予学校更多的独立性。该报告在教育改革目标中强调,确保为每一位学生提供卓越的教育,确保每一位学生潜能的最大发挥与教育制度的逐渐改善乃是由家长和选择权的实践所促动。为了实践这一目标,教育制度的设计需要满足学生的个性需求,因材施教,为每一位学生量身定做,以及需要家长能切实表达其对学校管理的意见和主张;另一方面,需要改革学校,使学校能最大自由地为每位学生实施个性化教育,以及实施由家长选择所带动的教育效果。个性化是教育改革的重点。目前,英国的中小学校每学期都会给学生出具一份全面的评价报告。报告采用定性与定量相结合的方法,包括学生应达到的具体要求、完成任务情况、努力程度、取得的成绩等,同时也包含对学生的肯定和鼓励、对学生努力方向的描述等。评价报告对孩子和家长都有很强的参考价值。

与中国九年制义务教育不同,英国的中学教育(Secondary Education)共有 5 年,完成中学教育后学生参加考试将会获得普通中等教育证书(General Certification of Secondary Education,简称 GCSE 证书)。此后为期两年的进阶教育(Further Education)是中等教育的进阶,也是进入英国高等教育的前期预备学习阶段,其主要有学术性的"第六学级"(Sixth Form)教育和职业教育两个分支,而学生在 18 岁完成进阶教育后也会分别获得高级水平教育证书(General Certification of Education Advanced Level,简称 A-Level 证书)和高级水平应用学科教育证书(A-Levels in Applied Subjects,简称 A-Level 应用学科证书)。近些年,英国在尽力缩小 A-Level 证书和 A-Level 应用学科证书的区别,目的是打通普通教育与职业教育的通道,通过构建贯通的教育"立交桥",使选择职业教育的学生也有机会进入一流名校深造学习。但总体而言,当前英国一流名校在录取本科学生时,仍然是更加注重学生的 A-Level 证书等级及其他背景条件。

二、英国高校招生的总体特征

本部分对英国高校招生对申请人综合素质评定聚焦于 G5 名校,即剑桥大学、牛津大学、伦敦帝国理工学院(Imperial,Imperial College London)、伦敦大学学院(UCL,University College London)、伦敦政治经济学院(LSE,The London School of Economics and Political Science),都是世界一流的研究性大学。

---

① Great Britain. Department for Education and Skills, corp creator. The five year strategy for children and learners:maintaining the excellent progress [EB/OL]. [2019 - 9 - 17]. https://dera. ioe. ac. uk/6854/1/5yearstrategy-maintexcell. pdf.

（一）以等级制评分的资格证书为基础的"证书＋综合考评"招录模式

英国不举行全国统一的高校招生考试，高校录取以等级制评分的资格证书为基础，采用"证书＋综合考评"的招录模式。学生通过各种类型学习所获得的资格证书是高校招生录取与否的主要依据，实行的是证书型高校招考制度。当前作为高校录取标准的资格证书是《国家资格证书框架》中的第三级资格证书。英国高校在录取时，把申请人的普通教育证书高级水平（A-level，Advanced levels）或同等证书考试的成绩作为重要的入学条件，同时综合考评义务教育阶段学业成绩记录，学生平时学业成绩记录、教师评语、校长推荐意见和个人陈述等。

（二）各高校具有独立的招生自主权，可自主确定招生标准

英国大学普遍要求学生提供 A-Level 证书成绩、个人陈述、学校推荐信等证明材料，国际学生还被要求提供英语水平证书。英国高校在享有独立的招生自主权方面与美国具有高度的相似性（如表 7-3 所示），几乎每一所高校都有着对新生的独特选拔标准，高校在作出录取决策时对入学考试也有着各不相同、各有侧重的设定。即便是同一所大学，不同专业在招生时的标准也有不同。比如，报告牛津大学的材料科学系，申请者需要加试一门反映物理水平的 Physics Aptitude Test（PAT），数学系则要求加试另一门 Mathematics Admissions Test（MAT）。

表 7-3　英国 G5 院校的部分招生标准列表[①]

G5 院校	招生标准	入学考试的类型
牛津大学	优异的成绩；敢于质疑知识并渴求知识。	1. A-level 考试；2. 学科测试（大部分专业），例如，申请材料科学系要求参加 Physics Aptitude Test（PAT）；数学系要求参加 Mathematics Admissions Test（MAT）；3. 面试；4. 撰写作品评价或写作能力测试。
剑桥大学	高水平的学术能力和学术潜力；申请课程适合于他们的背景条件；对于所学课程的持续不断的热情；独立思考的能力，在逻辑争论上能保持思想的开放；自律、守信、热情。	1. A-level 考试；2. 撰写作品评价或写作能力测试；3. 面试（75%的申请者会被邀请面试）。
帝国理工学院	高级水平考试成绩；相关的实践经验；优秀的英语水平；申请者与所申请专业的适应性。	1. A-level 考试；2. 学科测试（少部分专业）。如申请医学系将要求参加 BioMedical Admissions Test（BMAT）；数学系要求参加 Mathematics Admissions Test（MAT）；3. 面试。
伦敦大学学院	聪明、优异的成绩；对学习有持续的热情和兴趣；多元化录取。	1. A-level 考试；2. 面试；3. 为部分无法达到入学要求的国际学生提供 UCL Undergraduate Preparatory Certificates（UPCS）。
伦敦政治经济学院	优异的成绩；强势学科（经济学）要求丰富的项目和实习经历。	1. A-level 考试；2. 大部分申请者会要求参加 Undergraduate Admissions Assessment（UGAA）；3. 面试。

（三）除了要求卓越的学术表现，还要求良好的非学术表现

G5 名校是英国一流的精英院校，与其他普通院校相比有着更加综合全面的招生标准（见表

[①] 资料来源：剑桥大学、牛津大学、帝国理工学院、伦敦大学学院、伦敦政治经济学院官方招生网站。

7-3)。通过上表可以看出，几乎所有 G5 院校的招生标准都把申请者的学习成绩作为主要考量标准，而这种学术因素也会在申请者递交的资料中有所体现。比如，申请者在进阶教育中的 A-level 成绩，部分学校还会将初等教育的成绩(GCSE)纳入考量范围。其中，剑桥大学甚至在官网上给出了各个学系对 A-level 科目的具体成绩要求。对名校而言，几乎每个申请者成绩都非常优秀，因而分数反而不是最具有区分度的。学生的思考能力与创新能力等才是顶尖大学遴选人才的重要标准。因此，面试是英国大学招生中的重要一环，通过面试考察学生的综合知识、沟通能力、逻辑分析能力、思维敏捷程度、想象力和价值观等综合素质。

除了优秀的学术成绩之外，英国 G5 名校对申请者的兴趣爱好以及性格特点也非常看重。G5 名校的招生标准大致可分为学术因素和非学术因素。学术因素包括申请者优秀的学术能力和智力水平，非学术因素则包括申请者的爱好特长、社会实践和性格品质等。[①] 比如，剑桥大学和伦敦政治经济学院要求申请者表现出持续的学习热情，这项要求体现出一流大学希望所招的学生不只是考试能力，同时还要对所学专业有强烈的求知欲和持续的热情。虽然要求看起来似乎有些抽象，但学生们持续的学习热情往往可以通过学生的自我陈述、实践活动及兴趣特长实现管中窥豹。与美国精英大学格外强调通识教育不同，英国教育在进阶教育阶段就开始强调对学生具体学科兴趣的培养，为以后在学科方向上的继续深造打下坚实基础。如前所述，部分英国名校也会对申报具体学科的学生进行学科专业知识测试，以确保学生具备相关学科专业能力。

三、反映非学术能力的"综合素质评价"

英国大学招生选拔中没有与我国严格对应的综合素质评价，但是其选拔中贯穿的课程作业、拓展项目评价等重点考察学生统一纸笔考试所无法检测出的知识体系、实践能力、理解判断(Knowledge，Skills and Understanding)以及独立研究能力，通过评价引导学生为在高等教育机构继续深造或就业做准备。服务于英国高校招生的评价所依托的载体非常多元、形式多样。如 GCSE 中的"学科作业"成绩，A-Level 考试中"中心评审课程作业"通过较为真实的作业任务，如论文、讲演、实验、调查、野外考察等，不仅考察了学生搜集信息的能力、组织文章的写作能力，更重要的是可以反映学生合作与沟通、问题解决、自我调控以及终身学习和面对挑战的能力。学生在整个评价实施过程中的参与证据，包括发表的论文、实践调查、表演、绘制的图标、拍摄的照片、信件、文物、影像以及访谈记录、CD 和 DVD 等媒体数据，最终整合到个人提交的作品上来，与我国积极倡导的综合素质评价具有高度相似性。

英国高校录取中采取证书和综合评定相结合的方式，其中综合素质评定越来越重视。学术成就和学业成绩，主要依据已获得证书的科目和分数，包括 GCSE 和 AS 证书考试的成绩，正在学习的 A-level 证书或同等证书课程的科目和预估分数。除此之外，招生录取时的评价要素还包括

---

① 王楚捷.“双一流”建设背景下大学本科招生改进对策分析——基于英国 G5 院校招生制度比较[J]. 教师教育论坛，2019 (1).

申请专业的学习动机和努力程度；工作经历、学生作业档案（例如，申请计算机艺术设计专业，需要提交以前的作品）；对所选专业未来就业行业的热爱程度（例如，护理专业对护理工作的喜爱程度）；申请的专业与申请人的兴趣和就业倾向是否适合。非学术成就和课外兴趣是否能使大学学习团体受益；清晰的思考力和理解力等。具体如下：（1）通过个人陈述判断申请人对所学课程的兴趣和努力程度；（2）推荐人对申请人学业、潜力和个人素质的评价；（3）参加大学举办的"校外联系项目"或"教育协作联盟"计划、是否来自弱势群体家庭；是否参加过高等教育拨款委员会资助的暑期学校、学校和推荐人作出的特别推荐、其他能够证明申请人学习潜力的信息，比如，申请人是否是国家超常青年学院（NAGTY）的成员；（4）其他信息：招生人员利用面试、个人学习档案、小论文等各种评价方法，进一步评价申请人是否适合所申请的专业。牛津、剑桥等精英大学要求有些专业的申请者参加学校单独举行的考试或联考，以测试其特定能力，如思维和逻辑推理能力。这类测试主要有生物医学大学入学测试（BMAT）、全国法律专业大学入学考试（LNST）、思维能力评价（TSA）等。有时面试是选拔环节的重要一环，针对每个申请者的情况，决定是否给予申请人面试的机会。

英国的社会环境是其高校招生制度形成的重要因素。英国具有源远流长的贵族教育传统，其高等教育曾一度被视为体现"精英主义"的教育范式。英国具有悠久历史的顶尖高校以培养领袖与精英为教学目标，注重"全人教育"，要求学生不仅要有优异的学术成绩，而且要全面发展。因此，顶尖高校通过多元形式考核学生的才能，招生要求极为严格，有别于其他普通院校。剑桥大学招生的基本原则为录取最富智能和潜力者进入剑桥大学学习，不论申请人社会背景、种族、经济状况如何，都具有平等的机会。① 通过公平招生政策的实施，可以达到两个主要目标：第一，激励。特别是激励仍处于社会不利处境群体的学生申请剑桥大学；②第二，公平。确保按照机会均等的政策，公平地评价每一个申请人，消除招生人员的个人喜好和偏见，确保来自不同类型中学的申请人入学机会均等。③ 谢菲尔德大学招生的基本原则为录取学业和智能出类拔萃、富有潜力、热爱专业、愿意并能够从学习专业课程中受益的申请人，招收的学生结构要从阅历、背景、接受教育的环境和多元文化方面按比例协调，并能使整个学习集体受益。④

另一方面，英国民众呼吁高等教育大众化，要求英国高等教育兼顾公平与卓越。英国高校数量曾一度剧增，这些高校的设立初衷就是扩大高等教育普及的范围，为来自不同阶层尤其是弱势族群的学生提供接受高等教育的机会。

2018 年度英国本土申请者的录取率达到 81.8%，是所有申请英国高校的申请者中录取比例

① University of Cambridge. 2017 Undergraduate Prospectus Entry［EB/OL］.［2019 - 09 - 18］. https://issuu. com/caowebeditor/docs/cambridge_prospectus_2017? e＝4058792/33809231.

② University of Cambridge. 2017 Undergraduate Prospectus Entry.［EB/OL］.［2019 - 09 - 18］. https://issuu. com/caowebeditor/docs/cambridge_prospectus_2017? e＝4058792/33809231.

③ University of Cambridge. 2017 Undergraduate Prospectus Entry.［EB/OL］.［2019 - 09 - 18］. https://issuu. com/caowebeditor/docs/cambridge_prospectus_2017? e＝4058792/33809231.

④ University of Sheffield. Undergraduate Prospectus 2017.［EB/OL］.［2019 - 09 - 18］. https://www. sheffield. ac. uk/prospectus/subjectList. do;jsessionid＝7DDF0B57AEC4EDF29BBE58FF87C8129F. tcs-live-node-01.

最高的,一直以来,英国籍申请人的录取率始终比欧盟和非欧盟国家高出 10 个百分点以上,2018 年度非欧盟申请者的录取率下降了 0.8 个百分点,降至 51.9%,包括中国大陆和中国香港。尽管录取率有所下降,但中国大陆和中国香港的申请人数仍有所增加,申请人总数分别为 17 110 人和 6 585 人,分别为 12% 和 2.7%。受理人数也有所增加,中国大陆增加了 10.4%,使其总数达到 10 180 人,中国香港增加了 2% 人,总数达到了 3 775 人。①

相较于顶尖院校,英国其他高校的入学要求明显降低,高校的办学导向鲜明,且招生时极为注重维护弱势族群学生的公平入学机会。就办学理念而言,以精英教育著称的牛津、剑桥大学承担着为各行各业输送顶级人才以及传承古老文化的重任,考核内容丰富,录取标准严格;一般选拔型高校既要承担科研任务,又要培养社会所需的各种人才,所以注重申请者成绩及学术能力,录取标准较严格;招生型高校(扩充教育学院)的目标就是为了培养合格的劳动者,所以实施开放招生制度,招生方式灵活,选拔标准较低。② 英国高校的录取评价标准非常多元化,考试成绩是重要的,但并非唯一的录取标准,除了考试成绩,还要依据学生兴趣、特长、适应性和各种能力进行综合评价。由于没有刚性标准,学生无从准备也无需准备,反倒减轻了负担,使得教师和学生都能把更多的精力放在教学和自我发展上,而不是用于应付考试上。

四、招生考试分离的制度设计与实施

英国大学往往会采用多种形式测量学生能力。A-level 考试成绩对考生的申请非常重要,但出于对学生的高标准挑选要求,G5 院校也会举行各自学校的入学考试,作为招生学校必不可少的一个环节(见表 7-3)。例如,牛津大学的大部分学科对申请者会有具体的学科测试要求,而伦敦大学学院更是为一部分无法在材料上达到审核要求的国际学生提供预科课程(UCL,Undergraduate Preparatory Certificates),达到标准的学生同样也可以顺利进入大学学习。将进阶教育的 A-level 成绩和本校自主命题考试的成绩相结合进行考量,已成为 G5 院校普遍认可的多元化的考核标准。在招生方式方面,英国高校招生考试主要有中等教育普通证书考试(General Certificate of Secondary Education,GCSE)和高级水平考试(Advanced level,A-Level),归英国课程、教学与委员会管理(Council for the Curriculum,Examinations and Assessment)。英国 A-level 每门科目有三次考试机会取最高那次的成绩为最终成绩的方法,尽量避免仅有一次测试的难以估量的测试误差。

为尽量缩小进阶教育与高等教育之间的教育差距,使学生更快适应高等教育模式,保障不同学习阶段的顺利衔接,英国新的 A-Level 考试增设了"拓展项目证书"(Ex-Tended Project Qualification),以考察学生是否具备某领域的高水准知识以及进行深入研究的能力。"拓展项目

① UCAS. 2018 End of cycle report [EB/OL]. [2019-09-17]. http://www.ucas.com/data-and-analysis/undergraduate-statistics-and-reports/ucas-undergraduate-end-cycle-reports/2018-end-cycle-report.
② 张喜军,张民选. 英国高校招生考试制度研究[J]. 现代大学教育,2008(4).

证书"是建立在学生个人兴趣上的独立的研究工作,主要考察学生是否具备计划、筹备、研究和自主探索的能力,鼓励学生独立思考,以批判的眼光看待问题,强调对具体学科的持续兴趣和研究热情,鼓励学生创新。作为在研究性高校较为关注的学科研究的"入门级"测试,"拓展项目证书"在一定程度上很好地衔接了进阶教育与高等教育。在 A-Level 考试之外,个别大学亦会举行自主命题的水平检验测试、申请学院面试等。英国名校官方网站显示,不同学院及某些具体学科,对申报者需要参加的自主专业命题考试都有详细的说明。

至于服务于招生的申请管理及服务,则由英国高校入学服务中心(Universities and Colleges Admissions Service,UCAS)承担,UCAS 于 1993 年 7 月 27 日成立,是私人注册的担保有限公司,没有股本,没有得到政府的任何直接财政支持,UCAS 被注册为英国的一家公司,作为英国和威尔士的慈善机构,并作为苏格兰的跨境慈善机构,其管理文件为公司章程("章程"),UCAS 也是注册商标。[①] UCAS 的职责是为教育提供者提供跨学科领域和学习模式的招生服务。申请英国的高校需要登录 UCAS 官方网站填写申请表,高校不直接受理申请者的申请。申请表至少包括入学申请书,包括个人情况、教育背景、家庭情况、申请信息、学分绩点、语言考试成绩等。申请表是申请材料中的重要部分,尤其是包含个人陈述和学习计划的申请表格。UCAS 是成员高校经过协议组成的一个联合体,通过 UCAS 集中统一办理,在高校和申请者之间起信息中介作用,由此提高办事效率。[②][③] 因此 UCAS 的商业活动有助于该组织实现慈善目标,同时降低学生和教育提供者的成本。2017 年,UCAS 本科招生服务处理了 699 850 名英国、欧盟和国际学生的 285 万份申请,帮助 533 890 名学生在英国 391 所大学中的一所获得全日制学位。考试由专门的考试机构承担,招生申请服务由社会中介组织承担,考试与招生组织分离、职能分离,为高校自主招生奠定了基础性的制度基石。

在监督机制方面,英国在完善内部监督机制的同时,为外部监督提供丰富细致的渠道。就内部监督而言,英国设立资格证书与课程局等机构,监督考试相关条例的执行和操作流程的规范化,以确保考试的标准。就外部监督而言,政府与公众共同努力。一方面,2018 年 3 月 31 日之前,非政府部门的公共团体成立公平入学办公室(The Office for Fair Access,OFFA)负责高校入学方面的公平公正事宜,旨在确保来自中低收入家庭、弱势族群的学生与其他学生具有相同的竞争机会。根据 2017 年 4 月由皇家批准的《高等教育与研究法》(*Higher Education and Research Act*),监管高校学生公平入学的职责 2018 年 4 月 1 日起被转至新成立的学生事务办公室(Office for Students,OFS),学生事务办公室是由英国教育部发起的独立机构。政府设立相应机构,为外部监督提供各类上诉反馈渠道。政府设立高校招生巡视员制度,具体处理高校招生录取中的投诉;设立考试申诉委员会,当考生对考试改卷结果不满意时可以向其提出审查;要求地方当局设

① Legal and administra tive information [EB/OL]. [2019 - 09 - 17]. https://www. ucas. com/file/214526/download? token=rpdBWjjX.
② 全林,田祖国. 美英法三国高校的招生制度及其启示[J]. 教育科学,2014(1).
③ 苗学杰. 英国大学招生考试"一年多考"的制度设计、社会争论与发展趋势[J]. 比较教育研究,2015(4).

立公平入学论坛,与各利益团体共同商讨当地入学政策,就保证入学公平提出建议。①

第三节 高校招生应用综合素质评价的国际经验

在对美国、英国高校招生工作过程中对申请人综合素质评价的做法进行重点梳理和分析之后,结合对其他国家相关做法的关注和思考,可以从中提取若干对我国高校招生工作中参考应用高中学生综合素质评价信息的国际经验,包括:(1)考试是测量学生认知素养的基础性手段,是高校招生最重要的依据;(2)考试具有内在局限性,需要依托其他手段对学生的综合素质进行测评;(3)综合素质评价应用于高校招生必须赋予高校一定的招生自主权;(4)高校招生自主权得以保障的制度基石在于招考分离;(5)主观性的综合素质评价容易招致舞弊,需要以法治等基础性制度的保障对其加以克服,等。

一、考试是测量学生认知素养的基础性手段,是高校招生的重要依据

考试是评价学生认知素养的重要手段,这是全球教育界的共识。综观国外高校招生的依据选项,学业成绩仍是重要维度之一,学业成就的优劣仍是高校判断学生综合素质高低的重要维度或指标,是高校招生的重要依据。有学者认为:"美国顶尖大学招生时的首要标准就是学业成绩。最近20年,高中课程和成绩、AP课程以及SAT(ACT)成绩在美国大学招生中的重要性始终位居前三位。"②学生综合素质评价是对学生"学术性能力"与"非学术性能力"的整体评价,所以,它绝非不看学生的学业成就,恰恰相反,对于学生学业成就的评价仍是其不可或缺的重要组成部分。所以,学生的学业成绩仍是其入围高校的重要筹码。③

二、考试具有内在局限性,需依托其他手段对学生综合素质进行测评

从考试与评价基本原理的角度看,单一的测试形式如纸笔测试具有天然的局限性,难以准确测出学习者的动机、志趣、意志与信念等非智力特质,而非智力特质对学习者的长远发展非常重要。④ 单一的考试成绩决定整体的、综合的录取考量的弊端人所共知。在美国,除了注册制即只需要注册不需要选拔即可入学的高校,高中生要想进入选拔性的高校深造,必须向高校提交入学申请书(Application)材料,高校根据申请材料包括附属材料考量申请人的综合素质,确认其是否具备入学的条件。在英国,高校采取的是证书成绩与综合考评相结合的招生录取模式,即以

① 王立科.英国高校自主招生的实践及其启示[J].高等工程教育研究,2009(1).
　李贤智.英国高等教育入学政策:扩招与公平[J].湖南师范大学教育科学学报,2012(1).
② 秦春华.美国大学招生为何实行综合素质评价[N].中国青年报,2015－01－05.
③ 刘志军,张红霞,王洪席,王萍,王宏伟.新高考背景下综合素质评价的意蕴、实施与应用[J].华东师范大学学报(教育科学版),2018(3)(新高考改革研究专刊).
④ 张会杰.考试招生"唯分数"的两难困境:观念及制度的根源[J].中国考试,2019(1).

学生的证书成绩（A-Level 成绩）为主要参考依据，另外通过申请人个人陈述、参加高校组织的独立考试、面试或者学校推荐等方法对学生进行综合评价，最终决定录取结果。① 高校录取标准为证书与综合考评相结合，高校根据自身特点在具体评判标准上又各具特色，统一性与多样性并存。

客观上看，考试并不能较好地检测学生发展需要的许多非认知素养，这是全球高校招生特别是选拔性高校招生都努力采取综合评价的重要原因。如果仅仅用统一考试分数标准评价高中是否成功，无疑扭曲了学校教育体系，这就必须设计新的评价应对大学和职业成功都需要的非认知技能。② 比如，英国名校非常强调学生对专业方向的持续热情和质疑精神。

三、综合素质评价应用于高校招生必须赋予高校一定的招生自主权

在美国，每一所高校均享有充分的招生自主权。高等学校人才培养、科学研究、社会服务等诸多职能中，人才培养从来都是其首要职能和根本任务。招生选拔作为高校人才培养的前端延伸，是决定高校办学起点和发展水平的关键要素之一，对高校人才培养质量和特色发展产生决定性作用。③ 理想的高等教育体系绝不应当是高度同质化，"千校一面"的。自然而然，高校招生录取所依据的评价标准亦应当是多元而不是单一的，有的高校可能更青睐全面发展的学生，有的高校则可能更期待单项冒尖的学生。加州大学圣巴巴拉分校瑞贝卡教授的研究认为，对怎样的学生应该进入怎样的大学这件事，从来都没有一个放之四海而皆准的标准，从来都没有真正客观的方法来评估招生系统，因此高校应该使用他们认为符合其教育政策的任何入学标准。④ 作为人才培养工作的目标责任主体，高等学校是招生录取结果的直接承受者，任何限制高校自主选拔适合生源的行为都将直接或间接阻碍高校育人目标的实现。

四、高校招生自主权得以保障的制度基石在于招考分离

"考试"与"招生"虽环环相扣，但本质上应是相对独立的两项事务。"考试"是测量学生学习效果和学力表现的主要手段，考试的重要功能是提供测量数据与参照信息，辅助招生机构更专业地作出招生决策。"招生"则是依托一定的评价标准，选拔合适的学生继续深造的过程。考试先于招生，服务于招生，招生依托考试，又超越考试。"招考分离"体现的是分权的思想。在美国，服务于高校招生的考试类型多样、考试项目众多，既有高校预科课程考试、由高中学校实施的高中

---

① Bassett D, C. T. Thraves L & Truss E. A New Level: A Research Report [EB/OL]. [2019 - 09 - 18]. http://www. reform. co. uk/Research/ResearchArticles/tabid/82/smid/378/Article ID/772/reftab/82/t/A%20new%20level/Default. aspx.

② Yaffe D, Coley R. J, Plskin R. Addressing Achievement Gaps: Educational Testing in America: State Assessments, Achievement Gaps, National Policy and Innovations [J]. ETS Policy Notes, 2009,17(1).

③ 董秀华，王薇，王歆妙. 新高考改革：高校招生面临的挑战与变革[J]. 复旦教育论坛，2018(3).

④ Rebecca Zwick. Who Gets In? Strategies for Fair and Effective College Admissions [M]. Cambridge: Harvard University Press，2017.

阶段课程的考试,又有由社会机构实施的标准化的高校入学考试(SAT 或 ACT)、AP 与 IB 课程的考试、由州政府管理的州高中毕业考试等。这些考试项目由特定机构或政府委托的专门机构承担,考试一般由专业考试机构设计、研发与组织,各个高校独立履行招生职能,按照本校的招生进度独立开展人才选拔与招生录取工作。各类考试项目的供给方、负责招生录取的高校各司其职。考试与招生主体分离、职能分离、责任分离。美国高校招生是完整意义的招考分离的典型代表。在英国,大学录取标准非常多样化,成绩虽然是相当重要的一项录取参考标准,但不是决定性的。学术基础、工作经历、学习兴趣、批判性思维等定性的标准都是评价学生的依据。从表面上看,大学评价学生的很多标准似乎是自相矛盾的,一方面对学术标准要求很严格,另一方面即使没有达到录取标准,但是有出色的或与众不同的相关工作经验也可以考虑。也就是说,标准并非是刚性的,只是参考的依据,最终评价结果还是由专家综合考虑给出判断。如果不是高校具有充分的招生自主权,基于这种综合评判进行招生选拔将变得举步维艰。而招生自主权的制度前提在于招考分离。有学者将其概括为分权式招生管理体制。国家和政府制定招生考试的法规、政策和标准,专业考试机构负责考试评价的实施,非营利性的独立机构——高等院校招生服务处为高校和申请人提供招生服务,各高校自主录取。依法成立的半官方专业机构负责招生考试录取系列工作的监督管理。[①]

五、主观性的综合素质评价易招致舞弊,需要基础性制度保障

高中阶段学生的综合素质评价重点考察统一纸笔考试所无法测评的创新精神、实践能力、理解判断及独立研究能力,是英美国家高校人才选拔中重要的参考凭证。但是,鉴于综合素质评价自身具有的主观性,一旦纳入高校招生的高利害评价中,极易招致舞弊行为的发生。英美国家在将高中阶段综合评价纳入高校招生过程中时,相对较好地防范了大面积的舞弊行为。

英国高中"综合素质评价"保持较低舞弊率,其中一个关键的因素是建立"管理、监督、评价、审核"四位一体的公共测评服务体系,既有权责分明、分层设置的管理机构、监督机构、实施机构等一体化的组织架构(例如,General and Vocational qualifications suspected malpractice in Examinations and assessments policies and procedures),还包括公示、外审、抽查及举报者权益保护等制度规约。[②]

第四节 中美结合的招生方式:上海纽约大学的探索与实践

上海纽约大学(简称"上纽大"),是美国纽约大学和中国华东师范大学合作举办的具有独立法人地位的研究型大学,是国家教育部正式批准的、具有独立法人资格和学位授予权的第一所中

① 王立科.英国高校招生考试制度研究[M].武汉:华中师范大学出版社,2017.
② 苗学杰.英国高中"综合素质评价"舞弊预防与惩戒机制探析[J].比较教育研究,2016(12).

美合作举办的国际化研究型大学,也是纽约大学全球教育体系的组成部分,面向全球招收本科生、硕士生、博士生。学校于 2011 年 1 月获批筹建,2012 年 10 月正式挂牌成立,2013 年 8 月,第一批本科生入学。目前,学校设有文理学部、商学部、工程与计算机科学部三个学部,本科阶段开设 12 个专业(含 19 个方向),在校本科生 1300 余人,中国学生和国际学生各半。作为中美高等教育合作的试验田,学校在办学理念、招生选拔、培养模式、课程体系、师资建设、学生服务等各个方面进行了积极的探索。

上纽大建校之初,备受关注的一个问题就是采用什么样的招生方式,校方明确提出:面向全球招生,所有申请者必须通过 Common Application(美国大学通用申请)提交信息。面向中国大陆学生的录取程序是:申请人填写并提交通用申请(含纽约大学补充申请);招生委员会审核申请材料,公布符合条件的申请人名单;邀请符合条件的申请人参加"校园日活动";招生委员会对申请人进行严格、全面的评价,公布符合录取资格的申请人名单及录取政策;申请人参加高考且成绩达到一本以上,学校根据录取政策进行录取。强调的是"合适性"。考生的高考成绩必须达到一本以上,但除了优异的学业成绩外,招生人员还将综合评价考生学业和课堂以外的其他因素,如参加社区服务的情况等。校园日活动中,将通过演讲、面试、写作、团队合作等多种方式综合考察学生的求知欲、语言能力、应变能力和领导能力等,并确定预录取名单。

从校长到招生主任都多次就该议题接受媒体采访,他们始终强调招生工作的基本理念是:找到与学校发展定位和校园文化相匹配的、最适合的学生;高中学业成绩要优秀,还要综合素质好,如强烈的好奇心、社会责任感和共鸣感等。

一、上纽大的招生制度[①]

借鉴纽约大学的招生经验,上海纽约大学尝试通过校园日活动评价、高中学业和高考成绩相结合的综合评价和选拔模式,选拔出最适合上海纽约大学的优秀学生。中美招生团队在学生高中学业成绩和表现、申请材料与陈述的基础上确定候选人;通过校园日活动的考察,全面评价候选学生的各方面素养,选拔最适合的优秀学生;在高考成绩达到要求的前提下,录取一批求知欲强、具有创新意识、勇于探索、乐于尝试新事物、综合素质好、学习成绩优秀的学生。简而言之,整个招生流程是"提前选拔,再参加高考",最后通过高校招生综合评价体系录取学生。

上海纽约大学招生方案的核心理念是:跳出传统评价模式,选拔最适合的优秀学生。在招生过程中,学校把关注重点放在学生的"匹配度"上,即是否适合上海纽约大学的培养理念、培养目标和培养模式,而不是以高考成绩的高低作为唯一标准来衡量评价学生。尽管大多数入选学生的高考成绩也很突出,但学校更重视从多维视角综合评价学生的知识、技能和品性,选拔最适合上海纽约大学的优秀学生。

---

① 上海纽约大学招生制度、招生流程及方法的案例介绍和分析,由上海纽约大学招生办公室主任周鸿老师提供。在此一并致谢!

上海纽约大学的招生制度与国内其他大学最大的不同体现在以下三个方面。

（一）评价标准

和国内大学把学业成绩高低作为评价的唯一标准不同，上海纽约大学对申请学生的评价标准比较"宽泛""笼统"，没有一条刚性的分数线。学校重点关注学生是否适合上海纽约大学的培养理念、培养目标和培养模式。学校认为，对于未来的精英群体而言，学业固然重要，但学业之外的综合素质、能力和思维可能更为关键。

（二）评价人员

在对学生评价过程中，国内大学招生工作人员更多的是从事辅助性工作，评价的主体是来自各个学科的专家教授，专家教授具有绝对的主导作用。上海纽约大学在对学生评价中，尽管部分环节有专家教授参与，但只是提供相应环节的意见建议，这些意见建议是否被采纳、采纳多少，完全由招生人员组成的委员会决定。对学生的全部评价，基本是由专职的招生人员依据其专业素质和能力，对学生进行判别和评价。一支专业化的招生队伍是上海纽约大学招生工作顺利开展的基础。

（三）评价结果

无论是自主招生、三位一体、综合素质评价等，国内大学的评价结果最终都是以一个具体分数的方式展现出来，而人是最复杂的综合体，一个冰冷的分数是否可以涵盖全部，是否可以进行简单类比，值得商榷。上海纽约大学对学生的评价全部是以评语的方式展现，在各个环节参与评价的人员，根据自己的观察、交流、了解，以写实的方式进行记录并评价，最后由招生委员会根据对该名学生的所有评语，讨论决定最终结果。

因此，国内大学对学生最终评价结果，必定是按分数从高到低，根据计划决定合格学生名单，带有非常强的计划经济烙印。上海纽约大学由于没有分数，最终结果只有三种：合格、待定、不合格。只要达到标准的学生就是合格学生，而这一标准在招生之前就是已经确定的。

二、上纽大招生流程及其对申请人综合素质的考察方法

上海纽约大学的招生流程包括了以下几个具体环节：

（一）报名申请

所有申请报考上海纽约大学的学生都必须在线填写并提交"通用申请"（Common Application，美国大学本科入学网上申请的一站式网站），并按要求将高中成绩单、高中学业水平考试成绩、获奖证书及其他证明材料等申请材料在规定时间前邮寄到上海纽约大学。

学校在设定人才培养目标上强调了一个特色，即：培养一批具有全球视野，勇于接受新挑战，善于跨文化交流、沟通、合作的国际化创新人才。根据这一国际化人才的培养目标，上海纽约大学细化了"优秀且适合"的学生选拔标准。作为综合评价的第一关，中美招生团队首先对学生高中学业有个初步评价，在学业优秀的基础上重点考查学生在申请书中所表现出的人生态度、思维方式、价值取向、创新意识、英语应用能力等，以及对上海纽约大学的教育理念、培养模式、校园文化的认同度。

这个环节的评价主要是基于学生提供的高中阶段平时成绩、高中学业水平考试成绩和"通用申请",经过初审,每年从申请学生中邀请约 500 名学生参加下一轮的校园日活动。

这个环节有两个关键要素:平时成绩和申请文书。"平时成绩"反映了学生的学业和学习能力,但只要求学生达到学校设立的合格标准即可,并不是从高到低给学生进行排序。"申请文书"则反映了学生在学业之外的素质和能力,如英语写作水平、性格特质、思考能力、人生态度和对学校的认识等。

(二) 校园日活动

历时 24 小时的"校园日活动"是上海纽约大学招生录取方式改革的重要环节。"校园日活动"是学校和学生面对面双向选择的过程,而不是传统意义上的面试,是探索建立多元评价体系的实践。学校努力创造一个宽松、自由、多元的氛围,让学生在全英语环境下参与各项活动和自由交流,充分展示真实的自我。学生可以通过各项活动,进一步了解上海纽约大学的办学理念、培养目标、教学方式、学习环境,真正体验自己是否适合这所学校,适合这样的学习方式。学校通过活动来考察和评价学生的综合素质及其与上海纽约大学培养目标和学习模式的适合度。

"校园日活动"包括自由交谈、结识朋友、欢迎晚会、小组游戏、模拟课堂、团队活动、个别面谈、互动交流、英文写作、校长演讲等一系列活动。通过这些活动,由一批教授和招生人员等从不同角度现场考察和评价学生的人生态度、价值取向、求知欲、思维方式、英语实际应用能力、沟通能力、创新意识、批判精神、团队合作、学习能力、组织能力、领导能力等素质。学生在参加校园日活动过程中,对学校也有了全面而深入的了解,对是否适合这所学校有了切身体验。

这个环节中,教授和招生人员的评价不是简单地对学生各方面表现赋予一定的分值,而是需要以评语的方式给出具体的评价,并且要求写出详细的事例予以说明,为招生委员会的逐一讨论提供依据。

学生在校园日活动中分成若干小组,每个小组配一名工作人员(Staff ambassador)、两名上海纽约大学在读中外学生(Student ambassador)。他们需要全程参与校园日活动(即兴写作和单独面谈环节除外),对学生的表现进行评价。招生委员会针对各个环节设置了具体的评价方法和考察重点,并划分了若干等级(Exemplary 典范、Has Potential 有潜力、Not Sure 不确定、Recommended不推荐)。除了要对学生各方面的表现划出不同等级外,还需要以评语的方式给出具体评价。

1. 自由交谈,结识朋友,欢迎晚会,集体游戏

学生报到后,即可在现场自由交谈,结识朋友,也有机会与上海纽约大学学生志愿者交流。欢迎晚会上,上海纽约大学校长和常务副校长的讲话主要是让学生进一步了解学校的理念、特色和要求,理解校园日活动的含义,希望大家尽量放松心态、享受这段经历,展示真实自我。学生还可以就自己关心的问题进行提问。晚会上,每桌都有上海纽约大学的资深教授、工作人员、学生志愿者等,可以有很多自由沟通交流的机会。晚餐后,学生分组活动,由上海纽约大学学生志愿者带领做各种有趣的游戏,让大家彼此熟悉,并放松心情,以更好的状态迎接第二天的活动。

2. 团队活动

团队活动考察重点：

（1）英语能力：流利、清晰表达自己的观点；

（2）团队合作、沟通、领导能力：倾听、理解他人观点，与他人交流想法，组织团队成员共同合作，与他人有效合作；

（3）冒险精神、随机应变、反思能力：尝试不同方法，敢于进行实验或犯错并从中学习，对其他不同思路持开放态度；

（4）分析性思考能力：思维有因果、推理等逻辑性，善于发现、分析问题并找到解决方法；

（5）创造力：想法新奇并可以付诸实践，善于提出新想法。

团队活动后，各小组会在工作人员的引导下对以下问题进行讨论：这个团队活动中最具挑战的是什么地方？你认为团队中的交流沟通怎么样？你们小组遇到的最大困难是什么？团队合作中，哪个成员更具领导力？团队成员的分工是如何确定的？你对该分工是否满意？如果你可以重新开始，你会有哪些不同的做法？

3. 模拟课堂

为了让学生们真正体验上海纽约大学的课堂教学，每场活动都有模拟课堂教学环节。授课教授包括纽约大学校长、上海纽约大学常务副校长、副校长兼教务长、文理学院院长、商学与工程学院院长，以及来自纽约大学阿布扎比校园、纽约大学斯特恩商学院、库朗数学科学研究所的知名教授。模拟课堂教学的主题广泛，涵盖面广泛，如地图测绘、法律、从跨文化视角看人类思想史、宗教与国家、大脑工作的基本等式、商业和金融的量化模型、城市化带来的机遇、流体实验（想法与事实）等。

学生被随机分到相关主题的模拟课堂，每个模拟课堂有十名左右学生，以保证课堂讨论的参与度。学生在教授的启发与引导下思考问题、提出问题、参与讨论，表达自己的想法。

模拟课堂主要考察学生的以下素质：

（1）学习理解能力：对教学内容的理解和吸收，把握要点；

（2）求知欲：具有学习和进一步探索未知领域的兴趣；

（3）分析和批判性思考能力：具备逻辑思维能力，善于分析问题，对权威知识敢于提出不同意见；

（4）语言表达能力：流利、清晰地表达自己的观点；

（5）开放性：愿意聆听并接受他人的观点。

模拟课堂结束后，上课的教授会对每个学生进行书面点评。

4. 英文写作

英文写作环节一般安排在模拟课堂后进行，要求学生在30分钟内完成4—5个问题。题目非常开放，都没有唯一、正确的答案，例如，如果在模拟课结束后，你有更多时间可以和上课的教授交流，你会与教授讨论什么，为什么？请写一种和课堂上讨论的不一样的观点，你是同意还是反对这种观点,请说明理由,等等。

与学生平时习惯的英语作文相比,这样的写作没有限制、形式灵活,也没有明确的对或错,着重考察学生的创造力、想象力、分析能力、逻辑思维能力,以及词汇、语法、句子结构、英语写作能力等。

5. 互动交流

学生分为30人左右一组,参加互动交流,通过提问、回答、讨论,让学生进一步了解上海纽约大学。在这个环节里,学生们就其关心的问题,如学校特色及优势、专业设置、海外学习、校园生活、未来职业规划等提出问题。上海纽约大学的工作人员和在校学生等当场回答,并进行互动讨论。

6. 单独面谈

一对一(或二对一)单独面谈的时间为15分钟,每个学生都会有机会自由表达他们的思想、兴趣和意愿。面谈结束后,老师有5分钟的时间对学生进行评价。这个环节主要考察:英语交流能力,流利、清晰表达自己观点的能力;求知欲,创造力,批判性思维能力,探索精神;全球视野,对不同文化、不同事物的尊重和理解;自信心和领导力,等。老师针对各项考察内容进行考量,并写出评语。

单独面谈会围绕一些话题展开,例如,参加校园日活动的主要感受,对模拟课堂的印象,对上海纽约大学的了解以及对未来大学生活的预期,等等;也会让学生提出问题或话题,谈自己的想法。

(三) 高考录取

校园日活动后,由纽约大学、上海纽约大学的招生团队组成的招生委员会根据所有反馈和评价,对每一位学生在校园日活动期间的表现进行逐一讨论,同时也结合学生的高中学业成绩、学业水平考试成绩、通用申请等多种因素。根据讨论,招生委员会确定预录取、待定、淘汰等三类学生名单。入选预录取的学生参加当年高考,成绩达到一本以上就可以被录取。入选待定的学生参加当年高考、成绩达到一本以上后,学校将结合其高考成绩、校园日活动的评价、高中学业成绩等,通过招生综合评价体系,择优录取。

校园日活动是上海纽约大学自主招生的一项新尝试,更多关注的是学生的人生态度、价值观念、个性品质、综合能力和素养。从学生的学习潜力和未来发展着眼,智商固然重要,但情商可能更为重要。学校认为,学生的高中学业成绩和高考成绩已经基本能反映一个人的学习能力和知识水平,对于一个优秀学生群体而言,志向、抱负、兴趣、素养等个性化因素与学校人才培养目标和培养模式的适合度可能更为重要。校园日活动的选拔是对合适性的匹配,而不是对优秀的简单定义。很多参加"校园日活动"的同学所表现出来的那种阳光、热情、自信、积极主动、勇于探索、勤于思考的个性给人留下深刻印象。拥有这样的人生态度和精神追求,更会有一个精彩的人生。从上海纽约大学的录取结果看,高校如果有比较明确的办学理念和培养目标,则可以走出考分为唯一标准的评价模式,从而选拔出符合学校培养理念的优秀学生。

第八章　综合素质评价政策实施的制度体系与保障机制

导语：综合素质评价,作为一项教育改革和发展政策,其能否顺利实施以取得预期的良好成效,在相当程度上取决于以下三方面的制度体系和保障机制设计与实现：其一是体现综合素质评价的理念、涵盖综合素质评价核心要素的顶层制度设计,即明确诸如为什么评、评什么、谁来评以及怎么评等目标和实现路径等问题；其二是要对政策实施的基本程序制度体系和保障机制有明确的设计,包括研制、印发系列文件,设置并明确关于政策决策、实施执行、监督保障、动态监测和持续完善等的基本机构和机制；其三是能够提供强大信息技术支撑的电子平台开发等。

第一节　综合素质评价核心要素的顶层制度设计

综合素质评价为什么评、评什么、谁来评、怎么评的问题,是综合素质评价政策必须回答的核心要素,也是顶层制度设计必须要明确的前提和核心问题。因地制宜、循序渐进,不同方面力量和资源的协同整合,以及研究人员的提前介入和深度参与等,都是确保综合素质评价改革顺利实施可借鉴的重要经验。

一、为什么评

如前所述,综合素质评价在我国的兴起,是随着素质教育作为我国教育发展战略的确立和实施而兴起和发展的,素质教育的核心是纠正之前过度应试的教育格局。综合素质评价,一方面是作为素质教育的组成部分,同时也被作为切实落实素质教育目标的评价和促进手段。

综合素质评价政策的发展先后经历两个阶段,虽然两个阶段综合素质评价政策的着眼点和出发点有差异,但无论是前期作为课程改革配套任务的推进,还是目前更多满足考试招生评价的要求,综合素质评价作为育人的环节和育人功能的挖掘与发挥,都必须给予足够的重视。由此,为什么评的问题也就迎刃而解了。

为什么评的问题,集中表现在综合素质评价的指导思想、部分基本原则和评价结果的应用等方面。

指导思想上,一定要真正树立素质教育、立德树人、促进学生全面而有个性发展的基调,"坚持立德树人,践行社会主义核心价值观,传承和弘扬中华优秀传统文化,反映学生全面发展情况和个性特长,着力促进每一位学生的终身发展,促进高中人才培养模式转变,为高校科学选拔人才提供参考"。

基本原则方面要突出"反映学生全面发展情况和个性特长,注重考察学生的社会责任感、创新精神和实践能力,体现高中学校的办学特色",以及"注重过程,指导发展,关注学生成长过程,发掘学生潜能,加强学习和生涯规划指导,促进学生个性化发展与健康成长"。

具体到综合素质评价结果的应用,也必须要兼顾促进学生的发展、促进高中学校全面实施素质教育、促进高校人才选拔参考使用等多个方面。

上海高中学生综合素质评价结果的应用如下:

（1）引导学生积极主动发展。 引导学生开展自我评价并进行自我调整和自我管理,促进教师开展学生成长过程指导和生涯辅导,帮助学生确定个人发展目标,实现全面而有个性的发展。

（2）促进普通高中学校积极开展素质教育。 通过综合素质评价改革,引导高中学校开展各种素质教育活动,促进学校多样化、特色化发展。

（3）作为高校人才选拔的参考。 循序渐进、积极稳妥地推进综合素质评价信息在高校招生中的使用。推动高等学校在自主招生过程中,试行综合素质评价信息作为高等学校自主招生的参考。相关高等学校应在招生章程中明确综合素质评价的具体使用办法并提前公布,规范、公开使用情况。

二、评什么

明确评什么,是开展综合素质评价理念和顶层制度设计的重要方面。通过对我国不同阶段、不同地区的学生综合素质评价方案和实践进行较为系统而全面的梳理,从中可以发现,就综合素质评价的内容要素而言,基本上是沿袭了 2002 年教育部 26 号文列出的六方面基础性发展目标的框架,部分地区完全采用,部分地区有些微的合并或分解,基本面貌大同小异。但仔细推敲做得比较有口碑、有成效、有特点的地区的实施方案和做法,还是可以发现其中有不少值得借鉴的亮点和创新。

（一）体系要很全面,也要突出重点和特色,实现点、线、面的结合

综合素质评价要全面关注学生的成长过程,努力发掘学生发展的潜能,学校和教师要通过加强对学生学习和生涯规划的指导,促进学生个性化发展与健康成长,反映学生全面发展情况和个性特长。全面性是基准线。《上海市普通高中综合素质评价实施办法》规定:每个学生在高中 3 年都将形成一份《学生综合素质纪实报告》。报告分 6 张表,分别是"基本信息和自我介绍""品德发展与公民素养""修习课程与学业成绩""身心健康与艺术素养""创新精神与实践能力",以及一张"学校特色指标"表。可以说,这些方方面面的评价维度,形成多条坐标线,覆盖"德智体美劳"等领域,构成一幅关于学生个体的"雷达图"。[①]

与此同时,也要有对学生进行综合考察的重点。例如,此次高考综合改革特别强调的社会责任感、创新精神和实践能力,以及高中学校的办学特色等,对学生成长过程中的主要经历和典型事例进行客观记录和写实性描述。上海近几年对高中学生的综合素质评价特别强调的是学生的社会实践、志愿服务、公益劳动和研究性学习,系列配套文件、基于信息技术的综合素质评价电子信息记录系统和研究性学习专题报告认证平台的开发,以及阶段性工作经验总结材料等,都对这两个方面的情况和要求给予了相当大篇幅的关注和梳理。

北京市2012年公布的初中学生综合素质评价指标体系,由基础指标和发展指标两部分构成。基础指标是初中学生应具备的基本素质,是所有初中学生都应达到的目标,发展指标则旨在引导学生个性发展,包括特长和有创意的成果及实践等。上海新近公布的初中学生综合素质评价实施办法,在提出"整体反映学生德智体美全面发展情况和个性特长,引导学生践行社会主义核心价值观,弘扬中华优秀传统文化,增强社会责任感,培养创新精神和实践能力"的总体要求的同时,强调"尤其要关注初中学生社会考察、探究学习、职业体验等综合实践活动的情况记录"。

(二)要符合学生的年龄特点和身心发展的阶段性特征

笼统地提中小学生综合素质评价,是一个不太准确的表述,因为中小学时期是少年儿童快速发展的关键期,小学、初中、高中的学段特征和年龄特征差异都非常明显,身心发展的基础和目标要求也有很大的不同,因此综合素质评价一定要考虑学生的年龄特点和身心发展阶段性特征,进行有针对性的重点方面的整体设计。

《教育部关于加强和改进普通高中学生综合素质评价的意见》明确提出"高中学校要基于学生发展的年龄特征,结合当地教育教学实际,科学确定学生综合素质评价的具体内容和要求",并要求"义务教育阶段学生综合素质评价,由各省(区、市)根据学生年龄特点,参照本《意见》制定实施办法"。《教育部关于进一步推进高中阶段学校考试招生制度改革的指导意见》在要求"完善学生综合素质评价"的条款中,明确指出"综合素质评价是对学生全面发展状况的观察、记录和分析,是培育学生良好品行、发展个性特长的重要手段。根据义务教育的性质、学生年龄特点,结合教育教学实际,细化和完善思想品德、学业水平、身心健康、艺术素养和社会实践五个方面的评价内容和要求,充分反映学生的全面发展情况和个性特长,注重考查学生的日常行为规范养成和突出表现"。

之后,各地的具体意见和办法也都强调了符合学生年龄特点的要求。例如,《浙江省教育厅关于完善浙江省普通高中学生成长记录与综合素质评价的意见》(浙教基[2015]45号)明确提出:"各地各学校应基于学生发展的年龄特征,结合当地教育教学实际,科学确定学生综合素质评价

① 徐瑞哲.沪上逾15万高中生在高考成绩之外又有了一套参照系 新高考"综评"怎样才能描述好一个学生[N].解放日报,2015-2-15.

的具体内容和要求。"除了将教育部文件中"高中学校"调整为"各地各学校",把"要"改为"应",其他表述只字未变。

上海新近陆续印发的有关初中学生综合素质评价的实施办法和初中学生社会实践管理办法等都特别强调把"符合学生年龄特点"作为基本原则之一。《上海市初中学生综合素质评价实施办法》(沪教委规〔2019〕3 号)提出,对初中学生的综合素质评价强调"促进成长"和"有效激励"的导向,要求"尊重学生个性差异,注重发展性评价,关注学生在不同学段、不同年级的发展状况和优势特长,增强自信心,提高自我认识和自我发展的能力","运用科学规范的记录与评价方法,系统采集学生成长信息,引导每个学生积极、主动地参与评价活动,激发学生发展的主动性"。《上海市初中学生社会实践管理工作实施办法》(沪教委规〔2019〕8 号)基本原则第一条"坚持价值导向"即明确提出"要符合学生年龄特点、认知规律和教育规律,注重知行统一,体验教育,主动参与,引导初中学生在社会大课堂,自觉遵循道德规范,增长知识才干"。

2009 年 6 月国务院办公厅印发《关于新时代推进普通高中育人方式改革的指导意见》(国办发〔2019〕29 号),强化对学生爱国情怀、遵纪守法、创新思维、体质达标、审美能力、劳动实践等方面的评价。有专家评论说:"德"最关键的是爱国和遵纪守法,这两点做到了,其他品德也不会差;"智"最关键的是创新思维,而不是复现知识或考试成绩;"体"最关键的是体质达标,并不是要学生都去追求比赛获奖;"美"最关键的是审美能力,并不要人人都有艺术特长;"劳"最关键是劳动实践的经历,要真正去做。

三、谁来评

作为综合素质评价的顶层制度设计,在谁来评的问题上,需要明确的关键问题是综合素质评价信息记录和评价工作相关参与各方或责任主体的任务分解。学界和实践领域均认为应由多元主体参与记录和评价,实践中也形成了学生自评、同学互评、教师评价、家长评价、社会机构评价相结合的多元评价主体。对于评价主体作用发挥有影响的是教师、学生、家长和社会机构的认识,如果不能正确认识综合素质评价的目的与作用,而仅将其作为一种教育选拔工具,容易导致他们滥用权力。[①]

由于教育部倡导的综合素质评价信息"谁使用谁评价"的基本指导思想,目前综合素质评价信息记录者、使用者和评价者是一种相对分离的设定,因此产生的一种客观情况往往是,信息记录者不一定是信息使用者和评价者,信息使用者一般是评价者,但评价者不一定是信息记录者,信息记录和评价主体一定程度上有重叠,但也有交错的情况存在。

从目前成功开展高中学生综合素质评价的地区和学校看,因为学生综合素质评价信息记录内容的广泛性,学生综合素质评价信息的记录主体是比较多元的,不仅包括学生就读学校的老师(包括任课教师、班主任、课题指导老师、校领导等),而且也包括学生本人与同学,以及学生家长,

---

① 靳玉乐,樊亚峤.中小学实施综合素质评价的意义、问题及改进[J].教育研究,2012(1).

还包括不同社会实践活动负责单位的教育管理人员等。

相比之下,高中学生综合素质评价信息的使用者和评价者基本可归为两类,高中学校和高等学校。高中学校的教师和管理人员使用学生的综合素质评价信息用于改进学校的教育教学和人才培养工作,高校则将高中学生的综合素质评价信息用于招生选拔录取的参考。但目前的相关制度设计,相当程度上强化了高校作为综合素质评价信息使用者的评价角色,弱化了高中学校作为信息使用者、评价者的定位,另一方面由于高校没有太多介入高中学校学生综合素质评价信息的记录工作,导致高校对高中学生综合素质评价信息的使用相对谨慎,反过来又强化了高中学校认为做太多无用功的抱怨。

从这个意义上说,综合素质评价的顶层设计需要处理好信息记录者、使用者和评价者之间的关系,信息记录者要尽可能充分地发挥信息的评价功能,而使用方也需要尽可能参与前期信息的记录工作,在更多的工作上实现学段间衔接打通,实现人才培养的体系化,以实现更经济、更有效的教育和人才培养成效。

四、怎么评

在怎么评的问题上,将直接关系到综合素质评价功能的实际发挥,是学术和实践研究的重点,也是争议较大的一个问题。学者们从评价方法、结果应用等角度对其实际产生的功能影响进行了深入探讨。比如,方法上过于强调质性评价而使结果缺乏客观性,评价者的专业性不足导致结果"失真",评价结果在校内外无法发挥作用,因此整项工作被"虚化"等。究其根源,由于对"综合素质评价"内涵认识的不一致,导致在具体实践中产生了较多误解和误用,或者机械执行文件要求甚至将其简单化为一个教学管理流程。

作为综合素质评价的顶层制度设计,在怎么评的问题上,需要明确的要素主要包括评价具体实施可选用的主要方法、评价信息集成的实现方式等。

(一)具体评价方法的选用

目前的综合素质评价基本制度设计,在评价方法方面,有这样几个特点:首先是注意了学生自评和他评的结合。学生每个学期以及最终纪实报告中 500 字的自我介绍,基本上可归为自评的部分;其他记录主体记录的信息,则多为他评的结果。其次是更多地强调写实性记录。有部分记录和评价的维度,以及某些地区在最终的评价结果生成方面,使用了量化的或等第化的信息处理方式。但就目前整体情况看,具体指标维度上的量化评价相对可行,但在多维度信息合成时简单采用量化或等第化的方式呈现评价结果,会引发比较大的争议甚至质疑。第三,信息记录更多地突出了过程性的特点,最终的纪实报告具有结果性和总结性的特点;而作为信息主要使用者的高等学校在招生录取时参考使用,发挥的也更多是结果性评价和总结性评价的作用。

基于前文的分析,可以说,综合素质评价的顶层制度设计需要对综合素质评价的过程性评价和形成性评价的作用给予更多的关注,并通过相应的制度设计保障其实施,从而实现其在信息记录的同时发挥评价作用。

（二）评价信息的实现方式

由于综合素质评价信息的覆盖面广、多源、多元等特点，借助电子化平台进行信息集成就显得特别重要。有条件的学校在前些年已经自主开发了学校层面的平台，如何在地区层面进行集成性平台的开发和使用，避免重复建设也是目前需要考虑的重要事项。

而且从长远发展的需要来说，电子化平台只具备信息集成的功能还远远不够，还需要逐步实现活动和过程的记录，实现真正意义上的大数据集成，为后续基于大数据基础上建立分析模型、提取数据进行针对性评价等奠定基础。

五、若干原则

某些先行先试地区开展高中和初中学生综合素质评价政策研制和实践推进的成功经验，包括因地制宜、循序渐进、协同推进，以及研究人员的实质性参与和支撑等，可以为其他地区提供些许基本原则方面的借鉴和参考。

（一）因地制宜，制定符合地方实际的方案

任何一项政策的落地实施，都必须充分考虑客观存在的地区差异，综合素质评价的实施也不例外。素质教育的实施，学生综合素质的培养，综合素质评价工作的开展，有着较强的资源依赖性，而资源供给往往属于硬约束条件。各地需要在遵循国家文件规定和精神要求的前提下，充分研究和尊重各地的现实基础，正视各地的教育发展基础和资源供给条件，结合当地教育发展的实际情况和阶段性特征，地区资源供给的现实性和可行性，选择符合当地特点、现有基础、有一定条件支撑的方式和项目，在落实上级政府部门有关综合素质评价的工作要求与当地正在推进和准备推进的教育改革发展相关工作任务之间找到比较好的结合点，发挥各地乃至学校层面的能动性和创造性，鼓励各地大胆探索，积极创新，扎扎实实、稳扎稳打地开展素质教育和综合素质评价，从而起到上级要求和地方工作相辅相成、事半功倍的效果。

教育部有关负责人在就《教育部关于进一步推进高中阶段学校考试招生制度改革的指导意见》（教基二〔2016〕4 号）答记者问时也曾经特别说明，"随着基础教育课程改革的推进，一些地方在初中毕业生学业考试、综合素质评价、高中招生录取等方面进行了积极探索，积累了许多有益的经验，值得总结推广"，同时也强调"尊重地方差异，因地制宜，鼓励各地结合实际探索实践"。

（二）"四梁八柱"搭建好，"内部装修"可以循序渐进

作为一项政策的顶层设计，首先要将关键要素予以明确，比如，上文提到的为什么评、评什么、谁来评以及怎么评等问题，是属于四梁八柱的结构性支撑要素，原则性的要点需要尽早予以明确。然后，具体的、细节性的设计和安排，可以循序渐进地予以逐步细化和完善。就像上海，《进一步推进高中阶段学校考试招生制度改革实施意见》于 2018 年 3 月发布，作为其中综合素质评价具体实施方案的《初中学生综合素质评价的实施办法》则是隔了一年之后，于 2019 年 4 月初正式印发，而在《实施办法》印发几个月之后，三部门联合研制的《初中学生社会实践管理工作实施办法》才正式印发。

（三）不同条块工作的协同整合

综合素质评价是一项跨部门、跨领域、跨学段的系统性工程，不同层级政府部门、不同业务领域的机构和人员，都需要在学生的校内外教育资源供给、场地与环境创设、社会实践安排、信息记录与共享等方面进行分工协作，才能够真正构建起社会教育与学校教育相融合、生源供给学段与高学段教育相衔接的一体化教育和育人体系，实现真正意义上的协同整合育人的素质教育目标。上海市教育综合改革领导小组的成员单位包括了与教育直接相关的 32 个部门，上海市委教育工作领导小组的成员单位也包括了 20 多个委办局。

《上海市普通高中学生综合素质评价实施办法》中明确规定，高中学生综合素质评价的组织管理工作"实行市、区县、高中学校三级管理制度，共同负责、协调、落实综合素质评价的组织、实施和管理"。为此，上海专门"成立上海市中小学生综合素质评价工作领导小组，委托市校外联办协调市委宣传部、市文明办、市科委、市文广影视局、市体育局、团市委、市科协等部门共同为学生志愿服务（公益劳动）、体育艺术科技活动、研究性学习等活动提供支持"。此处，被直接点到的教育部门之外的政府部门就有"市委宣传部、市文明办、市科委、市文广影视局、市体育局、团市委、市科协"等 7 家之多。

（四）决策咨询研究专家的提前介入和全程参与

在当前越来越强调决策科学化的大背景下，任何一项涉及群众根本利益的改革政策的研制与实施，都需要做非常充分的前期调研、论证和过程中的跟踪、监测和评估，如此，决策咨询研究专家的介入和参与就显得非常必要。在国家层面推进学生综合素质评价政策研制的过程中，无论是前期作为基础教育课程改革的配套任务还是最近作为考试招生制度改革的重要组成部分，课程研究专家、教育评价专家、教育政策研究专家自始至终都是深度参与其中。上海作为新一轮高考综合改革的试点地区，系列政策研制和方案的拟定，包括高中和初中学生的综合素质评价实施办法及后续的具体专题文件的研制等，也都动员了大量专业从事教育科学研究的专家深度参与其中。每每有新的政策文件印发施行，都有曾经参与相关文件研制的专家参与方案、办法发布的解读辅导等，就是一个明证。

第二节　综合素质评价的系列制度与保障机制设计

任何一项复杂改革的顺利推进，重要的前期工作是将改革的基本理念和顶层设计具体化为可以执行的系列实施方案，并作出相应的制度安排，表现为系列制度文件的研制、拟定、发布，以及决策、执行、监督保障等系列管理制度体系和机制、机构等的确立，以及政策的宣讲、培训及社会舆论的引导等。此次的学生综合素质评价改革，因作为考试招生制度综合改革的组成部分，因此其系列的制度安排和政策宣讲等也都是与高考或中考综合改革捆绑在一起或作为其中阶段性的专题来推进的。除此之外，还有一个非常重要的机制设计，即动态评价监测和调整机制，旨在确保政策实施过程中的相对稳定和持续自我完善的结合。

一、1＋1＋N 的政策文件系列,确立基本制度框架

此处所谓的"1＋1＋N"的政策文件系列的概括,事实上包含了系列文件的相互关系。其中,第一个"1",指向改革的上位文件,第二个"1"指向改革的主文件,而所谓的"N",则是可能多可能少的系列配套文件。

如上所述,中小学生综合素质评价在我国的发展,先后经历了两个重心略有差异的发展阶段,即作为基础教育课程改革推进阶段的综合素质评价,和作为考试招生制度综合改革重要组成部分的综合素质评价。因此不同阶段综合素质评价的上位文件、主文件、系列配套文件等还是会有所不同。

(一)作为基础教育课程改革内容的综合素质评价文件系列

综合素质评价兴起之初,上位文件是关于推进基础教育课程改革的总体性文件。以国家层面文件系列为例,当时的上位文件是 2001 年 6 月教育部印发的《基础教育课程改革纲要(试行)》(教基〔2001〕17 号),被称之为是由教育部印发的课程条例,规定了基础教育的课程改革内容和今后的实践方向。虽然,该文件还没有明确提出"综合素质评价"的要求,但提出了"建立促进学生全面发展的评价体系"和探索"有助于中学实施素质教育""加强对学生能力和素质的考查""综合评价"的选拔方式等的要求。要求"评价不仅要关注学生的学业成绩,而且要发现和发展学生多方面的潜能,了解学生发展中的需求,帮助学生认识自我,建立自信。发挥评价的教育功能,促进学生在原有水平上的发展。""高等学校招生考试制度改革,应与基础教育课程改革相衔接。要按照有助于高等学校选拔人才、有助于中学实施素质教育、有助于扩大高等学校办学自主权的原则,加强对学生能力和素质的考查,改革高等学校招生考试内容,探索提供多次机会、双向选择、综合评价的考试、选拔方式。"[①]

主文件就是本研究多次提到的 2002 年 26 号文——《教育部关于积极推进中小学评价与考试制度改革的通知》(教基〔2002〕26 号),其中提出了学科发展目标和基础性发展目标的区分,规定了相应的评价内容和方法,奠定了综合素质评价的基本格局。

系列配套文件,包括年度招生考试工作的通知等,是结合阶段性课程改革进展、年度工作要求等对 26 号文的进一步细化和明确。

(二)作为考试招生制度综合改革内容的综合素质评价文件系列

最近几年来的学生综合素质评价改革,是作为高考或中考综合改革的重要组成部分予以推进的,因此,作为基本制度框架的设定,上位文件一般就是招生考试制度改革的总体文件,国家层面有高考或中考综合改革的实施意见,省级部门有改革落地的实施办法;主文件一般是关于综合素质评价的实施方案或者办法,对整个实施工作的指导思想、目标宗旨、基本原则、内容方法程序、结果使用、组织管理保障等予以界定;系列配套文件,则主要是实施方案或者办法中的某些重要的但需要进一步予以明确的专题工作,具体指向如学生社会实践基地的遴选、学生社会实践的

---

① 教育部. 基础教育课程改革纲要(试行)(教基〔2001〕17 号)[Z]. 2001－06－08.

管理、高校招生中参考使用的办法等。

以上海为例,推进高中学生综合素质评价文件体系包括如下几个方面:

(1)上位文件:《上海市深化高等学校考试招生综合改革实施方案》(沪府发〔2014〕57号),提出要构建高中学生综合素质评价体系,积极稳妥推进高中学生综合素质评价信息的使用。

(2)主文件:《上海市普通高中学生综合素质评价实施办法(试行)》(沪教委基〔2015〕30号),具体规定了上海实施高中学生综合素质评价的基本做法。

(3)配套文件,择其要者,有如下几个:

① 关于遴选上海市普通高中学生社会实践首批推荐场所的通知(沪校外联办函〔2015〕1号);

② 关于做好上海市普通高中学生社会实践(志愿服务)组织记录操作办法(沪校外联办〔2015〕10号);

③《关于加强上海市普通高中学生志愿服务管理工作的实施意见(试行)》(沪教委德〔2016〕2号);

④ 关于做好2015年上海市普通高校考试招生工作的通知(沪教委学〔2015〕31号)。

系列配套制度文件,对学生社会实践基地遴选,以及学生社会实践(志愿服务)学时数量、开展过程、记录方式等进行规范,对学生志愿服务过程的伤害事故处理机制和保险理赔办法进行规定,为学校扎实推进素质教育和实施学生综合素质评价,解除了后顾之忧。

上海推进初中学生综合素质评价的文件系列包括如下几个方面:

(1)上位文件:《上海市进一步推进高中阶段学校考试招生制度改革实施意见》(沪教委规〔2018〕3号);

(2)主文件:《上海市初中学生综合素质评价实施办法》(沪教委规〔2019〕3号);

(3)配套文件:《上海市初中学生社会实践管理工作实施办法》(沪教委规〔2019〕8号)。

二、明确制度运行体系和机制,确保各项工作在既定框架下运行

改革的顺利推进,在运行机制方面需要统筹安排好决策、执行、监督体系等的设置和运行。其中,决策是核心,执行是关键,监督是保障。领导者在决策之后,必须组织实施;否则,决策将毫无意义。实施决策,必须加强监督;否则,就会走偏方向。因此,在领导活动的组织系统中,决策系统、执行系统和监督系统任何一部分都是不可缺少的。健全决策目标、执行责任、考核监督三个体系,建立健全决策科学、执行坚决、监督有力,既相互制约又相互协调的运行机制,才能够落实科学执政、民主执政、依法执政的要求。学生综合素质评价,涉及每个学生,涉及每一个学生家庭,涉及每所学校,涉及多个政府部门的协作,涉及多个系统的社会机构参与支持,因此,综合素质评价的制度运行体系,协调点很高,在上海,是由市委书记、市长亲自关心的事项。

(一)协调决策机制:改革方向和基调的把握

建立科学决策的体制机制,确保决策科学,是实现治理体系和治理能力现代化的重要内容和

根本要求。

　　上海在推进综合素质评价的过程中,依托的决策机构是之前建立的省级教育综合改革领导机制。2014年底,上海在原市教育体制改革领导小组基础上,成立由市委副书记和分管副市长担任双组长的市教育综合改革领导小组,成员单位包括与教育直接相关的32个部门,议事范围由教育体制机制拓展为教育综合改革重大事项,领导小组职能由议事协调全面转型为定事决策。

　　上海作为全国首批高考综合改革试点地区,市委市政府高度重视,主要领导亲自抓关键环节的决策部署和协调落实。市委书记先后多次召开上海市委全面深化改革领导小组会议,审议决策高考综合改革试点方案和重大配套政策;市委书记、市长多次召开市委、市政府专题会,听取上海高考改革各项工作的进展实施情况汇报,层层传递,明确目标任务、落实责任要求。

　　在中央教育工作领导小组于2018年3月成立之后,上海又成立了以市委分管副书记任组长、市政府分管副市长任副组长的中共上海市委教育工作领导小组,成员包括市委副秘书长、市政府副秘书长、市委组织部、市委编办、市委宣传部、市委网信办、市教卫工作党委、市发展和改革委员会、市经济和信息化委员会、市教育委员会、市科学技术委员会、市公安局、市民政局、市司法局、市财政局、市人力资源和社会保障局、市规划和自然资源局、市住房和城乡建设管理委员会、市文化和旅游局、市卫生健康委员会、市审计局、市人民政府外事办公室、市体育局、团市委等20多个市委、市政府的部门负责人,领导小组办公室主任由教卫党委书记兼任,副主任由市教委主任兼任。有关高考、中考综合改革深度推进的事项,也提交领导小组会议审议、决策。

(二)执行和实施层面的系列制度:确保方案具体充分实施

　　执行和实施层面的制度设定,是要确保改革方案得到具体而充分的落实,主要目标是实现工作责任的明确化、工作程序的规范化、岗位责任的法规化和管理方法的科学化等。

　　上海在推进高中学生综合素质评价改革中,明确了市、区、校三级管理和专项工作领导小组委托协调的责任制度,常态化实施的规范性要求,以及信息记录确认制度的程序性要求等。

　　组织管理制度。实行市、区县、高中学校三级管理制度,共同负责、协调、落实综合素质评价的组织、实施和管理。成立上海市中小学生综合素质评价工作领导小组,委托市校外联办协调市委宣传部、市文明办、市科委、市文广影视局、市体育局、团市委、市科协等部门共同为学生志愿服务(公益劳动)、体育艺术科技活动、研究性学习等活动提供支持。市教委和区县教育局要建立市、区县两级综合素质评价数据库。

　　常态化实施要求。综合素质评价由高中学校组织实施。高中学校要建立健全学生成长记录规章制度,明确本校综合素质评价的具体要求。要注重在日常教育教学活动中,指导学生及时收集整理有关材料,避免集中突击。信息的记录和集成包括写实记录、整理遴选、公示审核、导入系统、形成档案等逐步递进的流程。

　　信息确认制度。提供综合素质评价信息的各相关社会机构、录入信息管理系统的比赛活动项目和荣誉称号等由相关管理部门进行确认;高中学校、社会机构、区县和市级相关部门负责对各自录入或导入信息管理系统的信息与数据进行确认。

(三)监督保障机制与制度：为改革实施保驾护航

监督机制，更多发挥守住底线的作用，关涉群众利益的事项，要自觉接受上级、社会、媒体和网络等多渠道的监督；保障性质的机制和制度，除了提供底线保障外，还可以发挥一定程度上的激励和引导作用。

上海在推进学生综合素质评价改革过程中，建立了评价机构信誉等级制度、实施办法和记录信息公示制度等正向的激励和引导机制，同时也设置了针对可能出现的问题进行举报投诉的机制。

信誉等级制度。对综合素质评价涉及的高中学校、社会机构等主体，由相关部门评定信誉等级。信誉等级评定采用等级下调的方式，一年评定一次。下调信誉等级的高中学校和社会机构将受到内部通报，连续两年被下调信誉等级的学校和社会机构将依纪依规严肃处理。

公示制度。高中学校需要在全校公示本校综合素质评价的具体实施办法；学校统一录入信息管理系统的学生信息（除涉及个人隐私的信息外）都要公示；各高等学校要制定综合素质评价信息的使用办法并提前在网上公布。

举报投诉制度。对公示的综合素质评价内容，学生可以向所在高中学校、区县教育局和市教委逐级举报投诉。高等学校在招生过程中发现不实信息可向市教委学生处举报投诉。对高中学校和社会机构的举报投诉一经查实，将采取下调信誉等级等措施给予严肃处理。对学生个人的举报投诉一经查实，将按照《普通高等学校招生违规行为处理暂行办法》等有关规定给予严肃处理。

三、政策宣讲与专题培训，确保政策实施的良好舆论氛围

政策的精准实施，以政策执行者的准确理解为前提，以政策对象的积极配合为前提。因此，要对政策的理念和顶层设计、具体方案等进行积极主动的政策宣讲，要对政策具体执行者和政策对象群体进行全覆盖、无死角的专题培训，并动员各路媒体进行积极正向的舆论氛围的营造。

(一)系统化的政策宣讲与培训，使政策执行者和政策对象理解和接受

作为一项覆盖面广、系统性强、跨部门、跨领域、跨学段、高敏感的综合改革，要确保考试评价综合改革框架中的综合素质评价从理念到方法都被受众所理解和接受，就必须进行系统、全面、口径一致的政策宣讲和专题培训。宣讲和培训的成效，将直接决定改革的成败。

上海在高考改革方案颁布前，就着手研究制定了《上海高考改革方案发布新闻宣传实施方案》，召开系列座谈会，提前预判各类风险点，对改革宣传工作进行周密预案。同时，举办了全市所有262所高中校长、区县分管区长、教育局长、教研室主任、上海地区所有68所高校分管校长和招办主任以及网络评论员的专题培训会，做深度政策解读和沟通交流工作。在实施过程中，上海市政府、教育主管部门在签订保密协议的前提下，聚焦改革的重点关切问题，与媒体负责人、资深记者和意见领袖、家长教师等群体进行充分的沟通交流，掌握社会心态及理解接受程度。

为确保高考综合改革落地第一年的成效，确保《上海市2017年普通高等学校招生志愿填报与

投档录取实施办法》解读到位、有序推进,全市以"层层培训、人人过关"的形式对各区教育局长、高校招办主任和所有高中的校长、高三班主任进行全员培训,先后组织两次高三学生家长会开展深入细致的政策解读和答疑释惑工作,全市 100% 的考生和家长都接受了统一规格的培训。同时,为使考生和在沪招生院校提前熟悉首次启用的志愿填报与投档录取系统,并测试新系统的稳定可靠性,上海分别于 3 月下旬和 5 月中旬两次实施模拟填报志愿和模拟投档录取,范围覆盖 2017 年所有在沪招生院校、全市所有高中和考生。[①]

上海新高考改革涉及教学、考试、招生的方方面面,方案及相关细节庞杂,而从调研情况来看,新高考改革政策宣传工作落实良好。上海新高考改革落地情况社会感受度与满意度跟踪调查课题组的问卷数据显示,填写人了解到的政策解读、宣传、培训工作的力度从高到低依次为"学校召开(多次)家长会,全面讲解高考新政"(超九成)、"市区两级教育行政部门开展了全面、多次的宣传与培训"(超六成)、"教育行政部门及学校多次组织家长及学生模拟演练(如模拟填志愿等)"(超五成)、"学校为所有教师开展了高考新政培训"(超五成)、"学校定期为学生开展生涯辅导,指导学生正确认识自我,基于此决定选考科目及未来院校专业组"(近两成),没有"仍然有因不了解高考新政而耽误高考选择的家长及学生",政策覆盖率达 100%。[②]

(二)营造宽容包容改革试点的社会舆论氛围

某种意义上说,改革是利益的再分配,改革必然意味着既有利益关系格局一定程度上的再调整。因此,应该说,任何一项改革都可能存在一定程度的舆情隐患,主要是不同群体出于各自立场和价值考量,容易把个体性的特殊利益诉求上升为对公平理念的普遍性质疑,对改革的预期成效容易缺乏耐心,对改革过程中个别点上的"瑕疵"缺乏宽容,处理不好就容易成为舆情燃点,因此必须要稳妥审慎应对。

改革政策与宣传引导同步谋划同步提升,是平稳引导社会舆情的重要方式。高考综合改革社会关注面广、各方关注度高,舆情燃点多、沸点低。为此,上海在制订出台改革政策时,始终坚持权威发布、舆论引导和舆情应对同步谋划、同步研究、同步出台,宣传、信访、维稳等部门全程参与政策谋划与研究,并牵头制订新闻发布方案、舆情应对预案和问答口径,形成了工作机制和改革合力,做到了出台配套文件有配套的宣传方案、问答口径和图解示例,重大举措有宣传提示、专家解读和正面引导。同时,在市级层面的统筹下,教育部门积极发挥专业素养,从尽量避开敏感节点、尽量降低炒作风险等角度,审慎作出政策发布时间的合适判断和宣传引导策略的合理确定,并积极争取国家部委以及中央媒体等大力支持,加强宣传舆情引导,及时处理不实信息和负面舆情,为改革试点营造至关重要的舆论环境。

① 上海市新高考改革成效调研课题组. 社会反应符合预期,实践成效好于预期——上海新高考改革成效调研报告[J]. 华东师范大学学报(教育科学版),2018(3)(新高考改革研究专刊).
② 王歆妙,等. 上海新高考改革落地情况社会感受度与满意度跟踪调查报告[R]. 2017.

四、动态监测评价基础上的自我完善与深化机制

任何一项关涉群众根本利益的政策的推进和实施,政府部门和具体执行机构都需要建立动态监测评价和调整完善的机制,尤其是试点性质的推进,更加要有意识地强化内外部的监测评估,即在密切跟踪政策实施进程的基础上,对政策实施细节可能存在的漏洞或可能出现的之前未曾意料到的问题,采取最及时的调整和完善举措。

上海试点高考综合改革和中考综合改革的实践探索,遵循"严而又严、慎而又慎、细而又细"的工作精神和作风,落细、落小、落实政策设计和实践推进的设计和论证,在外人看来都已经做得非常充分,但从确保一项事关大局的改革必须成功不能失败的角度看,上海市教委仍然坚持以挑刺儿的姿态,对相关改革事项及其进展情况进行阶段性的总结和反思,提出后续工作努力和改进的方向,以期为系列改革的扎实推进奠定坚实的基础。

在相关总结材料中,上海市教委提出,在招生录取制度上,将进一步加大综合评价录取力度,继续突出高中学生的社会实践与研究性学习;强调初中学生科学实验、社会考察、职业体验三方面综合实践活动的课程实施,使关注每一个学生全面发展的综合素质评价成为每所学校、每个教师评价学生的"新常态"。努力完善评价体系和评价方式,积极落实上海市有关普通高中和初中学生综合素质评价的实施办法,尝试新的评价方式——学业综合性评价和学科过程性评价,促使教师全方位、多角度地看待学生,实现评价从"只见分不见人"向"既见分又见人"转变。

在持续优化、切实推进学生综合素质评价工作方面,上海市政府提出要形成全市合力、用好校外教育资源,进一步开发更多社会实践基地和更加丰富多样的实践岗位;加强市、区、校和社会实践基地协同联动,进一步确保学生综合素质评价记录信息客观、真实、准确、可用;引导各高校积极开展探索,进一步扩大学生综合素质评价信息参考使用范围。

上海市教委提出的针对性改进要点和完善方向包括:(1)针对学生综合素质评价信息管理系统操作相对繁琐的问题,后续将在确保录入信息真实性的前提下,优化学生综合素质信息管理系统,减少信息录入工作量。(2)针对社会实践基地、志愿者岗位尚无法满足需求,基地项目比较单一的问题,将建立"实践基地满意度"机制,每年通报各基地的满意度情况。基地项目也需要进行科学设置,体现教育需求;提升各实践基地参与学生管理和指导的积极性,鼓励学校以学生自主管理形式开展社会实践活动。(3)针对综合素质评价信息的使用范围和使用效力需进一步提升的问题,后续将积极与各高校对接,以更大范围、更深程度地发挥学生综合素质评价的参考作用,把综合素质评价信息作为高学段学校招生环节的重要参考,等等。

第三节 综合素质评价的信息技术支撑

综合素质评价,涉及多元、多维、多源的海量数据,个性化、个体化数据汇集,具有典型大数据的特征。为此,相关信息的数据采集、存储、加工、提取、呈现等,每一个环节都需要有过硬的信息技术基础作支撑。2014年底之前,学校层面、区县层面都先后开发了各自的学生综合素质评价信

息平台,总体而言,运行较好的不少,但相对分散、较小规模,没有形成相对大范围、集成性较强的系统平台。高考综合改革启动以来,上海作为首批试点地区,开始尝试开发运行全市统一的普通高中学生综合素质评价信息管理系统和学生社会实践信息记录电子平台,对高中学生的综合素质评价信息进行写实记录,在统一的基础性要求基础上设置一定的开放度,从而实现了全市统一和学校特色的结合。与此同时,若干专题性的支撑系统也陆续开发设立,从而有力地支持了综合素质评价若干关键要素和方面的实施和实现。

一、教育评价与信息技术的创新融合已是大势所趋

上海电化教育馆馆长张治教授曾深刻分析了信息技术与教育评价创新融合的研究和实践趋势,指出,技术支撑下的教育评价已经是现代世界的大势所趋。

放眼世界,2010 年,美国教育部教育技术办公室发布报告——《变革美国教育:技术推动学习》,指出:基于技术的学习和评价系统不但是改进学生学习的关键,还是为各层次教育系统改进提供数据依据的关键……教育系统面临的最大挑战是如何发挥学习科学和现代技术的杠杆效应,为所有学习者创造有吸引力的、有实效的、个性化的学习经历和能反映学生日常生活和未来实际的评价体系。大数据为创造这种评价体系提供机会:"获取学习资料、观看授课视频、评价教学活动、进行团队合作、完成家庭作业、参加课程考试,这一切都可以在互联网上完成……从大规模开放在线课堂等基于科技的学习平台上获取的数据可以被精确跟踪……"

回望国内,针对教育质量综合评价、考试招生制度、学生综合素质评价等,国家和部分省市相继发文,借助信息化手段开展探索和试运行。《教育部关于加强和改进普通高中学生综合素质评价的意见》明确提出,"综合素质评价是对学生全面发展状况的观察、记录、分析,是发现和培育学生良好个性的重要手段,是深入推进素质教育的一项重要制度。全面实施综合素质评价,有利于促进学生认识自我、规划人生,积极主动地发展;有利于促进学校把握学生成长规律,切实转变人才培养模式;有利于促进评价方式改革,转变以考试成绩为唯一标准评价学生的做法,为高校招生录取提供重要参考"。教育部在《十二五规划》纲要和《教育信息化十年发展规划》(2011—2020年)关于考试招生改革和建立学生成长记录、完善综合素质评价的信息化建设目标:"提高教育管理公共服务质量与水平……建立覆盖全体学生的电子档案系统,做好学生成长记录与综合素质评价,并根据需要为社会管理和公共服务提供支持。完善国家教育考试评价综合信息化平台,支持考试招生制度改革。"

二、上海开展高中学生综合素质评价的两个官方电子工作平台

上海开展高中学生综合素质评价先后开发了两个官方电子工作平台,或者叫作电子信息记录系统,简称"综评网"和"博雅网"。综评网,全称"上海市普通高中学生综合素质评价信息管理系统"(xszp. edu. sh. cn),用于记录学生参加研究性学习、社会调查、科技活动、创造发明等情况。

博雅网,全称"上海市学生社会实践信息记录电子平台"(sj.21boya.cn),用于高中生选择合适的服务基地志愿者岗位。

（一）综评网

上海市普通高中学生综合素质评价信息管理系统平台重点记录学生参加研究性学习、社会调查、科技活动、创造发明等情况。在该平台上,学生提交实证材料相结合的方式,客观记录学生的学习成长经历。每学期末,教师指导学生整理、遴选用于撰写自我介绍的材料;高中毕业前,学生要在整理材料的基础上撰写自我介绍,以及遴选最具代表性的研究性学习专题报告。学生高中毕业前,信息管理系统自动生成《上海市普通高中学生综合素质纪实报告》,经学生确认后在本校公示。公示无异议后,由学生本人签字,再经班主任和校长签字以及高中学校盖章后存档,并供高等学校招生参考使用。和学习、社会实践有关的所有信息都会记录在该平台中每个学生人手一份,相当于电子的高中生档案。该平台有固定的开放时间,学生需要在规定时间内完成信息填写等要求,具体参照学校的要求执行。

上海的实施办法要求由学校、学生以及市级相关部门每学期按规定要求在信息管理系统中进行记录,全面反映每个高中学生高中三年的综合素质评价信息。该系统由校、区、市三级管理账户进行管理,实现信息录入、学生确认、公示、问题举报投诉、问题处理结果公示、存档、信誉等级管理评定、高校检索查询等功能。通过严谨的制度设计和规范的记录程序来保障综合素质评价内容的真实性和过程的公平性,凸显素质教育价值导向,体现学生的综合素质状况,使评价内容可考察、可比较、可分析。

（二）博雅网

在上海,志愿服务已成为增强高中生社会责任感、提升创新精神和实践能力的重要课程,而他们每一次志愿服务都被记录在易班博雅网上海市学生社会实践信息记录电子平台中。上海市学生社会实践信息记录电子平台由上海市教委指导,上海市青少年学生校外联席会议办公室主办,依托易班博雅网研发,于2015年4月上线,是全市统一的普通高中学生志愿服务信息发布和数据录入平台,主要负责记录本市高中生志愿者服务(公益劳动)的相关数据,并对接学生综合素质评价系统。该平台的主要功能是用于高中生选择合适的服务基地志愿者岗位。网站上会发布各类认证场馆,学生需从中选择合适的服务岗位,服务满规定的时间。平台与全市所有256所高中学校完成对接并进行业务指导。

三、根据工作需要开发专题性的支撑平台

如前所述,上海高中学生综合素质评价中,有一个非常重要的内容是研究性学习。为扎扎实实做好相关工作,上海市教委委托相关技术部门和专业机构,开发了两个专题性的支撑平台——研究型课程自适应学习平台 MOORS(Massive Open Online Research)和高中生研究性学习课题真实性认证平台"骑月网"。

（一）上海市高中生研究型课程自适应学习平台 MOORS

上海市高中生研究型课程自适应学习平台 MOORS（moor. shzhszpj. com），是由上海电化教育馆研发的一站式自适应研究性学习平台，是为广大高中生创建的开展研究性学习的良好载体与平台，于 2016 年暑期开通。

MOORS 为学生从学习到研究的过渡提供渠道，使教学重心由知识的复制传播转向问题的提出和解决，旨在改善学生的学习方式，解决资源缺乏、特别是师资不足问题，促进研究性学习的有效管理和评价，为创新人才的培养提供数据支持。

学生可便捷地登录 MOORS 平台，通过专业测试，平台可以从工程技术、自然科学、人文社会科学、数学综合主题等 4 大类 14 个领域中为每一名学生推荐适合其特点的研究领域，为其提供"自适应"的个性化定制导航，从确定研究课题、制定研究方案、进行设计构思到提交与展示项目成果。平台可以通过所收集到的数据对学习者进行网络学习行为分析，包括学习者特征、学生情感态度、行为维度、学习参与度、学习活跃度、学习模式、学习能力绩效以及思维品质等。学生也可以通过这个平台和专家导师沟通课题进展，并一键分享研究成果，生成综评报表。所有的研究性学习的过程和记录，都将被完整保留，作为高校自主招生的参考依据。每位学生的研究经历也可一键式导入上海市普通高中学生综合素质评价信息管理系统，作为高校自主招生的参考依据。

（二）高中生研究性学习课题真实性认证平台"骑月网"

为确保学生参加研究性学习、开展研究性专题研究的真实性，上海市教委委托上海市教育科学研究院研究相关认证机制。由此，在上海市教育科学研究院普通教育研究所的指导和策划下，由北京圣陶教育发展与创新研究院负责，开发了一个官方认可的第三方研究性学习认证平台——高中生研究性学习课题真实性认证平台"骑月网"（moonride. cn：8081）。

骑月网致力于为中小学生的研究性学习开展及综合实践活动提供具有权威性的第三方专业评估服务，聘请了北京、江苏、浙江三地长期从事科研工作或高中研究性学习指导的 350 名高级职称专家，为上海高中学生提供研究性学习课题真实性认证服务。与前述官方直接开发的系统平台所记载的内容性质不同，骑月网承载的研究性学习认证并不是强制的。学生是否参加研究性学习课题真实性认证并不是报名参加高校自主招生和综合评价录取的必要条件，没有认证的学生同样可以自由报名参加高校自主招生面试或综合评价录取校测。报名参加认证，学校录入学生基本信息，学生向认证平台上传自己的课题报告，平台会自动匹配相关领域专家，然后双方在预约好的时间，展开 10 分钟的视频答辩。答辩过程中，专家团队能看到学生，通过视频判断其答辩内容的真实性；学生只听到专家声音而看不到形象，以保证评估的保密需要。学生在完成在线视频答辩后一段时间，将获得《课题真实性认证报告》，报告包含对选题真实性、过程真实性、成果真实性的分析评价和综合性的真实性总结评语。学生可以自主选择是否将《课题真实性认证报告》上传到高中生综合素质评价平台，作为"创新精神与实践能力"板块"研究性学习"评价的第三方认证材料，提交给高校在综合评价录取过程中进行信息参考。

上海市教委副主任表示：高中学生研究性课题的价值性问题不是认证的重点，这个课题有没有价值,高校专家更有评判资格。真实性认证工作的开展,可以促进高中学生建立学术自律、诚信意识,提升综合能力。北京师范大学资深教授、中国教育学会名誉会长顾明远先生表示:研究性学习是培养学生创新思维和创新能力的最好方式。网络平台远程视频认证,是教育、管理和评价的新形式,在我国还是一个创举,具有深远意义。

第九章　综合素质评价体系未来发展的若干建议

导语：综合课题组的调研和相关专家的讨论与建议，本章就高考综合改革试点地区试点推进过程中反馈较集中的若干问题和关注点，对综合素质评价体系未来发展提出若干建议，包括：（1）要通过扎实的研究和分析，尽快找到可以反映学生综合素质关键要素的巧数据；（2）要真正改变当前集中投档、集中录取的主体招生方式，强化高校在招生和人才培养能力建设方面的自主探索权，强化高等学校与基础教育学校在人才培养工作中的联系与合作；（3）客观看待高考、中考"指挥棒"，努力发挥其中的积极和正向作用，推进基础教育学校全面实施素质教育，发挥综合素质评价的全面育人功能；（4）最终的目标是通过创新相关制度设计，实现综合素质评价育人功能和人才选拔功能的并行不悖和相互促进。

第一节　找到能够反映学生综合素质关键要素的巧数据

大数据（Big data）概念的使用，最大的贡献是将人们惯常的因果关系思维模式转换到了相关关系的思维模式中。但大数据本身因其过程性特征自带了大而杂的特性，致使数据之间的很多可能的关系，包括若干因素之间的相关关系在相当程度上淹没在数据海之中。由此，要真正发挥大数据的作用，就需要从中找到若干灵敏度、显示度和代表性强的关键数据指标，即巧数据。巧数据对学生综合素质评价这项高度复杂工作的成功实施和开展具有重要意义和价值，但在目前相关政策实施的初始阶段，研究人员和实践工作者对巧数据的找寻仍然在路上，若干"准"巧数据开始出现呼之欲出的迹象。

一、从大数据到巧数据

有一种说法，数据已经成为 21 世纪最重要的"原材料"之一。大数据时代的到来，让互联网领域乃至整个世界都产生了并正在产生着系统性的深刻变化。何为"大数据"，用一句话概括，就是"大数据本质是预测，而这种预测是找出数据相关性而不是找到准确的因果性"。即，大数据，不再追求精确度，不再追求因果关系，而是承认混杂性，探索相关关系。

尽管大数据这个名词并不是太新鲜，20 世纪 80 年代，美国人就已经提出了这个概念，但社会对于大数据价值的认识尚在深化过程中。得益于计算机技术和海量数据库的发展,个人在真实世界的活动能够得到前所未有的记录。而随着新媒体技术的更新,大数据的概念逐渐拓展,涵盖了从数字图像、新闻跟帖、文本记录、视频文档、社交平台互动所提供的所有信息。不仅如此,它还被视作一种能力,引发了社会和国家战略层面的深刻关注。

大数据之"大",不仅在于容量,更在于社会对其价值的洞悉,大数据带来的变革是全方面的,不仅变革互联网世界,而且也变革现实世界。作为具有强大变革能力的大数据,站在创新前沿思考其精髓是非常重要的。大数据真正的精髓,在于"准"而不在于"大"。正如学者维克托·迈尔·舍恩伯格所说,它的真实价值"就像漂浮在海洋中的冰山,第一眼只能看到一角,绝大部分隐藏于表面之下"。

数据的大小决定所考虑的数据的价值和潜在的信息,价值密度的高低与数据总量的大小成反比,因此就有了"巧数据"(Smart data)的说法,与"大数据"与生俱来、自然存在的特性相反,"巧数据"是人为设计而来,合理运用大数据,可以低成本创造高价值。所以也有人说,大数据是资源,而巧数据是产品。2015 年科技圈的主要趋势之一,就是"大数据转型巧数据"。伴随着大数据运算的成熟,助长了巧数据的更加即时与个人化,其本质是分析大于收集。

从事教育信息技术研究的专家提出了多个教育数据的使用模型,如,华东师范大学祝智庭教授提出的数据与决策模型(见图 9-1),上海电化教育馆张治馆长提出的综合素质评价信息的数据类型模型(见图 9-2),等等。两个模型都关注到了多种不同的数据类型,如小数据、行数据、快数据等,但最根本的也是处于最基础层面的是大数据,处于最顶层的则是巧数据。

数据与决策

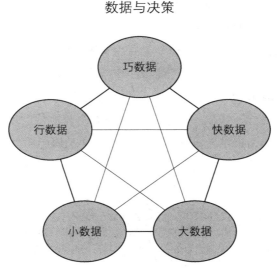

图 9-1　华东师范大学祝智庭教授提出的可用于支撑决策的数据类型

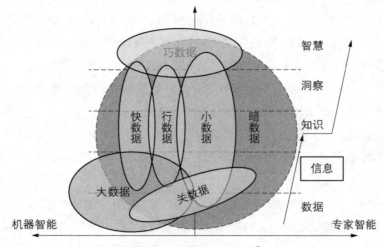

图 9-2　数据智慧分布图①

二、巧数据对综合素质评价至关重要

综合素质评价面对的是海量的信息采集、处理、提取、呈现，相关工作中更加需要下大功夫，以期在海量的大数据中找到其中最为关键的若干个关键要素及其表现形式，即反映学生综合素质特别灵敏的巧数据。如果综合素质评价信息数据是全过程的数据，按照信息技术的发展速度和信息处理实现程度，将来是完全可以做到用大数据抓取等方法找到重要的参考指标的。就像当年用"克强指数"（Li Keqiang index）评估中国 GDP 增长量，仅用耗电量、铁路货运量和银行贷款发放量三种经济指标的结合，就可以更精确地反映经济状况。现如今，"新克强指数"则更加强调就业、居民收入和能耗强度等环保指标。②

张治教授曾经跟课题组交流介绍，上海市电化教育馆已经初步构建了基于大数据的学生综合素质评价的多源多维综评模型，透视综合素质评价展开后的博弈现实和演变规律，以及相应的技术支撑，包括数据的获取、数据格式，以及多源多维的素质模型在一个平台上的整合等。通过综合素质评价最终的目标是获取一个人全面的数据。全数据是上帝之眼，也就是希望综合素质评价可以洞悉一切，从行为到结果，从外在到灵魂，但这是理想化的，是无法达到的。因为全

---

① 张治. 大数据背景下普通高中综合素质评价研究[M]. 上海：上海教育出版社，2017.

② 克强指数（Li Keqiang index），是英国著名政经杂志《经济学人》2010 年推出的用于评估中国 GDP 增长量的指标，以中国国务院总理李克强的名字命名。该指数的创造，源于李克强总理 2007 年任职辽宁省委书记时，喜欢通过耗电量、铁路货运量和贷款发放量三个指标分析当时辽宁省经济状况。该指数推出后，得到花旗银行等众多国际机构认可，甚至认为比官方 GDP 数字更能反映中国经济的现实状况。说"克强指数"更能精确地反映经济状况，不仅体现在上述三个指标更契合我国经济特征，还体现在具体数据的易于核实上。

2015 年底，国务院总理李克强为《经济学人》年刊《世界 2016》撰文，表示，经济运行状况同用电量、铁路货运量和新增银行贷款等衡量指标之间的关联系数在发生着变化，我们要通过大力推动市场化改革，尽快构建起一个大幅度增加创新驱动和消费拉动力的可持续增长新模式，更加关注社会就业、居民收入增长和生态环境的持续改善。由此，被外界视作李克强总理首次对这三个指标提出修正，就业、居民收入和能耗强度等环保指标的加入，构成了"新克强指数"。

数据追求不到,就要追求巧数据。大数据之后还有全数据、关数据、快数据、行数据、小数据,暗数据等,最后到巧数据。教育评价的学者需要找到巧数据。数据不在于大,而在于巧。张治馆长以伯乐相马举例,一匹马牵出来,真正的伯乐仅凭几个关键指标一看就知道是不是千里马,而不是让每匹马都跑个千里来看。伯乐之所以成为伯乐,就在于他掌握了巧数据。现在教育研究的工作开始关注大数据,努力掌握大数据,但需要更多从事评价、研究的人去找巧数据。借助巧数据,通过综合素质评价为每个孩子做一个数字画像,使之成为数据智慧的核心,成为综合素质评价的核心和结果,供高校招生、办学改进和社会就业录用时参考,可以伴随孩子一生。

三、综合素质评价部分"准"巧数据

从综合素质评价信息的积累和使用来说,要尽可能找到各自最看重的巧数据,以及这些巧数据之间的结构关系,才能够真正破解淹没在数据海中的困境和风险。

根据课题组对高校招生部门和面试专家的访谈调研,目前大家普遍比较看重的高中学生综合素质评价信息,相对集中在:(1)学生参与或独立做课题研究的情况,即研究性学习的专题报告所反映出来的学生发现问题、解决问题的意识和能力;(2)学生参加志愿服务等社会实践的情况,反映的是学生的社会责任感和使命担当等。

上海市教育科学研究院陆璟研究员,长期从事 PISA 项目的研究和中国上海 PISA 项目的实施工作,全程参与了上海市普通高中、初中学生综合素质评价实施办法的研究制定工作。她从上海推进高中学生综合素质评价的实践经验及其对高中推进素质教育的作用出发,对高校如何抓取使用高中学生综合素质评价的关键信息以及如何通过使用高中学生综合素质评价信息促进高中综合素质评价工作的实质性进展提出了若干具有建设性的改进建议。[①] 课题组认为,这些建议中提到的若干指标和数据口径,相当程度上具有执综合素质评价之牛耳的"准"巧数据性质。

(一)关于学生成绩进步情况

高校招生比较看中学生高中学段成绩进步情况,高中几年学生的成长曲线到底是上升还是下降,幅度及趋势如何。目前,高校看到的只是学生以自己所在高中学校校内所处位置的变化情况,如果可以看到每个学生的进步程度在全市总体的位置,信息评判将会更加科学。通过不同学科都做一个轨迹的分类处理,就可以画一个雷达图,看学生在哪些方面进步快,哪些方面进步慢,某种程度上可以看出学生在某些方面的努力程度及发展潜力。

(二)关于研究性学习

高校选拔生源比较看中学生的研究性学习报告,目前报告都是文字,高校没有足够的时间,过程记录和结果认证也不在一个平台上。建议后续努力打通这两个平台,使结果认证可以看到

---

① 本部分根据陆璟研究员在 2018 年 11 月 28 日课题组召开的"中小学生综合素质评价研究专题论坛——聚焦综评信息在高校招生中的应用"研讨会上的专题报告速记稿整理。

过程的数据，将更能保证真实性。同时，对不同领域的专家要有组织。具体划分为14个大类的学科领域，每个领域有各自的专家，借鉴国际上教师讲课、论文评阅等都在使用的量表性评价方法，由这些专家制定本领域的研究性学习专题报告的表现性评价的等第标准，高校利用起来就可以更加快速、高效，就可以在大批量招生中应用。时间节点上，应该放在高考出分之前。

（三）关于高中学校特色指标

有高校特别看中学生的奖项、荣誉，事实上还建议可以重点参考查看学校特色指标。上海高中学生综合素质评价实施办法中设置这个指标的一个意图，就是加强高校与高中的联系，高校甚至可以与有兴趣的高中一起开发特色指标，实现特色办学上的跨学段合作联动。

第二节　招生录取工作需实质性参考使用综合素质评价信息

高学段学校招生录取工作中实质性参考使用或结合使用生源供给学校所记录的学生综合素质评价信息，对处于较低学段的生源供给学校的综合素质评价工作及其基于综合素质评价工作实施全面素质教育的人才培养来说，无疑是重要的拉动力量，而对处于较高学段学校的招生录取能力、人才培养的制度安排和培养能力等也会构成比较大的挑战。比如，招生成为高校人才培养工作的前端延伸，高校更加明确自身的定位和人才培养的特色，招生录取要有意识地变"被动收档"为"前置引导"，高校人才培养的微观主体需要积极参与到人才选拔环节中去，高校人才培养的制度化安排需要进行根本性变革等；而政府更需要下决心改革集中录取的招生机制，适当赋权给高校以招生录取机制改革和探索的自主权等。

一、政府需要下决心改革集中录取的招生机制

如前所述，新一轮的高考综合改革试点中，上海的综合评价录取、浙江的三位一体招生方式是新高考综合改革试点过程中高校参考使用高中学生综合素质评价信息进行自主选拔招录的亮点举措，受到业界和社会的高度关注。试点高校在落实该项改革政策的过程中，在拟定各自自主选拔招生的实施方案，尤其是制定校测入围的标准、校测的基本程序、校测专家队伍遴选组建、校测方案的具体实施及相应的监督保障机制等方面都进行了细致而周到的研究和安排，并预设了专门的跟踪评价机制，积累了丰富的实践经验。虽然目前有资格实施相关试点的高校还比较有限，试点政策惠及的学生数量和比例也都还比较小，但总体来说，该项试点代表了量才选人的基本方向，目前也有越来越多的高校在努力争取获得政府的政策许可，以尝试在某些专业、院系和招生批次中试点自主选拔招录人才。

我们是不是可以乐观预期，随着新高考试点的省市、试点高校日渐增多，高校自主选拔招录的覆盖面将会进一步扩大，届时由学校根据各自的办学定位和人才培养目标，拟定选拔招录的条件，接受考生申请，根据申请者的统一高考成绩、学科特长（竞赛获奖）、中学学业表现、中学综合素质和面试考察等，进行独立的多元综合评价，确定最终的招录学生名单，将会成为大势所趋。

因为只有这样，才能够真正实现高校招生选拔机制引导学生根据自己的兴趣自主选择学科专业和学校，让高中学生更好地发展个性、兴趣和特长，实现高校招生的差异化，最终实现高校办学和人才培养的特色化。

为此，需要政府下决心，逐步放开高校自主招生的试点和授权，循序渐进地改变当前集中统一录取为主的招生机制，为高校留出更多自主选拔生源的空间，也给考生留出更多展现个人除高考成绩之外的多方面素质或特长的机会。这无论对引导高校凝练办学特色、坚定特色办学方向，还是引领高中学生全面而有个性的综合发展来说，都是正向的有力推动力量。

二、高校迫切需要全面提升招生能力

综合素质评价在高校招生录取工作中真正发挥参考作用，迫切需要高校加强招生能力建设。

（一）招生成为高校人才培养工作的前端延伸

在新高考改革方案基本上确定了考什么、怎么考的前提之下，怎么招、怎么录很大程度上决定着生源的质量和基础，招生便成为高校人才培养工作往前延伸的一个非常重要的环节。

新高考综合评价多元录取机制的设定，给予了高校较大的招生自主权，促使高校在招生工作开始或启动之前，要对学校的发展定位、人才培养特色设定有清晰的界定和把握，然后对照学校发展的这个总体目标，对希望招录生源的知识能力基础、个性素养特点等进行清晰的界定，并在此基础上确定招生选拔的方式或衡量标准，结合学校人才培养对招生工作作出的重要制度安排。在高校"分类管理，特色发展"的大趋势下，高校如何能通过参考高中学生的综合素质评价信息招录到符合自己学校发展特色的学生，将是新高考改革中需要深入思考和持续创新实践的重要议题。

（三）招生录取要有意识地变"被动收档"为"前置引导"

综合素质评价信息作为新高考改革的"一参考"，承担着连接高中教育和高校人才培养的重要功能。高中阶段培养的综合素质和大学阶段所需要的综合素质之间是否契合、如何对接仍是新高考改革中亟待破解的难题。高中培养的学生综合素质是否能满足大学教育所需要的综合素质的要求，高中学生综合素质评价信息与高等教育人才培养目标契合度的问题，也是需要高校细加斟酌和思考的要点。

由此，高校招生工作的前端延伸，不只是延伸到高中毕业生参加高考之后、年度招生录取工作正式启动之时就可以的，而是要继续向前延伸，延伸到吸引和培育符合学校办学理念的生源开始。从这个意义上说，高校不仅要从自身发展的需要出发，凝练符合自身定位的人才培养理念、培养目标和培养特色，深入分析各专业特质、核心素质要求，并据此优化院校专业设置，而且更有责任、更有义务将人才培养特色融入招生工作当中，彻底改变之前"被动收档"的工作格局，通过"前置引导"的方式，明确告知带有生源供给任务的学校，自己到底需要什么样的生源。正如山东省教育厅张志勇巡视员所呼吁的:"请大学告诉高中,你们需要什么样的学生。"①高校甚至要有更强的意识和更多的精力,投入到高中生源基地的培育等工作中去,以更好地实现高校和高中跨学段联合培养的衔接。

(三) 高校人才培养的微观主体需要积极参与到人才选拔环节中去

综合评价多元录取机制的设立,对传统的高校招办"照办"、五六个人、两三天完成新生招录工作的传统做法产生了颠覆性的影响。由于人才培养的微观主体在二级学院、系,因而专业老师尤其是资深教授参与招生工作成为必然。

复旦大学在自主招生和综合评价录取试点中的成功经验,就是秉持"让实施培养的人去选拔未来被培养的人"的理念,每年至少动员 300 名教授参加面试招录。很多教授在面试时间跟研究生论文答辩时间冲突的情况下,想办法调整研究生的答辩时间,优先参加学校的面试招录。教学一线教师在招生环节的高度参与,必将推动人才培养过程的变革。他们通过参加材料审核和面试过程,对学生有了更直观、丰富的了解。而学生在招生选拔中体现出的优秀素质,不仅增强了大学教师在人才选拔方面的责任感,而且更激发了他们推动促进教育教学改革的热情。

可以说,校测程序的设定就是展现高校招生能力的关键。校测是高校综合评价录取中极具特殊性的环节。从要求考生提交材料、专家筛选、开展校测到最终录取,均可以体现一所高校的招生理念和招生能力。

三、高校人才培养的制度化安排需要进行根本性变革

多元招生录取机制的设置、综合素质评价信息的使用等系列新高考改革举措的逐步实施,在为高校选拔学有专长的学生带来利好的同时,也对高校人才培养既有的制度化安排提出了新的挑战,某种程度上也在促进和"倒逼"高校加强学科专业建设和人才培养模式改革。一段时间以来,我国高校正逐步打破高度同质化的发展格局,日益注重优质、差异和特色发展。人才培养作为高校最根本的职能,人才培养质量是高校办学质量和特点最重要的彰显。同时,人才培养目标规格预期、培养模式安排、培养效果评价等,相当程度上取决于生源的特点和质量。高考综合改革为高校探索符合各自特点的人才培养规格定位、选拔机制和模式改革提供了良好的机遇,但同时也提出了更多挑战,要求高校全面提升人才培养能力。

首先,高校需要更加明确自身的发展定位,抓高校自身的内涵质量,促进特色发展,聚焦重点,办好优势学科和特色专业,以及其中人才培养目标的设定,确立人才培养的基本模式,以高质量的办学吸引高质量的生源,以高质量的生源成就高质量的声誉。

第二,人才培养的系列制度安排急需相应地作出系统性调整,在高校内部建立"招""教"一体化联动机制,形成"招"的"入口关"与"教"的"过程关"之间的对接,把"招"的生源特色作为针对性

---

① 张志勇.请大学告诉高中,你们需要什么样的学生[EB/OL].(2018-06-12)[2019-01-24].http://www.sohu.com/a/235380829_112404.

制定完善"教"的人才培养方案的重要基础,为学生设计个性化成长路径,打造与人才培养目标相匹配的培养计划,以真正满足学生选择性、个性化的成长和教育需求,真正实现"选人"之后"育人"的根本性转变。

第三,需要持续关注学生的发展,引入动态监测、跟踪评价机制,将学生的发展状况反馈到教育教学和人才培养模式的持续改进中,在动态螺旋的过程中实现人才培养模式的根本改变。

第三节　基础教育需要充分发挥综合素质评价工作的育人功能

综合素质评价的实施,对基础教育阶段的学校来说,并不只是简单配合高学段学校的招生录取机制改革被动做好学生综合素质评价信息的档案记录工作,而是要切实将综合素质评价作为人才培养工作中全面推进和落实素质教育的重要工作抓手。评价最重要的意图是为了改进,综合素质评价的目的自然是为了更好地促进学校全面育人;基础教育阶段的学校作为学生综合素质教育的实施者和综合素质评价信息的记录者,要将其作为学校人才培养必不可少的环节和组成部分,在记录的同时更要发掘评价的改进和育人作用,用好招生考试"指挥棒"的积极正向引导作用,使评价真正成为学生认识自我、激励自我、发展自我的有效手段,更好地推进素质教育的全面实施。

一、评价最重要的意图是为了改进

20世纪60年代后期,美国著名教育评价专家斯塔弗尔比姆(D. L. Stufflebeam)提出了著名的CIPP(Context,Input,Process,Product)评价模式,强调"评价最重要的意图不是为了证明(Prove),而是为了改进(Improve)",因而,CIPP评价模式也被称作决策导向评价或改良导向评价。综合素质评价的目的到底是为了"证明"学生已有的综合素质水平,还是为了促进学生综合素质在原有水平基础上的"改进",这是一个一直存在争议的话题。

通过对国家政策文件及各省市出台的综合素质评价方案进行系统梳理分析,可以发现,高中学生综合素质评价,最初作为我国新课程改革的一部分,在实施过程中的价值取向就没有特别明确。综合素质评价既有"证明"的价值取向,也有"改进"的价值取向。两种价值取向的并存导致综合素质评价中存在一些突出问题,如价值混乱、评价不受重视及学生素质未得到根本改善等。[①] 而随着综合素质评价结果作为高校招生录取的参考之后,国家和地方出台的一系列综合素质评价的指导意见和各省市的综合素质评价方案,在具体实施过程中就越来越突出了"证明"的价值,尤其就目前综合素质评价信息记录和结果使用的情况看,更多倾向于"证明"性的价值取向。

而更为严重的问题是,在目前采用的记录和评价相对分离的方式下,高中学校和教师某种程

---

① 程龙."证明"抑或"改进":综合素质评价价值取向探析[J]. 中国考试,2018(4).

度上被强化成了记录员的角色,高校与高中之间在前期记录过程中相对缺乏充分的沟通,高校总体感觉获得的信息记录信度和效度不够高,不敢用,相关的招生录取制度设计也没有留给高校大面积参考使用高中综合素质评价信息的空间和可能,而高校参考使用不足反过来又使高中学校和教师感觉无价值实现感。长此以往,好的政策也可能会落空。

目前,综合素质评价更多停留在重视评价的"证明"价值而忽视了"改进"价值,但是"证明"是"改进"的前提;"证明"是方式,"改进"是目的;"证明"是起点,"改进"是终点。高中综合素质评价理应实现由"证明"走向"改进"的价值取向。① 促使综合素质评价更充分地发挥其改进功能的关键突破口,应该在于信息记录者要在记录的同时发挥评价和改进作用,而综合素质评价信息的最终参考使用者也要尽早介入信息记录和评价过程中。综合素质评价信息的记录,从来都不只是简单的记录,记录者也不是档案工作性质的忠实记录员,而是要发挥其评价和诊断作用;高学段学校作为综合素质评价信息的最终使用者,要尽可能早、深地介入综合素质评价信息的记录过程中,从成效和效益来说,人才培养的体系化、贯通性都可以更高。

二、用好招生考试"指挥棒"的积极作用,推进素质教育实施

应该说,新一轮深化考试招生制度综合改革的启动,相当程度上是与新世纪以来各界对高考、中考指挥棒的声讨和责难密不可分的。比如,说高考指挥棒是中学"片面追求升学率"的直接责任者,所有"片面追求升学率"的行为都是因为高考指挥棒的作用;说高考指挥棒导致应试教育,导致了"分数的奴隶","应试"实际上就是"应付高考";说高考指挥棒阻碍了素质教育的进行,高考不改革,素质教育就是空话,等等。

虽然一直以来人们都把高考、中考这类具有高选拔性的招生考试称为"指挥棒",对其诟病颇多,但事实上,招生考试的指挥棒作用作为一种客观存在,应该是同时兼具积极与消极的双面影响。只是最近若干年,高考对中等教育教学的消极影响越来越大,因此招致责骂声声。由于人们看待高考问题往往带有较强的情绪性,对其指挥棒作用的认识也常常采取了一种"有选择记忆"的态度,高考指挥棒对教育教学发挥的积极影响经由人们"情绪过滤"后,渐渐沦为"被遗忘的角落",或者说被其强大的消极影响所淹没。② 其实,作为一种客观存在,高考、中考指挥棒所发挥的积极作用与其所产生的消极影响一样,具有同等甚至更大的研究和关注价值。也有专家曾试图辩证地指出,既然高考、中考指挥棒客观存在,高考、中考的"指挥棒"作用无法改变,那么就应该尽量用好"指挥棒"的"正面"指挥作用。高考、中考指挥棒有着自身的局限性,不能片面夸大或"栽赃"高考、中考指挥棒的作用。高考、中考指挥棒主要就是引导作用,它决定不了中学的教育,也指挥不动基层教育行政部门组织教学。改造高考、中考指挥棒就是要改造高考、中考本身,发挥高考、中考指挥棒的正确引导作用,推进素质教育实施。

---

① 程龙."证明"抑或"改进":综合素质评价价值取向探析[J].中国考试,2018(4).
② 郑若玲.试析高考的指挥棒作用[J].厦门大学学报(哲学社会科学版),2002(2).

高考、中考指挥棒完全可以发挥正向、积极的引导作用。应试教育的问题主要出在"试"字上，而不是出在"应"字上。所以要从根本上解决应试教育的问题，需要在考试的机制与录取方式上寻求突破。高考、中考改革要调整考试内容，优化考试方式，考查学生在具体情况中用知识来解决问题的能力，强化知识的应用性，从考查"记得住的知识"转为考查"带着走的能力"。[①] 评价考试改革的成败，关键是看这种考试能否真正发挥育人功能。具体到综合素质评价在高学段学校招生中的参考作用，如前所述出现的"类应试化"等情况，也是因为片面强化了其在考试和录取中的作用，而有意或无意地弱化甚至无视了其教育作用所致。

《上海高考综合改革背景下的高中教育改革情况总结》报告中，在后续工作的最后一条特别提到要完善考试评价，说将会在全面总结试点工作基础上，进一步优化完善高考招生录取模式，同时加快优化中考"指挥棒"，发挥中考和高考改革对高中教育教学的关键"指挥棒"作用，深入实施素质教育。想来这应该是非常客观、理性的表述了。

三、基础教育学校要更充分地发掘综合素质评价的改进和育人作用

中学的教师、学校、学生等，作为学生综合素质评价和信息记录的主体，如果只是把信息记录工作作为完成任务性质的过手事项，那么就会有一种额外负担而且没有意义的感觉。但是，如果将信息记录的过程再往深、往实里走一步，将其作为中学人才培养的环节和组成部分来做，那么综合素质评价工作和信息记录的评价、改进和育人功能就可以得到很好的发挥。

北京育才学校高霞介绍，学校在开展综合素质评价方面，着重做了三方面的工作：首先是开展培训，引导学生关注自我发展。学生本人参与到自我评价中，对自己的学习目标、发展状况等定期进行反思，这种转变将有利于激发学生作为学习主体的意识，变被动接受为主动学习。其次是调整理念，让评价促进学生成长。通过年级教师会、班主任会、家长会和班会等形式，向参与学生评价工作的多元评价主体进行学生综合素质评价理念的宣讲和评价方法的培训。同伴互评主要侧重于"思想品德"和"合作与交流"，有助于补充对学生评价的全面性和客观性，也有助于形成学生的平等意识，发挥民主监督的力量。第三是通过成长记录，真实全面呈现发展轨迹。成长记录袋把反映学生综合素质发展过程性的、有代表性的信息及时记录其中，是多主体评价和共同构建评价结果的过程。高霞这样总结学校开展综合素质评价的作用和成效：学生综合素质评价还原了学生评价的本质，是手段而非目的，是过程而非结果。我们努力扭转过去过分强调以某次考试成绩来评价学生的片面认识，而要把学生的发展看作一个不断持续的过程，在这一过程中发挥评价对学生的教育作用，使评价真正变为学生认识自我、激励自我、发展自我的有效手段。[②]

① 全国政协委员唐江澎·高考指挥棒：培养"带着走的能力"[EB/OL]. 无锡日报，2019 - 03 - 13，http://www. wxrb. com/news/wxxw/201903/t20190313_1462556. shtml.
② 高霞. 发挥综合素质评价在学生成长中的教育作用[J]. 北京教育（普教版），2013(2).

第四节　综合素质评价要充分兼顾选拔和育人双重功能

虽然说,中小学生的综合素质评价目前正越来越紧密地与高学段学校的招生录取联系在一起,但不可否认的是,与人才选拔的功能相比较,综合素质评价的全面育人功能才是更根本的。在上海最初启动高中学生综合素质评价实施办法研制时,时任上海市教委巡视员尹后庆副主任就曾明确强调,高中综合素质评价要体现育人功能,不是所有的育人功能都能转化为评价指标;大学学习是从后续的能力基础和知识基础提要求的,所以高中综合素质评价和高校招生要求不完全相同。因此在现阶段的相关制度设计及后续完善中,能否及如何将综合素质评价的全面育人功能和人才选拔功能有机地整合在同一个制度框架中,尤其是实现综合素质评价本体功能的充分发挥,是必须要面对的重要议题。

一、综合素质评价的起始和终极目标是全面育人

从初始和终极目标来说,综合素质评价研究和实践标志着我国基础教育向"促进学生个性发展"的教育目标的回归。教育行政部门力推开展学生综合素质评价的初衷是为了引导学生主动开展自我评价并进行自我调整和自我管理,实现全面而有个性的发展,同时能够引导高中开展各种素质教育活动,促进学校多样化、特色化发展。

2014年6月底之前,上海市中小学生综合素质评价研究课题组收集整理的28省市的高中生综合素质评价方案在阐述评价的指导思想时,基本都有一句"促进学生全面而有个性的发展",旨在通过评价促进学生全面协调发展,促进学生特长和潜能的发挥。也有省市将"促进学生全面而有个性的发展"作为评价的目的。有部分省市提出"为学生的发展奠定基础",例如,广西和江西省方案提出"构建内容全面、方法科学、程序规范、结果客观的形成性评价和终结性评价相结合的评价体系,为学生的终身发展奠定基础"。一些省市提出发展性评价的目的,例如,辽宁省方案提出"发挥评价促进学生发展的功能,建立科学的高中学生发展性评价体系"。大部分省市的文件都是兼顾了多个方面的功能和作用,只有少部分省市明确强调提出"为高中生的毕业提供依据,为高校招生提供参考信息"。2019年6月国务院办公厅印发的《关于新时代推进普通高中育人方式改革的指导意见》,将综合素质评价放在第二部分"构建全面培养体系",而不是放在第六部分"完善考试和招生制度"中,说明国家层面坚持和倡导的仍然是综合素质评价首先是育人作用。

学术领域对综合素质评价功能的认识总体上是一致的,即学生综合素质评价的本质是个性发展评价,功能定位上普遍能够认同其对于改变"唯分数论"影响学生全面发展、"一考定终身"使学生学习负担过重等社会反映强烈的问题的出发点和政策设计初衷。反观近年来全国各地陆续推进的综合素质评价实施过程中面临的种种问题,根本原因是片面放大了综合素质评价衍生性的人才选拔功能,弱化了其本体性的育人功能。有学者从外围的制度环境上作了探讨,认为综合

素质评价制度与其他制度环境之间的不和谐状态是综合素质评价实施的一个重要障碍。①

《国家中长期教育改革和发展规划纲要（2010—2020 年）》颁布以来,学术界和实践领域都将综合素质评价与中、高考改革的关系作为重要问题加以研究,即便国务院《关于深化考试招生制度改革的实施意见》正式颁布之后,仍有很多学者坚持认为,综合素质评价与中、高考制度改革有联系但也有区别,是否与中、高考挂钩,尤其是如何与中、高考挂钩,一直持保留意见,主要还是担心可能会异化综合素质评价的目的,甚至导致造假并滋生腐败行为。更多的学者持赞成意见,但也明确表示,综合素质评价是初中或高中学校教育教学活动中必不可少的组成部分,不完全指向中、高考的人才选拔功能,所以让综合素质评价与中考、高考等相对外部的评价既发挥各自独特功能,又彼此互动、协同发展,是我国构建素质教育评价体系的关键。②

应该说,目前学术领域对综合素质评价的功能在学理上的认识总体上是一致的,即学生综合素质评价的本质是个性发展评价,功能定位上普遍能够认同其对于改变唯分数论影响学生全面发展、一考定终身使学生学习负担过重等社会反映强烈的问题的出发点和政策设计初衷。实践领域对于它最初是课程改革的一项基础性工作、应体现新课程评价的基本要求的认识也是一致的。但在当前阶段,综合素质评价在人才选拔方面的工具价值因为政策快速推进的关系得以放大,而其全面育人、促进学生全面而有个性发展的本体功能某种程度上被掩蔽,远未充分发挥。这个情况值得深思。

二、新一轮招生考试制度改革使综合素质评价找到了落地的契机

综合素质评价自世纪之交正式提出,截至目前已经持续了近二十年时间,但业界的评价是,始终缺乏一个很好的落地契机和条件,而新一轮的考生考试制度改革尤其是最先启动的高考综合改革,使得综合素质评价有了落地的可能。这是其中一个方面。从另一个方面说,正是因为有了前期综合素质评价的探索和实践,使得新一轮的招生考试制度改革尤其是高考综合改革更加彻底、全面地摆脱了以往历次改革的局限,提出了"两依据、一参考"的政策设计,为打破唯分数论、打破一考定终身找到了实现的可能。从这个意义上说,综合素质评价和新一轮的招生考试制度改革两者相得益彰、相互促进。但事实上,两者不是一回事,至少最初不是一回事,而是走着走着出现了某种程度的交集。

综合素质评价本身反映了我们对人的认识、对教育认识的深化,是对中小学教育本质、教育理念的认识的深化,从原来强调对知识的掌握到更全面地对学生的观察,即所谓全面育人的观点。从这个角度来讲,综合素质评价的价值体现,不只体现在评价领域,更体现在教育的育人过程中,综合素质评价改革实质上推动的是中小学教育教学体系的深刻变革。因此,不谈招生考试中对综合素质评价信息的参考应用,综合素质评价的价值也独立存在,而且非常巨大,因为它的

---

① 靳玉乐,樊亚峤. 中小学实施综合素质评价的意义、问题及改进[J]. 教育研究,2012(1).
② 李雁冰. 论综合素质评价的本质[J]. 教育发展研究,2011(24).

确使得全面推进素质教育在基础教育阶段的实践有了一种现实的可能性和可行性。

综合素质评价在新一轮招生考试制度改革尤其是高考改革中的推进和应用,一方面改进了我们教育评价的体系、教育的技术,另一方面使得素质教育进一步推进,使得高考改革与以往的所谓精英化模式下的高等教育以单纯分数为依据向适应高等教育普及化乃至大众化的高考改革模式转移,这种转移很重要的核心内容是从选拔走向选择,而这种选择是通过所谓的"两依据一参考"来实现的。

综合素质评价建设是渐进的过程,是一个需要条件、基础和各方面制度予以支撑和保障的工作。这其中涉及一个根本的认识,就是人、教育、中学教育究竟解决什么问题,人的发展究竟需要什么,我们怎么来评价学生的成长。对这个问题的认识是一个不断递进的过程,包括从前期的制度设计过程中更多看到的是定量的东西,定性的东西很难评价,但恰恰又是教书育人的核心之所在,是教育育人核心的体现。

另一方面,改革的推进也有一个相关方面相互制约和平衡的问题。高校在参考使用高中学生的综合素质评价信息录取学生的时候,必然涉及高校对中学综合素质评价信息记录工作的评价,同时,中学也会对高校使用学生综合素质评价信息的情况进行评价,于是就形成了一种相互均衡、制约的关系。大家相向而行,经过一轮或者几轮的使用以后,就可以形成持续的改进机制,形成更科学合理的评价方案。因此,高校在招生录取工作中参考使用高中学生综合素质评价信息需要整体推进、动态调整,需要在实际运行中不断进行制度的探索、尝试和完善。

三、综合素质评价的制度设计需有机发挥育人和选拔的双重功能

早在十年前,就有学者对综合素质评价与中考、高考挂钩的利弊进行专题分析,明确提出了硬挂钩、部分挂钩、分层挂钩、不挂钩等四种挂钩方式,[①]并提出相应建议:在基础条件和配套政策尚未成熟的情况下,各地(市)不要急于将综合素质评价的结果与高中学校、高等学校招生"硬挂钩",而要先采取"部分挂钩"或"分层挂钩"的办法,在评价方案逐渐成熟以及公众接受水平逐渐提高后,再考虑逐渐过渡到"硬挂钩"。最近又有学者剖析了当前高中学生综合素质评价与高考硬挂钩的困境,提出了突围的设想和建议。[②] 有学者指出,综合素质评价与中考、高考挂钩从理念层面的应然性转变为可行的实践应具备三个条件:需要以提高综合素质评价的专业化程度和公平性为前提;需要创设让学生的综合素质充分发展的教育环境;需要建立在高学段学校拥有充分的招生自主权和面向市场的前提下。[③] 也有学者指出,综合素质评价只有在招生的需求个性化、标准多样化条件下,才有可能发挥自己独特的优势;而高校招生制度的改革,对整个基础教育阶段综合素质评价将会实质性地发挥一以贯通的关键作用。[④]

---

① 赵德成. 初中毕业生综合素质评价实践的问题与思考[J]. 中国教育学刊,2007(7).
② 程龙. 综合素质评价与高考"硬挂钩"的困境及其突围[J]. 中国教育学刊,2017(7).
③ 综合素质评价评什么? 如何评? [N]. 人民政协报,2014 - 12 - 03(11).
④ 杨九诠. 综合素质评价的困境与出路[J]. 华东师范大学学报(教育科学版),2013(2).

目前亟待突破的工作就是要支持高学段招生学校把综合素质评价权用起来。如有专家所指出的，实施"两依据一参考"是此次高考综合改革的"纲"，但试点到现在，"一参考"依然是"羞羞答答"，分数至上的理念还是根深蒂固：即使在总分相同的条件下，还是不允许高校根据学生的综合素质表现来进行自主录取，而是非得根据不同学科的得分——把学生名次排出来才安心。所以，当前条件下需要加快研制让"一参考"发挥更大作用的整体措施，要进一步完善普通高中学生综合素质评价体系，特别是在确保信息真实准确、确保内容丰富翔实的基础上，加快研究形成在面上统一招生录取过程中参考使用综合素质评价信息的具体办法。例如，允许高校把科目要求纳入综合素质评价方案中，允许高校在总分同分甚至相差几分的范围之内根据学生的综合素质进行录取等。已经开展试点的省市有责任、有义务不断完善综合评价录取改革试点方案，尽快形成可复制、可推广的经验，在面上为全面落实"两依据一参考"招生录取新模式探索和积累经验，并扩大综合素质评价的影响面与公信力。

新的中、高考改革模式构建的普通高中学生和初中学生综合素质评价体系，一定程度上强化了综合素质评价为高中升学和高考升学提供服务的人才选拔功能，但更根本的是作为破除中、高考"唯分数论"的重要制度设计，对于培养德智体美劳全面发展的社会主义建设者和接班人具有重要作用。如何更好地发挥综合素质评价的全面教育功能，值得深思，也需要不断完善和积累。

综上所述，课题组认为：综合素质评价不只是一种评估技术方法，更不是一项单纯指向考试选拔的政策；它是一项涉及师生个体、学校、教育行政部门的系统性制度建设，指向促进学生全面而有个性的发展；当前乃至未来一段时间，需要着重开展的工作是针对当前实施中的具体问题不断完善政策和制度的系统设计和配套推进，兼顾综合素质评价的衍生功能和本体功能在同一个制度框架中的有机实现。

致谢

时间太瘦,指缝太宽……眨眼间,课题申请立项已经过了快五个年头。这五年,是我国招生考试制度综合改革探索性试点推进的五年,也是本课题研究跟随高中、初中学生综合素质评价改革实践不断深化和调整的五年。当终于将这部集成了不同时期研究成果的书稿打印出来摆在面前时,又一次感受到了十五年前把博士论文初稿交给导师时的情形——忐忑、惶恐、惴惴不安……原本以为的可以长出一口气、抖抖肩膀、一身轻松,连个虚幻的影子也没抓到……

课题进展到目前的程度,需要感谢太多默默提供帮助的人:

课题申请环节,得益于当时任职的部门——上海市教育科学研究院智力开发研究所同事的全力协助,尤其是在中小学综合素质评价领域有着持续关注和丰厚积累的骈茂林副研究员等,在申报书的起草、答辩环节给予了最有力的支撑。

课题申报答辩时,时任教育部基教一司司长王定华教授、时任天津教科院院长张武升教授、河南大学副校长刘志军教授等答辩评审专家的提问与点评,对本课题研究范围的界定和研究重心的聚焦起到了锚定的作用;开题环节邀请到的咨询专家——华东师范大学教育学部主任袁振国教授、上海纽约大学校长俞立中教授、上海浦东新区教育发展研究院顾志跃研究员、华东师范大学课程评价研究专家李雁冰教授、上海市教育科学研究院 PISA 项目专家陆璟研究员、全国教育科学规划办公室主任刘贵华教授等的指导,则大大启发和拓展了该专题研究需要关注的理论深度和政策视野。

由于课题申报答辩后第十天,本人的工作岗位就发生了调整,立项通知送达时,本人已经按照组织的安排,转岗到了高等教育研究所的工作岗位,由此课题研究工作关注的重心也随之出现了微调。得益于高等教育研究所与上海市教委相关处室密切的工作关系,所里多位年轻同事,先后在学生处挂职、借调、全程参与新高考改革的政策研究和跟踪评价,深度参与综合素质评价专题研究,参与高校招生参考使用高中学生综合素质评价办法的研讨、起草、发布等工作,得以第一时间对高校参考使用高中学生综合素质评价办法的文本等进行统计分析,参与专家、家长、考生代表等的访谈与问卷分析,并对浙江新高考推进工作进行专题调研等,为本课题的研究积累了较为丰富的一手研究信息和资料。

整个课题研究过程中,得益于陆璟副院长领衔的"教育考试评价改革研究"重点建设团队的鼎力支持。团队内部工作协同、信息和成果共享,先后组织赴北京、湖南长沙、浙江杭州、山东潍坊等地进行专题调研,了解、熟悉不同省市推进中小学综合素质评价的政策和实践进展。团队集体工作的成果,为本课题部分块面的撰稿提供了强有力的支撑。受陆院长推荐,先后为天津市政府工程——天津市中小学未来教育家工程专题培训班讲课,为国家教育行政学院承接的湖南、山东新高考改革专题培训班进行专题讲座,介绍上海的做法和相关思考,相当程度上对课题研究起到了深化、宣传和交流的作用。

感谢复旦大学熊庆年教授的催稿。2016年10月一起参加"海峡两岸高等教育论坛"之后即被约稿,但迟迟未能完成,直到2017年5月才拿出第一篇,好在文章被《中国社会科学文摘》转载,算是没在质量上太过于坍台。又过了整整一年,才终于完成第二篇,阴差阳错被《新华文摘》论点摘编。一定程度上是因为相关文章的广泛传播,后来有了多次被专题会议、论坛等邀请作相关专题的交流。但同时也非常抱歉,第三篇文章,2018年暑假期间开了个头,然后就一直处于搁浅的状态。

感谢上海市教委领导和学生处陈华处长、郑益慧处长、丁良处长的信任和支持,连续多年滚动委托有关高考综合改革招生录取机制改革方面的课题,使得课题组的国家规划课题研究与地方试点政策研究形成了良好的交互促进。感谢上海市教育考试院院领导、高等学校招生办公室的指导,感谢上海市电化教育馆张治馆长等的研究分享。

研究得益于相关专题研究课题组的协作和支持,包括河南大学刘志军教授领衔的课题组承担的教育部人文社科项目,参与其开题会、中期专题研讨会等,华东师范大学袁振国教授课题组承担的攻关项目,参与其从课题申报,到会议研讨,到专题文稿撰写,以及与课题组成员的密切交流等,每个环节都受益匪浅。

感谢华东师范大学考试与评价研究院张会杰博士、华东政法大学万圆博士、江苏省海安高级中学董裕华副校长、上海纽约大学周鸿主任支持本课题研究工作。

感谢上海市教育科学规划办公室和上海市教育科学研究院科研处的指导、提醒和催促。感谢高教所同事们的实质参与和精神支持。感谢曾经指导过的硕士研究生孙琳曾经为本课题所做的工作。

最后,还必须得说,作为2018届高三毕业生的家长,这个身份给课题研究提供了有别于纯粹科研人员的另外的视角,大大拓展了课题研究关注的视野和思考的维度。而作为正式实施新高考的第一届高三毕业生,自家小朋友的直接经历和体验也成为课题研究某个侧面上的重要参照。

2019年10月国庆假期于上海

主要参考文献

一、著作

[1] 鲍银霞,谢绍熺,曾令鹏. 中小学生综合素质评价的实践与思考[M].广州：广东高等教育出版社,2017.

[2] 李坤崇. 教学评估：多种评价工具的设计及应用[M].上海：华东师范大学出版社,2011.

[3] 李雁冰. 课程评价论[M].上海：上海教育出版社,2001.

[4] 李志宏,王晓文. 新课程学生发展性评价：学生综合素质评价[M].北京：开明出版社,2003.

[5] 刘海峰. 高校招生考试制度改革研究[M].北京：经济科学出版社,2009.

[6] 柳夕浪. 综合素质评价：怎么看？怎么办？[M].上海：华东师范大学出版社,2016.

[7] 罗祖兵. 高中学生综合素质评价的审思与重构[M].北京：科学出版社,2018.

[8] 【美】Ellen Weber 著. 国家基础教育课程改革促进教师发展与学生成长的评价研究项目组译. 有效的学生评价[M].北京：中国轻工业出版社,2003.

[9] 唐滢. 美国高校招生考试制度研究[M].武汉：华中师范大学出版社,2016.

[10] 张治. 大数据背景下普通高中综合素质评价研究[M].上海：上海教育出版社,2017.

[11] 张华,等. 综合实践活动课程研究[M].上海：上海科技教育出版社,2007.

[12] 张华,李雁冰,等. 研究性学习的理想与现实[M].上海：上海科技教育出版社,2004.

[13] 赵学勤. 普通高中学生综合素质评价——基于北京市的理论与实践研究[M].北京：北京出版社,2012.

[14] 钟启泉,崔允漷,张华. 为了中华民族的复兴　为了每位学生的发展——《基础教育课程改革纲要》解读[M].上海：华东师范大学出版社,2001.

二、期刊论文

[1] 蔡培瑜. 澳大利亚高校招生考试制度理念及其实现[J].考试研究,2013(3).

[2] 陈为峰. 美国名校本科招生综合评价之录取决策过程[J].中国考试,2010(6).

[3] 程军,刘清华. 美国大学招生考试与学校教育的双向互动关系——以 SAT、ACT 考试为例[J].教育学术月刊,2013(9).

[4] 程龙. "证明"抑或"改进"：综合素质评价价值取向探析[J].中国考试,2018(4).

[5] 程龙. 高校招生办参与高中生综合素质评价的角色及路径探讨[J].现代教育管理,2017(3).

[6] 程龙. 高中综合素质评价十年回顾与反思[J].教育参考,2015(6).

[7] 程龙. 高中综合素质评价与高考实现"硬挂钩"的思考[J].中国考试,2015(10).

[8] 程龙. 高中综合素质评价综合性的缺失及其矫正[J].教育理论与实践,2015(29).

[9] 程龙. 综合素质评价与高考"硬挂钩"的困境及其突围[J].中国教育学刊,2017(7).

[10] 褚宏启. 核心素养的概念与本质[J].华东师范大学学报(教育科学版),2016(1).

[11] 崔允漷,柯政. 关于普通高中学生综合素质评价研究[J].全球教育展望,2010(9).

[12] 崔允漷.素养：一个让人欢喜让人忧的概念[J].华东师范大学学报(教育科学版),2016(1).

[13] 戴伟芬,王依依.美国普通高中实施学生发展性评价的保障机制分析[J].课程·教材·教法,2013(2).

[14] 丁光宏,朱晓超,王阳,等.复旦大学综合评价自主选拔录取改革的探索与实践[J].中国考试,2017(4).

[15] 杜晓敏.发挥综合素质评价的育人导向作用——山东省潍坊市推进综合素质评价改革的实践探索[J].基础教育课程,2014(11)上.

[16] 樊亚峤.综合素质评价纳入高考录取的阻力与对策[J].中国教育学刊,2016(6).

[17] 冯成火.浙江省"三位一体"招生模式改革的思考和探索[J].教育研究,2014(10).

[18] 符太胜,谢章莲.高考改革中综合素质评价的两难困境与政策建议[J].教育理论与实践,2011(2).

[19] 高霞.发挥综合素质评价在学生成长中的教育作用[J].北京教育(普教版),2013(2).

[20] 高霞.高中综合素质评价的有效性探究———以江苏省为例[J].教育教学论坛,2012(38).

[21] 韩璞庚.学术期刊、学术话语与学术原创[J].岭南学刊,2017(3).

[22] 核心素养研究课题组.中国学生发展核心素养[J].中国教育学刊,2016(10).

[23] 江家发,杨晶.新课改视阈下高中生综合素质评价的困境与思考[J].现代中小学教育,2013(8).

[24] 靳玉乐,樊亚峤.中小学实施综合素质评价的意义、问题及改进[J].教育研究,2012(1).

[25] 靳玉乐,孟宪云.中小学综合素质评价的方法及其改进[J].西南师范大学学报(自然科学版),2014(1).

[26] 李宝庆,樊亚峤.高中生综合素质评价方案：问题及改进[J].教育发展研究,2012(10).

[27] 李雁冰.论综合素质评价的本质[J].教育发展研究,2011(24).

[28] 李云星,等.高校"三位一体"综合评价录取质量与公平的个案研究[J].华东师范大学学报(教育科学版),2018(3)(新高考改革研究专刊).

[29] 刘清华.加强选才能力建设实施大学招生综合素质评价[J].中国高等教育,2013(10).

[30] 刘志军,张红霞.普通高中学生综合素质评价：现状、问题与展望[J].课程·教材·教法,2013(1).

[31] 刘志军,张红霞,王洪席,王萍,王宏伟.新高考背景下综合素质评价的意蕴、实施与应用[J].华东师范大学学报(教育科学版),2018(3)(新高考改革研究专刊).

[32] 刘志军.关于综合素质评价若干问题的思考[J].课程·教材·教法,2016(1).

[33] 罗祖兵,邹艳.高中综合素质评价的矛盾探析[J].教育理论与实践,2013(8).

[34] 罗祖兵,吴绍萍.高中综合素质评价统一性的问题及其对策[J].教育科学,2011(4).

[35] 罗祖兵.分析式综合素质评价的困境及其突围对策[J].教育科学,2014(5).

[36] 罗祖兵.关于将高中综合素质评价纳入高考体系的思考[J].课程·教材·教法,2011(12).

[37] 罗祖兵.内外符应理论对高中生综合素质评价之启示[J].中国教育学刊,2011(8).

[38] 罗祖兵.以改革精神做好高中综合素质评价[J].基础教育参考,2011(8).

[39] 罗祖兵.综合素质评价纳入高考的两难困境及其突围[J].全球教育展望,2015(8).

[40] 齐绍平,李丹.教育政策话语与新闻媒介话语间的解读与沟通[J].湘潭大学学报(哲学社会科学版),2015(4).

[41] 秦春华,林莉.高考改革与综合素质评价[J].中国大学教学,2015(7).

[42] 上海市新高考改革成效调研课题组.社会反应符合预期,实践成效好于预期——上海新高考改革成效调研报告[J].华东师范大学学报(教育科学版),2018(3)(新高考改革研究专刊).

[43] 石鸥.核心素养的课程与教学价值[J].华东师范大学学报(教育科学版),2016(1).

[44] 孙彩霞.区域间高中综合素质评价标准的比较研究[J].基础教育,2014(1).

[45] 孙春兰.深入学习贯彻习近平总书记关于教育的重要论述　奋力开创新时代教育工作新局面[J].求是,2018(19).

[46] 田爱丽,严凌燕.高校综合评价招生的理论、实践与展望——以上海市高考综合改革试点学校为例[J].华东师范大学学报(教育科学版),2018(3)(新高考改革研究专刊).

[47] 田良臣,李栋.生态位理论视域下教育综合改革新探——从"综合素质评价"走向"多元录取"[J].教育理论与实践,2016(10).

[48] 王伟宜,马斌.普通高中综合素质评价的现实困境与远景思考[J].教育理论与实践,2008(4).

[49] 王永利.中小学生综合素质评价方法及其改进[J].教学研究,2017(3).

[50] 吴小玮.选拔"最适合"的优秀学生——来自上海纽约大学自主招生的启示[J].全球教育展望,2013(12).

[51] 夏青.高校"三位一体"生源质量跟踪研究——以浙江理工大学为例[J].浙江理工大学学报(社会科学版),2016(4).

[52] 肖川.何谓学术能力[J].基础教育参考,2008(7).

[53] 肖磊,李本友.综合素质评价的直爽华:历程回眸与系统谋划[J].教育研究,2018(4).

[54] 谢曼,黄纯雁.高中生综合素质评价的多视角探索[J].考试研究,2013(3).

[55] 辛涛、张世夷、贾瑜:综合素质评价落地:困顿与突破[J].清华大学教育研究,2019(2).

[56] 徐彬.2014年以来我国综合素质评价的研究现状与前景展望[J].教育测量与评价,2015(2).

[57] 杨九诠.综合素质评价的困境与出路[J].华东师范大学学报(教育科学版),2013(2).

[58] 杨向东.核心素养与素质教育、三维目标、课程改革的关系[J].人民教育,2016(19).

[59] 杨向东.综合素质评价:中国特色的创新[J].基础教育课程,2011(4).

[60] 袁振国,秦春华,施邦晖,熊斌,常桐善,沈伟其,等.高校招生能力建设七人谈[J].华东师范大学学报(教育科学版),2017(1).

[61] 袁振国.在改革中探索和完善具有中国特色的高考制度[J].华东师范大学学报(教育科学版),2018(3)(新高考改革研究专刊).

[62] 张华.核心素养与我国基础教育课程改革"再出发"[J].华东师范大学学报(教育科学版),2016(1).

[63] 赵德成.初中毕业生综合素质评价实践的问题与思考[J].中国教育学刊,2007(7).

[64] 赵学勤.建立促进发展的高中学生综合素质评价机制——兼论北京市普通高中学生综合素质评价的实践特色[J].教育科学研究,2010(12).

[65] 郑若玲.试析高考的指挥棒作用[J].厦门大学学报(哲学社会科学版),2002(2).

[66] 周先进,张睦楚.高考改革:高中生综合素质评价的"可为"与"难为"[J].全球教育展望,2014(7).

[67] 邹墨.现阶段高中学生综合素质评价文献综述[J].现代教育科学,2015(4).

三、报纸文章

[1] 当前教育升学率崇拜显著　官员称政府对此大有可为[N].中国青年报,2011-12-30.

[2] 贾炜.深化中考改革　促进学生健康成长[N].中国教育报,2018-04-03.

[3] 李一陵.公平是中考综合素质评价的关键[N].中国青年报,2016-09-22.

[4] 凝练学生发展核心素养　培养全面发展的人——中国学生发展核心素养研究课题组负责人答记者问[N].中国教育报,2016-09-14(1).

[5] 彭建平.学校不该是教育的围墙[N].光明日报,2019-08-20(15).

[6] 秦春华.美国大学招生为何实行综合素质评价[N].中国青年报,2015-01-05.

[7] 秦春华.美国大学招生综合素质怎么评[N].中国青年报,2015-01-19.

[8] 素质教育的提出与推行[N].光明日报,2009-12-07.

[9] 从只看"冷冰冰的分"到关注"活生生的人"——专家解读《关于加强和改进普通高中学生综合素质评价的意见》[N].中国教育报,2014-12-17.

[10] 习近平在全国教育大会上强调　坚持中国特色社会主义教育发展道路　培养德智体美劳全面发展的社会主义建设者和接班人[N].人民日报,2018-09-11.

[11] 徐瑞哲.沪上逾15万高中生在高考成绩之外又有了一套参照系　新高考"综评"怎样才能描述好一个学生[N].解放日报,2015-2-15.

[12] 新时代如何发展素质教育[N].中国教育报,2018-03-04.

[13] 辛涛.综合素质评价落地是育人变革关键[N].中国教育报,2019-03-27(5).

［14］学生综合素质评价信息：多元多维度定义"好学生"[N].新民晚报,2016 - 09 - 17.

［15］余慧娟.基础教育课改的中国探索[N].中国教育报,2012 - 11 - 01.

［16］综合素质评价评什么？如何评？[N].人民政协报,2014 - 12 - 03(11).

四、政府文件

［1］教育部.基础教育课程改革纲要(试行)(教基〔2001〕17 号)[Z].2001 - 06 - 08.

［2］教育部.关于积极推进中小学评价与考试制度改革的通知(教基〔2002〕26 号)[Z].2002 - 12 - 18.

［3］教育部.国家基础教育课程改革试验区 2004 年初中毕业考试与普通高中招生制度改革的指导意见(教基厅[2004]2 号)[Z].2004 - 02 - 25.

［4］教育部.教育部关于推进中小学教育质量综合评价改革的意见(教基二[2013]2 号)(附件：中小学教育质量综合评价指标框架(试行))[Z].2013 - 06 - 03.

［5］国务院.国务院关于深化考试招生制度改革的实施意见(国发[2014]35 号)[Z].2014 - 09 - 03.

［6］教育部.教育部关于加强和改进普通高中学生综合素质评价的意见(教基二[2014]11 号)[Z].2014 - 12 - 10.

［7］从只看"冷冰冰的分"到关注"活生生的人"——专家解读《关于加强和改进普通高中学生综合素质评价的意见》[J].中国教育报,2014 - 12 - 17.

［8］教育部.教育部关于进一步推进高中阶段学校考试招生制度改革的指导意见(教基二〔2016〕4 号)[Z].2016 - 09 - 18.

［9］教育部.推进中考改革　发挥正确导向　促进素质教育实施——教育部有关负责人就《教育部关于进一步推进高中阶段学校考试招生制度改革的指导意见》答记者问[EB/OL].(2016 - 09 - 20).[2019 - 01 - 24].http://www.moe.gov.cn/jyb_xwfb/s271/201609/t20160920_281636.html.

［10］国务院办公厅.国务院办公厅关于新时代推进普通高中育人方式改革的指导意见(国办发〔2019〕29 号)[Z].2019 - 06 - 11.

［11］深化普通高中育人方式改革为培养时代新人奠基——教育部有关负责人就《国务院办公厅关于新时代推进普通高中育人方式改革的指导意见》答记者问[EB/OL].(2019.6.20).http://www.moe.gov.cn/fbh/live/2019/50754/sfcl/201906/t20190620_386629.html.

［12］上海市人民政府.上海市深化高等学校考试招生综合改革实施方案(沪府发[2014]57 号)[Z].2014 - 09 - 18.

［13］上海市教育委员会.上海市普通高中学生综合素质评价实施办法(试行)(沪教委基[2015]30 号)[Z].2015 - 04 - 15.

［14］上海市人民政府.关于进一步深化本市高考综合改革试点工作的若干意见(沪府发[2018]14 号)[Z].2018 - 04 - 03.

［15］《关于进一步深化本市高考综合改革试点工作的若干意见》政策解读[Z].2018 - 04 - 04

［16］上海市教育委员会.上海市普通高中学生综合素质评价实施办法(沪教委规[2018]7 号)[Z].2018 - 11 - 08.

［17］上海市教育委员会.上海市进一步推进高中阶段学校考试招生制度改革实施意见(沪教委规〔2018〕3 号)[Z].2018 - 03 - 21.

［18］上海市教育委员会.上海市初中学生综合素质评价实施办法(沪教委规〔2019〕3 号)[Z].2019 - 04 - 02.

［19］《上海市初中学生综合素质评价实施办法》政策解读[Z].2019 - 04 - 08.

［20］上海市教育委员会,上海市精神文明建设委员会办公室,共青团上海市委员会.上海市初中学生社会实践管理工作实施办法(沪教委规〔2019〕8 号)[Z].2019 - 07 - 08.

［21］《上海初中学生社会实践管理办法》热点问答[Z].2019 - 08 - 28.

［22］浙江省教育厅.关于完善浙江省普通高中学生成长记录与综合素质评价的意见(浙教基〔2015〕45 号)

[Z]. 2015.

五、网站信息

[1] 教师节,听听习总书记怎么说[EB/OL]. (2016 - 09 - 10)[2019 - 01 - 24]. http://www. xinhuanet. com//politics/2016-09/10/c_1119544092. htm.

[2] 课改 10 年,开启素质教育新时代:基础教育课改的中国探索——党的十六大以来教育改革发展成就述评之六[EB/OL]. (2014 - 01 - 21). [2019 - 01 - 24]. http://www. edu-gov. cn/news/484. html.

[3] 全国政协委员唐江澎·高考指挥棒:培养"带着走的能力"[EB/OL]. 无锡日报,2019 - 03 - 13, http://www. wxrb. com/news/wxxw/201903/t20190313_1462556. shtml.

[4] 上海高中生"研究性学习"知多少[EB/OL]. (2016 - 08 - 18). [2019 - 01 - 24]. http://www. shedunews. com.

[5] 上海市教育考试院网站[EB/OL]. [2019 - 01 - 24]. http://www. shmeea. edu. cn/.

[6] 上海市教委主任苏明"民生访谈":学区和集团覆盖了半数,新优质学校已占 1/4[EB/OL]. [2019 - 01 - 24]. http://www. jfdaily. com/news/detail? id=51461.

[7] 上海市学生社会实践信息记录电子平台-社会实践基地-学校签约基地,[EB/OL]. [2019 - 01 - 24]. https://sj. 21boya. cn/dianping/modules/practice/venues/authentication.

[8] 丁静. 破"一考定终身",防"见分不见人":37 岁高考改革的"四场考试"[EB/OL]. (2014 - 12 - 14). [2019 - 01 - 24]. http://edu. people. com. cn/n/2014/1214/c1053-26204310. html.

[9] 市政府新闻发布会介绍上海推进教育综合改革相关情况[EB/OL]. [2019 - 01 - 24]. http://www. shmec. gov. cn/web/wsbs/webwork_article. php? article_id=94174.

[10] 为新高考改革配套,专家跨省视频鉴定课题——上海开展高中学生研究性学习真实性认证[EB/OL]. (2017 - 08 - 31). [2019 - 01 - 24]. http://sh. people. com. cn.

[11] 张志勇. 请大学告诉高中,你们需要什么样的学生[EB/OL]. (2018 - 06 - 12). [2019 - 01 - 24]. http://www. sohu. com/a/235380829_112404.

[12] 朱永新. 不要设立围墙,让学校成为"教育孤岛"[EB/OL]. (2017 - 07 - 21). [2019 - 01 - 24]. http://edu. china. com. cn/2017-07/21/content_41256823. htm.

[13] "做'四有'新人"——邓小平为全国青少年题词[EB/OL]. [2019 - 01 - 24]. http://www. people. com. cn/GB/shizheng/252/7955/7958/20020422/714335. html.

六、学位论文

[1] 宋红艳. 普通高中学生综合素质评价实施研究——以山东省三所高中为个案[D]. 青岛:青岛大学,2011.

[2] 郑海红. 我国高考综合素质评价问题研究[D]. 徐州:江苏师范大学,2012.

[3] 郑楠. 安徽省普通高中学生综合素质评价研究[D]. 芜湖:安徽师范大学,2011.

七、内部资料

[1] 北京市基础教育阶段学生综合素质评价推进项目组. 对《北京市初中学生综合素质评价方案》(京教基〔2006〕9 号)的修订说明[Z]. 2012.

[2] 贾炜. "教-考-招"联动的上海实践[R]. 华东师范大学"新高考改革"专题研讨会报告,2017 - 09 - 02.

[3] 刘志军. 关于高中学生综合素质评价的研究与政策建议的报告[R]. 教育部基础教育二司,2011.

[4] 上海市教育委员会. 上海高考综合改革背景下的高中教育改革情况总结[R]. 2017.

[5] 上海市教育委员会基础教育处,上海市教育科学研究院. 上海市普通高中学生综合素质评价优秀学校案例汇编[C]. 2018.

[6] 王湖滨,等. 高中生综合素质评价:国内政策比较与文献研究[R]. 2014.

［7］ 王歆妙,等.上海新高考改革落地情况社会感受度与满意度跟踪调查报告[R].2017.

［8］ 周鸿.选拔最适合的优秀学生——上海纽约大学综合素质评价探索[R].第八届中国·北美国际教育交流论坛报告,2017－11－12.

［9］ 周鸿.上海纽约大学招生制度和实施办法[Z].2017.

八、外文文献(部分)

［1］ American Educational Research Association(AERA),American Psychological Association(APA),National Council on Measurement in Education(NCME). Standards for educational and psychological testing［S］. Washington,DC:AERA,2014.

［2］ Bassett D,Cawston T. Thraves L and Truss E. A New Level:A Research Report［EB/OL］.［2019－09－17］. http://www. reform. co. uk/Research/ResearchArticles/tabid/82/smid/378/Article ID/772/reftab/82/t/A%20new%20level/Default. aspx.

［3］ Bastedo,Michael N. Bowman,Nicholas A. Glasener,Kristen M.;Kelly,Jandi L. What Are We Talking about When We Talk about Holistic Review? Selective College Admissions and Its Effects on Low-SES Students［J］. Journal of Higher Education,2018(5).

［4］ Characteristics of Degree-Granting Postsecondary Institutions［EB/OL］.［2019－09－17］. https://nces. ed. gov/programs/coe/indicator_csa. asp.

［5］ College Navigator［EB/OL］.［2019－09－17］. https://nces. ed. gov/collegenavigator/? s＝all&_ax＝10.

［6］ Great Britain. Department for Education and Skills,corp creator. The five year strategy for children and learners:maintaining the excellent progress［EB/OL］.［2019－09－17］. https://dera. ioe. ac. uk/6854/1/5yearstrategy-maintexcell. pdf.

［7］ Grove,Allen. What Are Holistic Admissions? Selective Colleges Consider More Than Just Grades and Test Scores［EB/OL］.［2019－09－17］. https://www. thoughtco. com/what-are-holistic-admissions-788426.

［8］ Higher Ed in Focus［EB/OL］.［2019－09－17］. https://mastery. org/higher-ed-zina-evans.

［9］ How to Write a Personal Statement［EB/OL］.［2019－09－17］. http://www. unm. edu/pre/law/archuleta. htm.

［10］ Jenny Barker. Mastery Transcript Takes Center Stage at Northeastern［EB/OL］.［2019－09－17］. https://mastery. org/mastery-transcript-takes-center-stage-at-northeastern/.

［11］ legal and administrative information［EB/OL］.［2019－09－17］. https://www. ucas. com/file/214526/download? token＝rpdBWjjX.

［12］ king caring common project［EB/OL］.［2019－09－17］. https://mcc. gse. harvard. edu/.

［13］ Mcclelland D. C.. Testing for competence rather than for "intelligence"［J］. American Psychologist,1973.

［14］ mtc. our mission［EB/OL］.［2019－09－17］. https://mastery. org/about/about-us.

［15］ Rebecca Zwick. Who Gets In? Strategies for Fair and Effective College Admissions［M］. Cambridge:Harvard University Press,2017.

［16］ Stiggins Richard J. Designed and Development of Performance Assessment［J］. Educational Measurement:Issues and Practice,1987.

［17］ Terry Dubow. Thank You,Edward E. Ford Foundation［EB/OL］.［2019－09－17］. https://mastery. org/thank-you-edward-e-ford-foundation.

［18］ UCAS. 2018 end of cycle report［EB/OL］.［2019－09－17］. https://www. ucas. com/data-and-analysis/undergraduate-statistics-and-reports/ucas-undergraduate-end-cycle-reports/2018-end-cycle-report.

[19] University of Cambridge. 2017 Undergraduate Prospectus Entry [EB/OL]. [2019 – 09 – 17]. https://issuu. com/caowebeditor/docs/cambridge_prospectus_2017? e=4058792/33809231.

[20] University of Sheffield. Undergraduate Prospectus 2017 [EB/OL]. [2019 – 09 – 17]. https://www.sheffield. ac. uk/prospectus/subjectList. do;jsessionid=7DDF0B57AEC4EDF29BBE58FF87C8129F. tcs-live-node-01.

[21] Wiggins G.. A true test: toward more authentic and equitable assessment [J]. Phi Delta Kappan, 1989,70(9).

[22] Writing a personal statement [EB/OL]. [2019 – 09 – 17]. http://career. uga. edu/graduate_school/getting_into_graduate_school/personal_statement.

[23] Yaffe D, Coley R J, Plskin R. Addressing Achievement Gaps: Educational Testing in America: State Assessments, Achievement Gaps, National Policy and Innovations [J]. ETS Policy Notes, 2009,17 (1).